趣味导游特产知识

《趣味导游知识》编辑部 主编

北京·旅游教育出版社

编委会

主　编：徒步天涯

副主编：李荣强

编　委：（排名不分先后）

孙　沛	祝世超	马　静	杜蒙蒙
罗凤琴	陈雪姣	杨晓东	赵一文
李　然	王军锋	周鸣敏	江　飞
王　欢	谌立军	陈代明	邓　阳
邓益香	谌雨霞	邓幸妮	洪　武
程　倩	邓琴书	王　超	梁　慧
夏鸥云	唐　璐	刘小波	闵颖慧
黄　玉	霍庆冬	罗　垠	潘吉钜
彭赠忠	杨成芳	雒岩卫	张　娟
曹昌虹	秦玉虎	张冬霞	赵东瑾
王雷鸣	宗　静	徐丽丽	李瑶瑶
宫　烁	江鑫淼	杜　慧	

前言

有人说,我们的一生要一直在路上,要么是身体,要么是心灵。唯有在路上的人生才会有实际价值。在路上,磨砺的不仅仅是我们的身体,更多的是不同文化对我们心灵的冲击和洗礼。在某种意义上,导游就是旅途中的实践者。也许,他们的一生都在探寻,探寻美丽、神秘的风景,探寻丰富、广博的知识。

文化知识的海洋是无边无际的。我们穷毕生精力,也无法通晓所有的知识。为了让导游在最短的时间里尽可能多地了解相关的旅游文化知识,我们编写了这套《趣味导游知识丛书》。本丛书共分八本,仅从历史、地理、国学、民俗、宗教、美食、特产、文物等诸方面提炼最典型、最有趣的知识点,以飨读者。有了这些丰富而又趣味十足的知识,旅途中的您不仅能尽享风景背后的底蕴,而且更能体验文化盛宴、智慧之旅;不仅可获得轻松阅读之愉悦,亦可永存奇特探秘之回忆!

本丛书内容丰富,浅显易懂,语言流畅。您可以在最短的时间内,获取尽可能多的营养。另外,丛书中还配置了数百张精美图片,让您在轻松学知识的趣味阅读中,充分感受到中华旅游文化的底蕴和魅力,独享一桌超级视觉盛宴!

一个故事,一段历史;一种文化,一份传承……但愿本丛书能成为您领略文化、品味人生的窗口;能成为您休闲生活中不可或缺的文化快餐、知识读本……

《趣味导游知识》编辑部

目录

趣味织绣知识

蜀锦的历史起源 …………………… 2
蜀锦的品种有多少 ………………… 2
蜀绣的起源与发展 ………………… 3
蜀绣厂的师傅为何多为男子 ……… 4
壮锦图案纹样与信仰有什么关系 … 4
壮锦有哪些美丽传说 ……………… 5
上海名绣为何称"顾绣" …………… 6
粤绣有何特色 ……………………… 7
湘绣有何特色 ……………………… 9
西兰姑娘与西兰卡普(织锦)的传说 …… 10
南京云锦的来历及特色 …………… 11

苏州刺绣为何蜚声中外 …………… 12
开封汴绣的来历及特色 …………… 13
千年鲁锦知多少 …………………… 14
鲁绣有何特色 ……………………… 16
苗绣有哪些独特的民族风格 ……… 17
傣族织锦有何特色 ………………… 18
宋锦有哪些独特技艺 ……………… 18
温州刺绣为何被称为"瓯绣" ……… 19
北京绢花的来历 …………………… 20
南通蓝印花布是如何制作的 ……… 21

趣味陶器·瓷器·漆器

宜兴紫砂壶为何有名 ……………… 24
建水紫陶为何被称为"中国四大
　名陶"之一 ……………………… 25
洛阳唐三彩为何驰名中外 ………… 26
唐三彩只有三种颜色吗 …………… 27
唐三彩是怎样做成的,有何特点 …… 28
北宋官窑为何珍贵异常 …………… 28
为何禹州钧瓷有"十窑九不成"之说 …… 30
汝瓷为何被誉为"青瓷之首" ……… 32

秘色瓷有何神秘 …………………… 33
景德镇瓷器为何"白如玉、薄如纸、
　明如镜、声如磬" …………………… 34
德化白瓷为何称作"中国白" ……… 35
醴陵红瓷的来历及特色 …………… 36
北京漆器有哪几种,各有何特点 … 37
扬州漆器为何闻名海内外 ………… 38
贵州大方漆器有哪些品种 ………… 39
何谓成都漆器 ……………………… 40
天水漆器有何工艺特点 …………… 41

趣味年画·工艺画

天津杨柳青年画的来历及艺术特色 …… 44
朱仙镇木版年画的特色及传说 …… 45
四大年画之一的绵竹年画知多少 …… 47
麦秸画为何被誉为"中原奇葩" …… 48
南阳烙画为何独特 ………………… 50
滩头年画有何特色 ………………… 51
高密扑灰年画有何特色 …………… 52
潍坊年画有哪些特色 ……………… 53
苏州桃花坞年画有何特点 ………… 55
内画壶为何被称为"中国一绝" …… 56
潮州玻璃刻画有何独特之处 ……… 57
凤翔年画为何被称为"东方智慧的
　结晶" ……………………………… 58
福州软木画有何绝妙之处 ………… 59

趣味剪纸·风筝

陕北剪纸为何能让老外垂青 ……… 62
孝感剪纸有何特色 ………………… 63
河北蔚县剪纸有何鲜明特色 ……… 64
山西浮山为何被称为"剪纸之乡" …… 66
河南豫西剪纸有何特色 …………… 67
广东佛山剪纸有何特点 …………… 68
高密剪纸有何艺术特色 …………… 69
海伦剪纸的来历及特色 …………… 69
庆阳剪纸的来历及特色 …………… 70
北京"风筝哈"的来历及特色 ……… 72
"风筝魏"有何特色及典故 ………… 73
潍坊为何被称为"世界风筝都" …… 74

趣味编织知识

黄草编织的由来 …………………… 76
为何固安被称为"柳编之乡" ……… 76
慈溪为何被称为"草编之乡" ……… 77
泉州竹编有何艺术特点 …………… 78
成都竹编为何被称作"瓷胎竹编" …… 79
何谓烟台草编 ……………………… 80
傣家竹编有何民族特色 …………… 81
自贡竹丝扇为何被称为"素丝织锦" …… 82
剑阁手杖为何又称孔明手杖 ……… 83

"王星记"扇庄有何特色 …………… 84
新会为何被称为"葵扇之乡" ……… 84
洪湖羽毛扇有何特色 ……………… 86
岳州扇有何特色 …………………… 86
福州纸伞为何称为"国伞" ………… 87

趣味酒·茶·药知识

茅台酒为何素有"国酒"之誉 …… 90
五粮液有何历史 …………………… 91
泸州老窖为何有名 ………………… 91
剑南春历史知多少 ………………… 92
汾酒的来历及传说 ………………… 93
郎酒为何被称为"茅台姊妹酒" … 94
全兴大曲为何有名 ………………… 94
崇明老白酒有何特色 ……………… 95
"桂林三花酒"凄美的爱情故事 … 96
伊川杜康酒为何被誉为"中国白酒
　之源" …………………………… 97
洋河酒有何美丽传说 ……………… 98
青岛啤酒为何被誉为"中国啤酒的
　第一品牌" ……………………… 99
西凤酒有何历史传说 ……………… 101
"贵妃醉酒"喝的是什么酒 ……… 101
金门高粱酒有何特色 ……………… 102
青稞酒的来历及特色 ……………… 103

"云南红"为何这样"红" ………… 104
西湖龙井的来历及特色 …………… 105
碧螺春的来历及传说 ……………… 106
为何苏州人称碧螺春"吓煞人香" … 107
信阳毛尖有何传说 ………………… 108
庐山云雾茶的来历及特色 ………… 110
铁观音的特色及来历 ……………… 110
云南普洱为何享誉中外 …………… 111
白族"三道茶"为哪三道 ………… 112
台湾冻顶茶有何来历 ……………… 113
英德红茶为何享誉世界 …………… 114
潮汕工夫茶如何泡制 ……………… 115
凤凰单丛茶为何叫"单丛" ……… 116
大新苦丁茶有着怎样的传说 ……… 117
世界最珍贵的山茶花——金花茶
　知多少 ………………………… 118
擂茶为何又称"三生汤" ………… 119
安化黑茶为何被誉为"茶中极品" … 120
"峨眉竹叶青"茶名的由来 ……… 121
蒙顶茶有何美丽传说 ……………… 121
云南药材为何誉满中外 …………… 122
汉中天麻有何药用价值 …………… 124

趣味雕刻知识

何谓"扬州八刻" ………………… 126

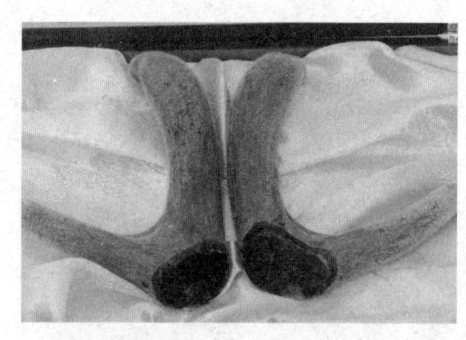

扬州玉雕为何有名 …………… 127
嘉祥为何被誉为"中国石雕之乡" 127
为何说剑川木雕是少数民族的
　"雕刻奇葩" …………………… 128
东北玛瑙雕为何珍贵 ………… 129
岫岩玉雕有何辉煌 …………… 130
苏州玉雕有何特色 …………… 131
镇平玉雕有何特色 …………… 132
曲阜楷木雕为何珍贵 ………… 133
为何说嘉定竹刻是我国工艺品百花园
　中的一朵奇葩 ………………… 134
寿山石雕有何特色 …………… 135
腾冲为何被称为"翡翠城" …… 136
绿松石有何特色及传说 ……… 138
昌化鸡血石有何特色及传说 … 138
广州牙雕有何特色 …………… 139
潮州木雕有何特点 …………… 141
海南椰雕的来历及特色 ……… 142
巴林石雕有何特色 …………… 143
何谓抚顺煤精雕 ……………… 143
莆田为何被誉为"中国木雕之城" 144
青田石雕有何特色及传说 …… 145
高州角雕为何能成为收藏精品 146
武汉木雕船的来历及特色 …… 147
浏阳菊花石雕为何被誉为"全球
　第一" …………………………… 148
留青竹刻因何得名 …………… 149

泉州木偶有何特点 …………… 150

趣味塑造工艺品

北京"面人"制作有何特色 …… 152
北京"葡萄常"有何典故及特色 153
"泥人张"为何被称为"天津一绝" 153
凤翔彩绘泥塑是怎样从"泥货"
　蜕变出来的 …………………… 154
淮阳泥泥狗为何被誉为"真图腾、
　活化石、天下第一狗" ………… 155
浚县泥咕咕为何有"历史的活化石"
　之誉 …………………………… 156
惠山泥人"大阿福"的传说 …… 158
为何黄陂有"泥塑之乡"的美称 159
石湾公仔为何享誉世界 ……… 159
塔尔寺的酥油花为何被誉为
　"神州一绝" …………………… 161
黄平泥哨有何特色 …………… 162

趣味其他工艺品

景泰蓝因何得名,有何传说 … 164
云南斑铜为何被称为"南国金属
　工艺之冠" …………………… 164
个旧锡制工艺品有何特点 …… 165
"夜光杯"在夜里是否会发光 … 166

为何说芜湖铁画是"金属的国画" …… 167
蜡染和扎染有何不同 …………… 168
陕西扎染的由来 ………………… 169
洛阳宫灯的来历及特色 ………… 170

趣味刀·剑·剪

藏刀的来历及特色 ……………… 174
蒙古刀有何特色 ………………… 174
"户撒刀"的来历及特色 ………… 175
武当剑的特色及传说 …………… 176
龙泉宝剑有何特点 ……………… 177
王麻子刀剪为何有名 …………… 178
张小泉剪刀的特色及传说 ……… 179
阳江刀具为何被称为"十八子" … 180
捞刀河刀剪有何特色 …………… 181

趣味特色物产

东北三宝之一人参的特色
　及传说 ………………………… 184
东北三宝之一鹿茸的特色
　及传说 ………………………… 184
孝感麻糖的传说 ………………… 185

章丘大葱为何被誉为"世界葱王" …… 186
龙口粉丝为何以地取名 ………… 187
郯城为何被称银杏之乡 ………… 187
南丰蜜桔的来历及特色 ………… 188
增城挂绿为何被称为"荔枝之王" …… 189
云南松茸为何名贵 ……………… 190
广西"天然罐头"——沙田柚名称的
　来历 …………………………… 191
宁夏枸杞的来历及特色 ………… 192
哈密瓜为何有"瓜中之王"的美称 …… 193
吐鲁番葡萄干为何有名 ………… 194
雪莲花有何特色 ………………… 195
临潼石榴的特色及传说 ………… 195
商洛为何被誉为"核桃之乡" …… 196
米脂小米有何美誉 ……………… 197
牛皮糖为何号称"扬州一绝" …… 198
湘潭槟榔的来历 ………………… 198
新郑大枣的特色 ………………… 199
桂林的荔浦芋头为何被称为
　"金芋头" …………………… 200
梧州龟苓膏产生的有趣传说 …… 201
中国的"芒果之乡"在哪里 …… 202
哪里被誉为"中国八角之乡" … 203
肇庆裹蒸的来历及特色 ………… 204

趣味织绣知识

QUWEI ZHIXIU ZHISHI

 蜀锦的历史起源

蜀锦,原指四川生产的彩锦,以成都为织锦中心,后成为各地织法似蜀的所有织锦的通称。蜀锦多用染色的熟丝线织成,图案繁华、色彩鲜艳、织纹精细、质地坚韧。蜀锦因其历史悠久、工艺独特,遂与南京的云锦、苏州的宋锦、广西的壮锦一起,并称为"中国四大名锦"。

蜀锦

蜀锦在先秦时期已经产生,图案以简单的几何纹为主体。秦汉时,四川安定繁荣,蜀锦进入大发展时期,织锦业很兴盛。因此,汉代朝廷在成都设有专管织锦的官员。成都也因此被称为"锦官城",简称"锦城";而环绕成都的府河,也因民众在其中洗濯蜀锦而得名"锦江"。

当时的蜀锦图案有云彩鸟兽、狩猎骑射等内容,图中还常常配以各种吉祥的铭文,如"富且昌"、"大宜子孙"、"万年益寿"、"长生无极"、"长乐明光"、"登高明望四海"等。蜀锦畅销全国,并通过南、北丝绸之路远销印度、西域。在三国时期,蜀锦是蜀汉的主要税源。魏晋南北朝时期,丝织物加金技术用于蜀锦,但其基本图案和织造方法仍然是汉代的延续,如,方格兽纹锦、树纹锦等。唐代的蜀锦业很盛,蜀锦远销至日本、波斯。北宋建立成都锦院。元明时期品种更多。明末大动乱对蜀锦生产摧残严重。清代蜀锦业得到恢复,并受到江南织锦业很大影响。

蜀锦的品种有多少

蜀锦的品种繁多。传统品种有:雨丝锦、方方锦、铺地锦、散花锦、浣花锦、民族锦、彩晕锦等。

雨丝锦 锦面用白色和其他色彩的经丝组成,色络由粗渐细,白经由细渐粗,交替过渡,形成色白相间,呈现明亮对比的丝丝雨条状;雨条上再饰以各种花纹图案,粗细匀称,既调和了对比强烈的色彩,又突出了彩条间的花纹,具有烘云托月的艺术效果,给人以轻快、舒适的韵律感。图案丰富多彩,常见的有杜甫草堂、望江楼、百花潭、芙蓉白凤、翔凤游龙、莲池鸳鸯、蝶舞花丛、葵花、牡丹、梅竹、龙凤等。

方方锦 特点是缎地纬浮花,再单一地上色,以彩色经纬线配以等距不同色彩的方格;方格内饰以不同色彩的圆形或椭圆形古朴典雅的花纹图案。

铺地锦 又称"锦上添花"。特点是在缎纹组织上用几何纹样或细小的花纹铺底,再在花纹上嵌织大朵花卉,色彩丰富、层次分明,显得格外富丽堂皇。

散花锦 特点是花纹布满锦地,常见的图案有如意牡丹、瑞草云鹤、百鸟朝凤、五谷丰登、龙爪菊、云雁等,富于浓厚的地方色彩和民族风格。

浣花锦 又称花锦,系由古代名锦"落花流水锦"发展而来,传说是唐代卜居成都浣花溪的贵妇人根据溪水荡漾的变化而设计的花纹,而且在织锦完成后,多数在锦江上游溪水潭内洗涤,故名。其特点是采用平纹或缎纹,以曲水纹、浪花纹与落花纹组合图案,纹样简练古朴、典雅大方。

民族锦 一般采用多色彩条嵌入金银丝织成,多用于民族服饰,故名。常见的图案有团花、葵花、"万"字、"卍"、"寿"字等。

彩晕锦 特点是织纹华贵相映,明暗匹配,层次分明,并以色晕过渡,花纹绚丽多彩,别具一格。

蜀锦机

蜀绣的起源与发展

蜀绣,又称川绣,起源于川西民间,与苏绣、湘绣和粤绣,合称为四大名绣。其产地主要集中于成都、重庆、温江、郫县等地。蜀绣、蜀锦一起被称为"蜀中之宝"。

蜀绣在先秦时期已经存在。今见蜀绣较早记载的书籍出于汉赋家杨雄的《蜀都赋》:"锦布绣望,,芒芒兮无幅。"其自述曾另作《绣补》诗。西汉后期,蜀地"女工之业,覆衣天下",名声在外。汉代的蜀绣很贵,主要供皇室使用。少府属官的东织室、西织室,就是专为皇室加工高级缯帛文绣而设立的。因绣品技艺非凡,人们常视之为宝。晋常璩《华阳国志》详载蜀地宝物时,便将锦绣与金银珠玉同列。三国蜀汉时,蜀锦、蜀绣是主要税源。唐朝时,蜀绣被广泛贸易。唐代末期,南诏进攻成都时,大量掠

蜀绣:盆景

蜀绣：绣花鞋

夺金银、蜀锦、蜀绣、绣工。

宋代文献称蜀绣技法"穷工极巧"。当时花草、禽鸟之绣非常有名。后代言及绣者之工，就说"工仿宋绣"，赞扬"精刺绣"者，即言其"能灭去针线痕迹"，直称"针神"。此乃仿宋画之工，甚至有直谓"绘绣"的。古蜀绣品极少传世，较早的"北宋蜀绣双冠图片"（现藏西南师范大学），上绣二株鸡冠花、孤屿、水草水波纹，一雄鸡屿上昂首、振翼催晓，上端钤"明昌御览"印。明昌是金章宗年号，绣品可能为金国所购。

元朝时，蜀绣因战争影响而衰落。明朝时有所恢复。明末清初的战乱给蜀绣业以致命的打击。清中叶得到恢复，逐渐形成行业，尤以成都九龙巷、科甲巷一带的蜀绣著名。当时各县官府所办的"劝工局"也设刺绣科，可见其制作范围之广。其生产品种主要是官服、礼品、日用花衣、边花、嫁妆、彩帐和条屏等。清末，张洪兴等名家绣制的动物四联屏获巴拿马赛会金质奖章。张洪兴绣制的狮子滚绣球挂屏又得清王朝嘉奖，授予五品军功，为蜀绣赢得很大声誉。

蜀绣以软缎、彩丝为主要原料，至少有100种以上精巧的针法绣技，晕针、纱针、点针、覆盖针等都是十分独特而精湛的技法。品种有衣锦纹满绣、蜀笺蜀绣绣画合一的线条绣、精巧细腻的双面绣及当今的巨幅条屏等。北京人民大会堂四川厅的巨幅"芙蓉鲤鱼"座屏和蜀绣名品"蜀宫乐女演乐图"挂屏、双面异色的"水草鲤鱼"座屏、"大小熊猫"座屏，就是蜀绣中的代表作。

蜀绣厂的师傅为何多为男子

据说清道光年间，一位高官从苏州调任四川，随带戏班中有三个绣衣师傅，均为男子，皆擅长有名的松江府顾绣技法。后他们招徒授技，顾绣之法遂融于蜀绣。当时招徒碍于世俗之礼，不能招闺中女子，只能招男子。故到今日，蜀绣老艺人几乎都是男子，技艺面临失传。因迫不得已，只好招收女徒。今天四川的刺绣又回到了以女儿家为主了。其绣工似乎比男子还要好。

壮锦图案纹样与信仰有什么关系

广西许多少数民族的信仰都在服饰上有着切实的体现，特别是在用壮锦织成的图案纹样上表现更为突出。

壮锦的传统图案有数十种之多，大都选取生活中的可见之物和象征吉祥幸福的花纹。这些丰富而精彩的花纹，充分反映了壮族人民淳朴健康的审美情趣，反映了他们对生活、大自然和民族文化的热爱和崇敬。

凌云壮族织布情景

其中凤的图案在壮锦中独占鳌头，也就是俗话所说的"十件壮锦九件凤，活似凤从锦中出"。壮族人民喜爱凤凰，是因为凤凰寓意着吉祥如意。服饰纹样中变形后的凤是一个高度理想化了的艺术形象。壮族妇女充分发挥她们的想象力，选择了孔雀、锦鸡、公鸡中最秀美、生动的部分进行构思，用现实与理想、真实与夸张相结合，使整个图案纹样洋溢着活泼喜庆之感。同时，这也展现了壮族人民的智慧与才情，体现了人们对美好生活的向往与追求。

近几十年来壮锦又增添了桂林山水、粮食丰收、葵花向阳、民族团结等反映壮族人民新生活、新风貌的图案，使其变得更加丰富多彩。

壮锦有哪些美丽传说

壮锦是广西最具代表性的民族手工艺品，也是中国四大名锦之一，主要产地为靖西、忻城、宾阳等县。历经1000多年的发展，以壮锦艺术为典型代表的广西民族织锦艺术已成为我国传统民间艺术的重要组成部分。那么，关于古老的壮锦又有哪些美丽的传说呢？

壮锦

据说宋代有一名叫达尼妹的壮族姑娘，看到蜘蛛网上的露珠在阳光照耀下闪烁着异彩，便从中得到启示，用原色细纱为经，五光十色的丝线为纬，精心织造，从此就产生了瑰丽的壮锦。

另外，关于壮锦还有这么一个美丽动人的故事。传说，古时候，住在大山脚下的一位壮族老妈妈与3个儿子相依为命。老妈妈是一位手艺精湛的壮族织女。有一天，她看到天上的云霞无比的美丽，于是就想把它们织进她的壮锦

壮族妇女

里。她花了3年的时间,终于织出了一幅美丽的壮锦。这壮锦上面不仅有蓝蓝的天空、斑斓的云霞,还有她想象中的美好家园:田地、花园、果园、菜园、鱼塘、鸡鸭、牛羊等。一天,突然一阵大风,把壮锦卷向东方的天边去了。原来这是那里的红衣仙女拿壮锦做样子去了。老妈妈先后派出了两个年龄稍长的儿子出发去寻找壮锦,但他们都畏惧路途艰辛,拿着钱到城里享福去了。后来,老妈妈的三儿子,在大石马的帮助下,披荆斩棘、翻山越岭、上刀山、下火海,终于找到了红衣仙女。红衣仙女正拿着老妈妈的壮锦样子在织锦。老三趁机拿走了自己家的壮锦,骑马回到了老妈妈的身边。老三回到家中,壮锦在阳光下渐渐地伸宽,变成了美丽的家园。但是,让老三没想到的是,仙女实在是太喜欢老妈妈的壮锦了,便偷偷在其上绣下了自己的像,被老三带回家中。于是老三就跟她结为了夫妻,过上了幸福的生活。

关于壮锦的传说强烈地反映了壮族儿女对美好生活、大自然和民族文化的热爱及崇敬,渗透着民族文化的乐观精神,凝聚着人们的美好向往,表达出真诚的情感。

上海名绣为何称"顾绣"

也许你知道中国有苏、湘、蜀、粤四大名绣,可你知道在这四大名绣之前,还有一门绣艺,当年曾风行南北,甚至一度成为刺绣的代名词,四大名绣也从其技法中获益良多。这门名震天下的刺绣就是出自上海松江的顾绣。

顾绣,素享"画绣"之誉,是中国绣苑中一朵艳丽的奇葩。它起源于明代松江人顾名世之家。顾名世是明嘉靖三十八年(1559年)的进士,书画造诣极深,又深谙官宦之家女眷的深闺寂寞,遂于案牍之余,精选宋元大家的字画名作勾勒底稿供女眷刺绣。顾绣工艺不同于一般的民间

顾绣《群鱼戏藻图》

刺绣。它绣制时不但要求形似，而且要表现原作神韵，且做工精细、技法多变，其针法有施、搂、抢、摘、铺、齐及套针、刻鳞针等数十种。一幅绣品的完工，往往要耗时数月。

顾绣一经问世便名声大噪。其兴盛时，甚至凌驾于著名的松江缂丝之上。顾绣在 300 多年中涌现出诸多名手。其中首推顾名世的孙媳妇韩希孟。她所绣人物神采奕奕，呼之欲出，花鸟草虫"生气回动，五色烂发"。崇祯年间，韩氏搜访宋元名迹，临摹数幅，然后历经数年，将其绣出，计有洗马、仕女、松鼠葡萄、蜻蜓扁豆、华溪渔隐等 8 幅。这就是现藏

顾绣《芦塘饮鹅图》

于故宫博物院堪称绣画第一藏的《顾绣宋元名迹册》。这些作品无论施针、用色都极精细，灵活多变，把物象的生动情态表现得惟妙惟肖，已达到让人分辨不出是绣还是画的意境。董其昌对此极为赞赏，称它"精工夺巧，同侪不能望其项背，人巧极天工，错奇矣"。

顾名世晚年移居上海南市露香园，故松江顾绣又有"露香园顾绣"之称。

由于顾绣的卓绝是以高素质的艺人和大量的工时为代价的，制约条件很多，所以难以大量普及。清末，顾绣逐趋湮没，几至被人遗忘，反而被吸收顾绣技法和营养而崛起的苏绣所取代。20 世纪 70 年代初，新组建的松江工艺品厂踏上了振兴松江顾绣的艰难历程，厂里的几位工艺美术师夙兴夜寐，翻阅典籍、查寻资料。1978 年，该厂终于绣出了第一幅顾绣作品《群鱼戏藻图》，并在上海民间工艺美术展上一举夺得设计、刺绣两个一等奖。1981 年和 1991 年，顾绣曾两次东渡日本，引起很大反响。2006 年，顾绣被国务院批准列入第一批国家级非物质文化遗产名录。2007 年，经文化部确定，戴明教为该文化遗产项目代表性传承人，并被列入第一批国家级非物质文化遗产项目 226 名代表性传承人名单。

 粤绣有何特色

粤绣，与苏绣、湘绣、蜀绣号称中国"四大名绣"，是国家级非物质文化遗产。粤绣以布局饱满、图案繁茂、场面热烈、用色富丽、对比强烈、大红大绿而著称。

粤绣《咏鹅》

其最大的特点就是布局饱满,往往少有空隙,即使有空隙,也要用山水、草地、树根等补充,显得热闹而紧凑。粤绣还有一个独特的现象,就是绣工多为男工,与其他地区绣工均为女子不同,在绣制大件时,绣工常手拿长针站着施绣。

粤绣历史逾千年,有文字记载始于唐朝。唐代《杜阳杂编》记载,永贞元年(805年),南海(今广州市)有一个14岁的奇女子卢眉娘,在一尺见方的绢上绣出了一卷佛经《法华经》七卷,"字之大小,不逾粟粒,点画分明,细如毫发,其品题、章句无不具矣"。她又绣制阔一丈的"飞仙盖",上面绣有山水、神仙、玉女,"执幢、捧节童子亦不啻千数"。可见粤绣既有悠久的历史,又有卓越的技巧。明代正德年间(1506—1521年),粤绣经由欧洲商舶出口到葡萄牙、英、法等国,成为宫廷和皇室、贵族们宠爱的服饰品。据《存绣堂丝绣录》记载,清代宫廷曾收藏有明代粤绣《博古围屏》等8幅,上面绣制古鼎、玉器等95件,"铺针细于毫发,下针不忘规矩",有的"以马尾缠作勒线,从而钩勒(轮廓)之",图案工整,"针眼掩藏,天衣无缝",充分显示了明代粤绣的高超技艺。曾在雍正、乾隆时期,粤绣就大量远销欧洲各地。当时有专做外销品的作坊。清光绪二十六年(1900年),粤绣从广州海关出口,价值高达近50万两白银。粤绣纹样有孔雀开屏、三阳开泰、百鸟朝凤、公鸡牡丹、杏林春燕、佛手瓜果、松鹤猿鹿等民间喜爱的题材,构图繁密、色彩浓重。其主要作品为衣料、被面、枕套、挂屏、屏心及小件扇套、褡裢、团扇、鞋帽、荷包等。粤绣曾于1915年在巴拿马国际博览会上获奖。

粤绣分为"广绣"和"潮绣"两个流派:"广绣",是产于广东地区的手工刺绣品,据传创始于少数民族,明中后期形成特色。其特色在于用线多样、用色明快,讲求华丽效果,而且多用金线作刺绣花纹的轮廓线。其装饰花纹繁缛丰满、热闹欢快,多选用百鸟朝凤、海产鱼虾、佛手瓜果类具有地方特色的题材。其绣工多为男工所任,绣品品种丰富,有被面、枕套、床楣、披肩、头巾、台帷、

粤绣《梅凤图》

绣服、鞋帽、戏衣等，也有镜屏、挂幛、条幅等。潮绣，则以金碧、粗犷、雄浑垫凸浮雕效果的钉金绣为特色而标异于其他绣种。其题材有人物、龙凤、博古、动物、花卉等，以饱满、匀称的构图和热烈喜庆的色彩，气氛鲜明、生动地表现题材，使潮绣产生了丰富瑰丽的艺术效果。潮绣有绒绣、钉金绣、金绒混合绣、线绣等品种，各具特色，《百鸟朝凤》是其代表作品。

粤绣针法丰富多样，有基础针法、辅助针法、象形针法3大类，直针、续针、捆咬针、铺针、钉针、勒针、网绣针、打子针等45种。绣制时，根据设计意图及物像形状、质感和神态，巧妙地将各种针法互相配合和转换，以求达到良好的艺术效果。此外，它在创作设计方面还善于把寓意吉祥和美好的愿望融入绣品中。与此同时，还善于摄取绘画和民间剪纸等多种艺术形式之长，使绣品的构图饱满、繁而不乱、针步均匀、光亮平整，纹理清晰分明，物像形神兼备，栩栩如生、惟妙惟肖。这都充分地体现了粤绣的地方风格和艺术特色。

目前所知保存完整、幅面尺寸最大的清代粤绣为光绪三十一年由广东十三省状元坊官绣的同泰店号所造的寿鸾刺绣，长4.2米，宽2.8米。该工艺品大量使用金铂线，制作工艺复杂，加之其中的描金祝寿语，含意深奥、字体工整。如此巨幅精美的刺绣巅峰之作，现存世者极其稀少，是清末刺绣工艺与寿辰礼仪研究收藏的极品。

湘绣有何特色

湘绣，主要是指以长沙一带为中心出产的刺绣产品，具有浓郁的湘楚特色。湘绣是我国四大名绣之一，与北京雕漆、江西景德镇瓷器并称为"中国工艺美术三长"。

湘绣是在纯丝、硬缎、软缎、轻纱等面料上用各种颜色的丝线、绒绣线秀出花卉、山水、动物、人物等。其针法多达70种，包括平绣、织绣、网绣、结绣、双面绣、乱针绣等，极具表现力。同时，湘绣艺人在配色上善于应用深浅灰和黑白色，结构上虚实结合，擅长留白，具有我国水墨画般秀雅的品质。湘绣丝细光滑，配色层次明暗突出，充满质感与立体感。

挑选湘绣时最主要的是看湘绣表面的光洁度，好的绣品针线绣得很密，使图案有立体感，光洁度高；同时，从湘绣花线的粗细也可以辨别

湘绣

出优劣。湘绣中一根花线的1/2粗称"一绒",1/12粗称"一丝"。"劈丝"即将一根花线分为若干份。湘绣会根据不同的布质、色彩及题材,灵活综合运针,而且花线劈丝粗细合度,从而能充分表现物体形象的质感。

1922年,末代皇帝溥仪迎娶婉容和文绣,身穿的珠冠龙袍,就是特地在长沙吴彩霞绣庄定做的。湘绣来源于长沙民间刺绣,同时吸收了苏绣和粤绣的精华,强调写实,质朴而优美,形象生动。

西兰姑娘与西兰卡普(织锦)的传说

"西兰卡普"是土家语,意为一种土家织锦。在土家语里,"西兰"是铺盖的意思,"卡普"是花的意思,"西兰卡普"即土家族人的花铺盖。人们往往在"花铺盖"前冠以"土"字,以标示出这项民间工艺所包含的土家族民族特点。"土花铺盖"被土家族人民视为智慧和技艺的结晶,被称作"土家之花"。按照土家族习惯,过去土家姑娘出嫁时,都要在织布的机台上制作美丽的"西兰卡普"。

关于"西兰卡普"的起源和发展,史籍中只有零零碎碎的记载。《后汉书·西南蛮夷传》所说哀牢夷"织文革绫锦"的"兰干细布",就是土花铺盖的前身,称"武陵蛮"有着"织绩木皮,染以草实"、"好五色衣服"、"衣裳斑斓"的习尚,"武陵蛮"就是历史上对土家族使用过的一种称呼。"西兰卡普"的来历虽无据可考,但土家族内却流传着这样一个传说:

相传湖北西部山区"毕兹卡"土家族人的村寨中,有个聪明美丽的西兰姑娘,心灵手巧,很会织布。她织出的布人见人爱,可是西兰并不满足。她采来山上各式各样的鲜花,插到机头上,用五色丝线,飞梭走杼,把一朵朵美丽的花儿织到布匹上。这种布漂亮极了,人们把它叫做"卡普"。卡普上的花朵就像带露刚刚开放,招得蜜蜂和彩蝶飞来起舞。西兰织了一匹又一匹,山里的野花一朵又一朵盛开在西兰织成的卡普上。她的屋里变成了百花盛开、争奇斗艳的花园。

西兰姑娘决心把世上所有的花都织到心爱的卡普上,于是她逢人就问哪里还有她没有见过的花。一位路过山里的老爷爷告诉西兰,后山上有一棵长了999年的红果树。它会在半夜开出一种

土家族西兰卡普

火一样鲜艳而热烈的花,白天就看不见了。西兰决心把红果花采来织到布上。她半夜起床,不怕夜寒风大,不怕露湿衣裙,跑到后山坐在红果树前,守了一夜又一夜,但红果就是没有开花。西兰并不灰心,天天夜里仍然一个人偷偷跑到后山上等待。也许是西兰的诚心感动了红果树,有一晚,红果树全身摇动,突然开满了一串串火红的鲜花。西兰摘了最大的一朵,高高兴兴地插在自家的机头上,织了起来。

好吃懒做又爱饶舌的嫂嫂嫉妒西兰,在阿爸面前谎说西兰天天晚上到后山会情人,行为不检点。阿爸连着几晚不见西兰,信以为真。他气得喝了几斤老酒,醉醺醺地冲到西兰房里,见女儿正唱着歌儿在那里织布,便不由分说地操起身边的剪刀向西兰甩去。一声惊叫,西兰倒在织机上,再也没能起来,她的血溅到布上,布上开出一串又一串火红火红的花。阿爸酒醒后看到机头上的鲜花,明白自己错怪了女儿,捶胸顿足,懊悔不已。

土家族女装

后来,土家族的妇女们都学着织西兰姑娘的卡普,把它做成被子盖在身上,表示和西兰在一起,表达对她的无限思念。土家族女儿从小就学织西兰织过的布,并把它当做自己出嫁的陪嫁品。人们把它叫作"西兰卡普"。

南京云锦的来历及特色

云锦,是南京传统提花丝织物的总称。其历史可追溯到宋朝在南京设立的官营织造——锦署。云锦以其华贵、多彩、灿烂,变换如云霞而得名。云锦在明清时代非常流行,专为宫廷织造,主要用作"御用供品",供宫廷服饰和赏赐用,直至晚清以后才流传至民间。因其现代只有南京一地生产,故通常称为"南京云锦"。

云锦的传统工艺主要有"妆花"、"织金"和"金宝地"等。妆花锦,用色变化丰富,一种织物上的花纹配色多达十余种,最多可达二三十种,图案的布局严谨庄重、简练概括;织金锦,花纹图案全部用金线或银线,或金银线并用织成;金宝地锦,花纹图案全部用金丝织满地,再在金地上织出五彩缤纷、金彩辉映的

南京云锦《孔雀开屏》

花纹。

云锦图案的题材广泛,既有大朵缠枝花卉,又有各种动物(如,龙凤、仙鹤、狮子等)和植物(如,宝相花、莲花、佛手、石榴、梅、兰、竹、菊等),还有表示吉祥的"八宝"、"暗八仙"、"吉祥"、"寿"字等。在配色方面,则运用了色晕与调和的技法,使纹样色彩美丽动人。

云锦主要用于制作蒙、藏、满等少数民族的服装和服饰材料及高级服装,在古代则主要运用于缝制龙袍、装饰宫殿、庙宇及神袍、祭垫、帷幕等。

苏州刺绣为何蜚声中外

刺绣作为一个地域广泛的手工艺品,各个国家、各个民族通过长期的积累和发展,都有其自身的特长和优势。苏绣就是我国四大名绣之一。

苏绣的发源地在苏州吴县一带,具有图案秀丽、构思巧妙、绣工细致、针法活泼、色彩清雅的独特风格,地方特色浓郁。绣技具有"平、齐、和、光、顺、匀"的特点。"平",指绣面平展;"齐",指图案边缘齐整;"细",指用针细巧、绣线精细;"密",指线条排列紧凑、不露针迹;"和",指设色适宜;"光",指光彩夺目、色泽鲜明;"顺",指丝理圆转自如;"匀",指线条精细均匀、疏密一致。

苏绣的历史悠久,建于五代北宋时期的苏州瑞光塔和虎丘塔都曾出土过苏绣经袱,在针法上已能运用平抢铺针和施针,这是目前发现最早的苏绣实物。

据有关史料记载,自宋代以后,苏州刺绣之技十分兴盛,工艺也日臻成熟。农村"家家养蚕,户户刺绣",城内还出现了绣线巷、滚绣坊、锦绣坊、绣花弄等坊巷,可见苏州刺绣之兴盛。当时不仅有以刺绣为生的,而且富家闺秀也往往以此消遣时日,陶冶性情,所谓"民间

苏绣《猫》

绣"、"闺阁绣"、"宫廷绣"的名称也由此而来。

清代,苏绣更是盛况空前。苏州被称为"绣市"而扬名四海。当时针法之多、应用之广,莫不超过前朝,山水、亭台、花鸟、人物,无所不能、无所不工。加上宫廷的大量需要,豪华富丽的绣品层出不穷。苏绣后来吸收上海顾绣及西洋画的特点,创造出光线明暗强烈、富有立体感的风格。

如今,经长期发展,苏绣在艺术上形成了图案秀丽、色彩和谐、线条明快、针法活泼、绣工精细的地方风格,被誉为"东方明珠"。苏绣作品的主要艺术特点为:山水能分远近之趣;楼阁俱现深邃之体;人物能有瞻眺生动之情;花鸟能报绰约亲昵之态。不说苏绣背后丰富的历史文化,仅这些特点就足以让苏绣闻名中外了。

苏绣《冬景戏婴图》

开封汴绣的来历及特色

汴绣,起源于宋代的开封,是当时手工业中的一个重要行业。当时的开封是北宋的国都,被称作"汴梁"或"汴京",所以这种刺绣就被称为"汴绣"了。汴绣历史悠久,以绣工精致、针法细密、图案严谨、格调高雅、色彩秀丽而著称,因此与苏绣、湘绣、粤绣、蜀绣一起合称为"中国五大名绣"。那么,汴绣有什么来历及特色呢?

北宋初年,宋军四处出击,消灭了很多割据一方的势力。宋军在平定后蜀时,俘虏了锦工200人,于是朝廷就于太祖乾德五年(967年)在京师东京(今开封)设立了绫锦院,来安置他们进行生产。后来,绫锦院又不断加入了一些来自浙江、四川的绫锦工人。这些优秀匠人都来自我国古代的丝织业发达地区。他们聚于京师,使得东京的丝织业发展具有了强大的技术支持,绫锦院也得以迅速发展。随着绫锦院规模的不断扩大,工匠人数也日益增加,到太宗末年时,已经发展成了手工业作坊。

北宋崇宁四年(1105年),为了适应刺绣发

汴绣《老虎》

汴绣《奔马、花卉等》

展的需要,朝廷在开封成立了一所专门教授刺绣的学校——文绣院。文绣院成立之后,各路优秀的绣工匠人都到文绣院授艺,从而形成了当时全国的刺绣工艺大交流、大融合,使宋代刺绣发展到了一个新的水平,汴绣的水平和工艺也得到了极大的提升。到宋徽宗时,文绣院开设了绣画专科,使绣画分类为山水、楼阁、人物、花鸟等,而且形成了相应的绣品生产培训和管理制度,汴绣达到了成熟阶段。宋室南迁之后,大批优秀的汴绣工匠也被带到了南方,随着开封政治、经济、文化地位的变化而渐趋衰落,汴绣流落到了民间。

新中国成立初期,汴绣在民间仍有流传,但其绣品仅以日用品和欣赏品为主。为了继承宋代汴绣的传统工艺,1954年冬,开封成立了由7个人组成的汴绣合作组。当时还没有"汴绣"一名,在时任开封市统战部长贾子云的建议下,这种原先流行于宋都汴梁的刺绣,就被命名为汴绣了。在新老艺人的共同努力之下,汴绣在继承传统工艺的基础上,博采众家之长,创新了针法、题材和构图等技艺,获得了新的发展。

现在,开封汴绣的针法有几十种。其中继承传统针法14种,包括蒙针绣、悠针、云针绣、双合针绣、羊毛绣、席蔑绣等;创新针法20多种,包括双面绣、洒线绣、反枪绣、辫子股绣、盘金绣等。在题材上,有书法、山水、花鸟、楼阁、人物等,尤其是绣制一些古代名作、历史长卷作品等。在工艺品种上,有单面绣、双面绣、双面异色绣、双面三异绣等。总的来说,开封汴绣作品绒彩夺目、严整富丽、针线细密、不露边缝,雍容华贵,形态娇而不冶、色彩艳而不俗,装饰性很强。

作为我国的著名绣种之一,汴绣有很多代表作,如,北宋画家张择端的《清明上河图》、五代顾闳中的《韩熙载夜宴图》、黄荃的《写生珍禽图》、唐代韩滉的《五牛图》、周昉的《簪花仕女图》、张萱的《虢国夫人游春图》、卢楞枷的《六尊者》、阎立本的《步辇图》,以及宋代皇帝赵佶的《听琴图》等,都是在绘画艺术基础上的再创作,都有极高的观赏价值,都是名品佳作。

千年鲁锦知多少

鲁锦,是鲁西南民间织锦的简称。它是山东省独有的一种民间纯棉手工纺织品,具有浓郁的乡土气息和鲜明的民族特色。

鲁锦具有2000多年的历史。早在元明之际,随着棉花在黄河流域的大面积种植,鲁西南人民将传统的葛、麻、丝织绣工艺糅进棉纺工艺,形成了独特的鲁西南棉锦。经过明清两代织具的改进和织造工艺的发展,鲁锦艺术已到了炉火纯青的境界。在清代,鄄城织锦曾作为贡品进献朝廷,成为大内御用之物。至今中央美院研究所还收藏着清代鄄城鲁锦数百个品种。

鲁锦在中国纺织史上占有重要的地位。鲁锦文化作为黄河文化的重要代表,它的发展是黄河文化的见证。

鲁锦

鲁锦的织造工艺极为复杂,从采棉、纺线到上机织布要经过72道工序,全部采用纯手工工艺。在纺织科技飞速发展的今天,鲁锦工艺能流传千年,堪称奇迹,而鲁西南的农家妇女能靠22种色线变换出1990种几何图案,这更让人叹为观止。

鲁锦特点是:质地柔软、色泽艳丽,图案变换多端、风格粗朴豪放。由于鲁锦以纯棉纱为原料,全部工艺采用纯手工制作,产品绿色环保,一经上市就受到国内外客户的好评。

鲁锦用色大都以红绿搭配、黑白相间、蓝黄穿插,图案色彩明快,染色大都为蓝、槐黄、榴黑、豆灰、泥紫,色调古朴典雅。鲁锦的图案也已由最初的平纹、斜纹、缎纹、条纹、方格纹等发展到枣花纹、水纹、狗牙纹、斗纹、芝麻花纹、合斗纹、鹅眼纹、猫蹄纹等八种基本纹样。

这些图案是通过抽象图案的重复、平行、连续、间隔、对比等变化,通过鲁西南农家妇女的巧手组合,再加上经纬纱线色彩的不同变化,形成特有的节奏和韵律。它所反映生活的形式是曲折的、间接的,因而更具有艺术魅力。

与年画、剪纸、面塑等民间工艺美术品相比,鲁锦具有较强的可塑性和广泛的适用性。鲁锦是我国民族工艺服装服饰的特色之一,期待鲁锦作为我们的中华瑰宝也能够在国际上打开一片

正在织鲁锦的老人

天地。

鲁绣有何特色

鲁绣,是中国古老的、历史悠久的工艺美术品种,经过漫长的传承与发展,鲁绣的艺术特色发生了巨大的变化。

在鲁绣工艺的发展中,依靠亲邻好友、母亲姐妹、师徒相授等途径来传承。精美的图形被大家争相传摹、相互交流,共同认可的作品得以流传,并不断推陈出新。同时,由于不同时代、地域的政治、经济、文化、审美情趣、民俗民风的不同,鲁绣的风格有不同的变化。鲁绣作为刺绣的一部分,除具有中国刺绣的共性特点外,还有自己独特的艺术风格。

鲁绣博采"苏、粤、蜀、湘"四大名绣之长,而又独具一格,是中华民族悠久刺绣文化的重要组成部分。鲁绣集抽、勒、锁、雕等精华工艺于一身,色彩淡雅、构图优美、虚实适宜、形象逼真。绵远悠长的齐鲁文化赋予了鲁绣浓郁的地方特色和丰富的人文内涵。

鲁绣

鲁绣早在春秋时期的齐鲁就已兴起,史称"齐纨"或是"鲁缟"。到了秦代,逐渐兴盛,而到了汉代就已相当普及了。《史记·货殖列传》上对此有"冠带衣履天下"之称。不仅如此,还出现了专门为绣业而设置的"服官"。据《汉书》记载,"齐三服官作工各数千人,一岁费数巨万",可见当时绣业的昌盛和重要。

鲁绣从古代帝王公卿的章服走入寻常百姓家,无论是民间采用的山东传统"衣线绣"的绣裙、袖边、鞋面;还是存于故宫博物院中的明代作品《文昌出行图》《芙蓉双鸭图》,都向世人展示出鲁绣绣饰鲜明而不脱离实用的民间艺术风格。

苗绣有哪些独特的民族风格

苗绣,是苗族民间传承的一种刺绣技艺,是苗族历史文化的一种特有表现形式。苗绣是苗族妇女勤劳智慧的结晶。苗家妇女都非常擅长纺织和刺绣。他们制作的苗绣有着不同的形式与风格。那么,苗绣有哪些独特的民族风格呢?

苗绣的针法很有自己的特色,主要针法有辫绣、结绣、贴花、堆花等。

松桃苗族刺绣

辫绣,是先将8或12根染色丝线编成"辫子",然后将它回旋成花缀在底布上;结绣,是插针之后,把线在针头上挽多个结,然后抽针,如此反复插满花结;贴花,是把彩色丝片剪成等腰三角形贴在底布上,再在周围密绣一圈,纹样多为几何图形;堆花,是把缎子剪成花瓣,贴上较小的布壳,边沿往里折,再层层堆叠,缀成后,花瓣逐层凸出,就像木雕一样。

苗绣的颜色多以红、绿为主,花纹稠密,色彩艳丽、浓烈、富丽堂皇。苗绣的纹样造型夸张、生动,源于生活但又不是生活的简单再现,而是苗族妇女在对大自然中的花、鸟、虫、鱼等物象进行认真仔细观察和体验的基础上,通过艺术的抽象,大胆地进行夸张变形而来的,表现出了苗族妇女的审美感受和理想。苗绣的构图对称和谐、形态自然,无论是龙凤、花草还是虫鱼都要对称排列,非常讲究。苗绣的物象不受自然形态和时空的约束,而且非常注重情趣的表现。每个画面完全凭创作者的想象和情感自由倾泻,天地中的动物、植物都可以在苗绣上同生共存,富有浓郁的乡土气息和较强的艺术感染力。

绘有苗绣的苗族服饰

傣族织锦有何特色

傣族织锦,是流传在傣族地区的一种民间工艺品,是傣族农耕社会面貌在手工艺上的反映。傣族人早在唐宋时期就已经会用棉线和丝线织傣锦,在南诏时期,地方官员还把傣锦作为上贡朝廷的礼品。

作为一门非常古老的纺织工艺,傣族织锦有哪些特色呢?

作为一种古老的传统手工纺织品,傣锦的图案是通过熟练的纺织技巧创造出来的,一般是单色面,用纬线起花,而且花纹的组织非常严谨。在织造傣锦时,傣族妇女要将花纹组织用一根根细绳系在"纹板"(花本)上,用手挡、脚蹬等动作使经线形成上下两层,然后再投纬,如此反复循环便可织成十分漂亮的傣锦。一幅傣锦需要几百乃至上千根细绳在"纹板"上表现出来,如果结错一根细线,就会使整幅傣锦的图案错乱,由此可见傣锦的工艺要求极严。

花腰傣族织锦

傣锦织工精巧、图案别致、色彩艳丽、坚牢耐用,颜色多以白色或浅色作为底色,以动物、植物、建筑、人物等为题材,所织的孔雀、骏马、龙、凤等图案都代表着吉祥、力量和丰收,宝塔、寺院、竹楼等则寄寓着傣族人民对美好生活的追求。如今的傣锦用途非常广泛,除制作筒裙、挎包、床单、被面、窗帘、手巾外,还会被用来制作傣锦屏风、沙发垫等。其鲜明的色调、瑰丽的图案都引起了国内外人士的浓厚兴趣。

 ## 宋锦有哪些独特技艺

宋锦,是中国汉族传统的丝制工艺品之一,因出现在宋代末年(约11世纪),产地主要在苏州,所以被称为"苏州宋锦"。宋锦产品主要有大锦、小锦、彩带等数种,色泽华丽、图案精致、质地坚柔,被称为是中国的"锦绣之冠",与南京云锦、四川蜀锦一起,被誉为我国的三大名锦。那么,宋锦有哪些与众不同的技艺呢?

宋锦的制作工艺比较复杂,最先的一道工序就是染色。染色,是给织锦用的丝染色,这需要用纯天然的染料进行。染料挑选极为严格,大多是草木染料,也有部分矿物染料。染色的时候,先要将丝根据花纹图案的需要进行分类,然后分别浸染,染的时候必须要用手工,染好后晾干就可以进入织造工序了。

宋锦继承了汉唐蜀锦的特点,并在此基础上创造出了纬向抛道换色的独特技艺,就是在不增加纬重数的情况下,使整匹织物形成不同的横向色彩,从而具有了经线和纬线同时显花的特点。宋锦在织造时一般采用"三枚斜纹组织",共有两经三纬,经线采用底经和面经,底经是以有色熟丝作地纹,面经是用本色生丝作纬线的结接经。纬线有

宋锦

三种:一纬织与地兼用;二纬专作纹纬,要分段换色织造,纹样多是几何纹,非常工整规矩;三纬多采用彩色丝线,用以构图,形成意象丰富的图案。

宋锦的图案一般以几何纹为骨架,然后填入花卉、瑞草、八宝、八仙、八吉祥等图案。八宝,指的是古钱、书、画、琴、棋等;八仙,是扇子、宝剑、葫芦、柏枝、笛子、绿枝、荷花等;八吉祥,则是指宝壶、花伞、法轮、百洁、莲花、双鱼、海螺等。在色彩应用方面,宋锦多采用调和色,一般很少用对比色,配色典雅和谐。

宋锦图案精美、色彩典雅、平整挺括、古色古香,可分大锦、合锦、小锦三大类。大锦,组织细密、图案规整、富丽堂皇,常用于装裱名贵字画、高级礼品盒,也可以用来制作特种服装和花边;合锦,是用真丝和少量纱线混合织成的,图案连续对称,多用于装裱画的立轴、屏条和一般的礼品盒;小锦,是一种花纹细碎的装裱材料,适用于小件工艺品的包装等。

温州刺绣为何被称为"瓯绣"

温州刺绣,又名瓯绣、画帘,是浙江省温州市的汉族传统艺术之一,是中国六大名绣之一,也是浙江"三雕一绣"特种工艺品之一,由中国传统刺绣发展而来。那么,温州刺绣为什么被称为"瓯绣"呢?

温州刺绣始于1000多年前的唐代锦衣。当时的温州地区,特别是瓯江一带盛产这种绣品。据说这种刺绣最早产生于民间善于刺绣的妇女之手,当时的温州少女还有"十一十二娘梳头,十二十三娘教绣"的刺绣传统,足见当时刺绣

温州刺绣

在当地的普遍和兴盛,故而人们就将这种刺绣称为"瓯绣"。

瓯绣,是温州历代民间妇女的家庭传统副业,但是那时候的刺绣品种只有衣服、小儿帽圈、围涎、锦肚、妇女鞋面、枕头、荷包等,题材也只有花、鸟、鱼、虫之类。到清咸丰年间时,温州地区出现了专业绣铺,多以绣官袍、龙袍、寿屏及庙宇用的绣品为主,后来品种增多,有枕套、被面、衣料等,内容则以人物、花鸟、山水等为主。

瓯绣的制作方法是:先将毛竹刮去青皮,通过分层开片、煮熟抽丝,编织成竹帘,然后用颜料和彩线在上面制成作品,针法类型有断针、滚针、乱针等20多种,非常繁多。瓯绣成品制作精细、构图精练、纹理分明、针脚齐整、针法多变,绣面光亮适目、色泽鲜亮调和、动物羽毛轻松活泼,各种动植物都绣得精巧传神,很见功力,是难得的手工艺精品。

北京绢花的来历

绢花,也称"京花儿",是指用各种颜色的丝织品仿制的花卉,是我国具有悠久历史和浓厚装饰色彩的手工艺品。早在1700多年前,我国就有用丝织物制花的技艺。到了唐代,绢花更是妇女的主要装饰品。唐代画家周昉(713—741年)的《簪花仕女图》,就形象地再现了宫中妇女簪花戴彩的情景。1972年在新疆吐鲁番阿斯塔那唐墓出土的文物中,发现了一束完好的绢花,色彩鲜艳、姿态盎然,足见当时制作绢花的技艺已是相当成熟了。绢花有着广泛的用途,主要用在我国宫廷和民间婚、丧、嫁娶、寿诞、节日等风俗活动中。

北京绢花,古时称"头饰花",起源于唐代,距今已有1000多年的历史。相传,唐玄宗李隆基的宠妃杨贵妃左鬓角上有块伤疤。为了遮丑,她每天都要让宫女们采摘鲜花戴在鬓角上。

北京绢花:荷花

但是到了冬天，鲜花凋谢，宫女们就只能用棱、绸做成假花，作为替代品献给贵妃。后来，这种"头饰花"传到民间，盛行一时，并逐步发展成独具风格的手工艺品——"绢花"。

元、明、清以来，北京是全国制作绢花的中心。北京崇文门外的花市大街，就是因为生产和销售"京花儿"而遐迩闻名。到了

北京绢花：牡丹

清代，绢花更为盛行。清宫内府御用工场所设的各种作坊就有"花儿作"，专司承造各色绫、绸、绢、纸、通草、米家花等，以供宴会、饰戴之用。

制作绢花的主要原料是真丝织物，也有少量的棉织品，还有染料、铁丝、淀粉等。绢花的制作过程分为选料、上浆、染色、窝瓣、烘干、定型、粘花和组枝等工序。有人说，有什么样的鲜花，就有什么样的"京花儿"。绢花制作艺人们心灵手巧，做出的朵朵绢花姹紫嫣红、千姿百态，就跟真的一样，仿佛能使人嗅到阵阵花香。

北京绢花是用高级纯丝制成的，分绢枝花和绢盆花两大类。绢花色型各异，无一重样。"花中之王"牡丹，艳如烟霞；"花中皇后"月季，妩媚俏丽；傲霜斗芳的秋菊，清雅飘逸；盛开的杜鹃，则把人们带进了"一堆红雪罩春烟"的意境。

北京绢花以造型优美、做工精细、色泽悦目、谐调、柔润，形象逼真而名扬中外。如，清代绢花艺人刘享元（人称"花儿刘"）的作品曾在巴拿马万国博览会上获奖。近代制作绢花的知名艺人更多：如，人称"花儿金"的金玉林及张金成、苏宝章等。

南通蓝印花布是如何制作的

蓝印花布，是传统的镂空版白浆防染印花，又称靛蓝花布，俗称"药斑布"、"浇花布"，距今已有1300多年的历史。

最初以蓝草为染料印染而成。现多用石灰、豆粉合成灰浆烤蓝，采用全棉、全手工纺织、刻版、刮浆等多道印染工艺制成。南通为中国蓝印花布的主要产地，土布与天然兰草为农家平常之物，故前庄后坊的蓝印花布染作坊曾遍布农村集镇。

制作蓝印花布具体操作：首先，从蓼蓝草中提取蓝作染料（靛蓝），把镂空花

蓝印花布

版铺在白布上,用刮浆板把防染浆剂刮入花纹空隙漏印在布面上,干后放入染缸,布下缸20分钟后取出氧化、透风30分钟,一般经过6~8次反复染色,使其达到所需颜色。

其次,再将染好的布面拿出来,使其在空气中氧化,晾干后刮去防染浆粉,即显现出蓝白花纹。

因为是全手工印染,干后的浆不免会有裂纹,形成了手工蓝印花布特有的魅力——冰裂纹。而现在的机印花布或没有采用传统技艺的蓝印花布则蓝白分明,毫无手工的质感。因此,传统技艺制作的蓝印花布就更为珍贵。

如今,蓝印花布的主要产地就在江苏南通地区。明清以来,江苏南通是中国棉纺织基地,所印制的蓝印花布"衣被天下"。南通蓝印花布印染技艺延续至今,以手纺、手织、手染的方法制作生活用品,印染图案以植物花卉和动物纹样为主,也有简洁的几何图形。它以耐脏耐磨、结实经用、图案吉祥等特点深受广大群众的喜爱,以和谐的蓝白之美闻名于世,自然、清新,充满浓郁的乡土气息。南通是全国研究开发和生产民间蓝印花布的重点地区,被誉为"中国蓝印花布之乡"。

趣味陶器·瓷器·漆器
QUWEI TAOQI CIQI QIQI

宜兴紫砂壶为何有名

宜兴紫砂壶,使用一种独特的紫砂泥,辅以洗练别致的造型,精湛的手工制作和装饰艺术,烧成后的茶具具有保持茶的色、香、味,不易变质发馊,耐冷热急变性好;花盆栽花不易烂根,有利于植物生长等特点。因此,其具有较高的艺术价值和实用价值,也因此闻名天下。

宜兴紫砂陶是我国具有独特民族风格的陶瓷工艺品。它经历了1000多年,代代相传,不断发展,形成了独特

清朝宜兴紫砂象生瓜形茶壶

的风格。

紫砂陶器所用的主要原料紫泥,与一般红色黏土殊不相同。行家形容紫泥是泥中有"骨"。这个"骨"就是紫泥中的石英颗粒,也就是紫泥中的"砂"。它与黏土、云母、赤铁砂共生一体。紫泥不能用水直接膨润,粉碎至一定细度,不必与其他原料调配,单一原料即可成型烧制品种繁多的紫砂陶器。但其最具艺术情趣的,还数那造型洗练别致、线条刚劲流畅、比例确切恰当、色泽身醇古雅、制作严谨规矩的各式紫砂茶壶。配比合理、工艺性能良好的原料,经艺人精湛的手工制作,并运用刻刀在产品上刻画出诗词绘画,集文学、金石、书法、绘画、篆刻艺术于一身,具有高度的艺术价值,成为紫砂工艺的又一特色。

除独特的艺术工艺外,紫砂壶还具有很高的实用价值。

实践证明,紫砂茶壶具有保持茶香清醇,不易变质发馊等良好性能。紫砂壶是一种双重气孔结构的多孔性材质。气孔微细、密度高,具有较强的吸附力,能吸收茶之香味保持较长的时间;而施釉的陶瓷茶壶这种功能则比较欠缺。紫砂壶与瓷壶相比,茶汁确实不易变馊,这是由茶壶本身精密合理的造型所决定的。紫砂壶嘴小,壶口壶盖配合紧密,口盖形式多呈压盖结构。而瓷壶壶嘴大多口朝上,口盖形式多是嵌盖结构。由于紫砂壶制作精度高,比瓷壶减少了混有黄曲霉等霉菌的空气流向壶内的渠道。

清朝宜兴紫砂刻花提梁茶壶

因此，相对延迟了茶汁变质发馊的时间。

建水紫陶为何被称为"中国四大名陶"之一

建水紫陶，又称红泥陶，与紫砂陶、坭兴陶、荣昌陶并称为"中国四大名陶"。它产自红河州建水县的碗窑村，自宋末开始生产，距今已有900多年的历史。它经过6道工序制作而成，包括镇浆制泥、手工拉坯、湿坯装饰、雕刻填泥、高温烧成、无釉磨光。

建水紫陶成品具有精良的工艺特色，表现为"体如铁、明如水、亮如镜、声如磬"及透气性能良好等特色。最为珍贵的是，它还具有丰富的文化内涵，主要体现在传统的中国书法、绘画装饰风格上。这让它从一般陶器中脱颖而出，成为"中国四大名陶"之一。

其实，把书法、绘画用作陶器的装饰并不是建水人的独创，但建水陶的装饰方法独特而复杂，先是在陶坯上用墨笔书画，然后由陶工雕刻出纹路，最后再填上白泥或彩泥。由于用笔潇洒、刀法流畅，所刻图案既保留了原作笔法，又显得清雅古朴；既有豪放、灵动的书法，又有写意画和民间图案等。

建水紫陶产品丰富多彩，且精美绝伦，除具有观赏性和收藏价值外，还具有很强的实用性。最早时，建水生产的紫陶主要是烟斗、茶具、花瓶、笔筒、印盒、烛台等。到了清光绪年间（1875—1908年），开始生产"杨林锅"。这是一种造型独特的用于炖鸡的用具。新中国成立后，也曾大量生产这种锅，由于用它炖出的鸡肉味道异常鲜美，深受外国人欢迎，因此而远销美国、日本及东南亚一带。

1932年，在"巴拿马世界博览会"上，建水紫陶凭借古拙雄壮、文韵盎然、铿锵若磬、质明如镜而获得世界的广泛认可，并荣获了博览会美术大奖。1953年，全国民间工艺品展览会在北京举办，建水紫陶和江苏宜兴陶、广东石湾陶、四川荣昌陶被定为"中国四大名陶"。20世纪60年代，周总理出国访问时，曾把建水紫陶作为礼品赠送给国际友人。

1978年，云南省政府恢复人民大会堂云南厅时，以四只建水紫陶大花缸作为装饰品。其上分别刻有杜鹃、山茶、玉兰、报春4种云南名花。

建水紫陶的代表性人物是陈

建水紫陶镇宅瓦猫

建水紫陶茶具

绍康大师,他熟谙一整套建水制陶工艺流程,并能书会画、精于雕刻设计。其先后两次获得国家轻工部"百花奖""优秀创作二等奖",1995年还被联合国教科文组织和中国民间艺术协会授予"民间工艺美术家"光荣称号。此外,萧恩荣、马吉生、向逢春、向福功、马成林等人也是建水紫陶的制陶名家。

洛阳唐三彩为何驰名中外

洛阳唐三彩,即唐三彩,是唐代生产的一种低温釉陶器。其釉彩有黄、绿、白、褐、蓝、黑等色,但以黄、绿、白三种颜色为主,所以人们习惯称之为"唐三彩",又因为这种工艺品最早是在洛阳出土,而且数量也是最多,所以被称为"洛阳唐三彩"。那么,洛阳唐三彩是如何被发现的,又为什么会驰名中外呢?

唐三彩最早是在洛阳北面、黄河南岸的邙山被发现的。这里是一块风水宝地,自汉唐以来就是著名的墓葬区,在民间一直有"生在苏杭,死葬北邙"的说法,所以墓葬众多,而且历朝古墓交叉重叠,"几无卧牛之地"。唐三彩被发现时已是清末,当时清政府修建开封至洛阳的铁路工程,要穿过邙山脚下,因此破坏了这里无数的古迹,也正是在这一时期,一直不为人知的唐三彩问世了。

"唐三彩"这个名词在史料中其实并没有记载。民国初年,北京南琉璃厂的店铺里,突然出现了很多釉色鲜艳的人物、马驼、器皿等陶器,这些从外地流入的陶器以黄、绿、白三种颜色最为多见,此外还有红、褐、蓝、紫等色,但是无论是单彩、两彩还是多彩,都造型生动、釉彩艳丽,因此引起了轰动。因为这种陶器产于唐代,而且颜色以三色为主,所以古董商们称其为唐三彩,并一直沿用至今。

唐三彩吸取了中国国画、雕塑等工艺美术特点,制作工艺复杂。它以经过精细加工的高岭土作为坯体,用铜、铁、钴、锰、金等

唐三彩马

矿物作为釉料的着色剂,并在釉中加入了适量的炼铅熔渣和铅灰作为助剂。烧制时,要先将素坯放入窑中焙烧,等陶坯烧成之后,再上釉彩,然后再次入窑烧至800℃以上,如此,唐三彩就烧制成功了。由于铅釉的流动性强,在烧制过程中釉面会向四周扩散流淌,从而使各色釉互相浸润交融,形成了自然而又斑驳绚丽的色彩。不仅如此,制陶艺

唐三彩骆驼

人还用黄、褐釉表现马和骆驼的鬃毛,用蓝、绿表现人物的肌肉,这些完全是中国绘画中"随类赋彩"手法在雕塑上的应用。这样,生动的雕塑作品加上这些自然缤纷的色彩,就构成了具有强烈民族风格的唐彩色釉器。

自从唐三彩被发现之后,民间就一直在进行复制和仿制。这在洛阳已经有近百年的历史了。经过历代艺人的研制,唐三彩的制作工艺技术逐步完善,烧制水平也不断提高,从而使洛阳唐三彩的工艺技术和艺术水平达到了一定的高度,引起了中外的高度关注。在国际市场上,唐三彩已经成为极其珍贵的艺术品,被誉为"东方艺术瑰宝",而且唐三彩大马、骆驼等作品还曾作为国礼,被赠送给50多个国家的元首和政府首脑。正是由于唐三彩技术的不断发展和各界人士的不断推动,洛阳唐三彩已成为驰名中外的工艺品。

唐三彩只有三种颜色吗

用陶俑陪葬是秦汉至唐宗时期王室富家的习俗。这比用人和动物殉葬要文明。唐三彩类陶器始于南北朝或更早的秦汉时期,盛于唐代。唐代繁华富庶,达官贵人盛行厚葬,三彩俑是很流行的陪葬物。唐三彩的人物造型有妇女、文官、武将、胡俑、天王等,动物多是骆、马,还有日常用器和房屋等。色彩自然协调、花纹流畅,线条粗犷有力,色釉浓淡变化,互相浸润,斑驳淋漓,显得堂皇富丽。唐三彩是后人对唐朝此类彩绘陶器的统称。

唐三彩文官俑

唐三彩是一种低温铅釉陶器,以铜、铁、钴、锰、锑等几种金属氧化物为着色剂,经过焙烧,能形成浅黄、赭黄、浅绿、深绿、天蓝、褐红、茄紫等多种色

彩，但多以黄、白、绿三色为主，故后人称之为唐三彩。

唐三彩是怎样做成的，有何特点

用陶俑陪葬是秦汉至唐宗时期王室富家的习俗。这比用人和动物殉葬要文明。唐三彩类陶器始于南北朝或更早的秦汉时期，盛于唐代。唐代繁华富庶，达官贵人盛行厚葬，三彩俑是很流行的陪葬物。唐三彩胎质松脆，防水性能差，远不如瓷器实用。唐三彩的人物造型有妇女、文官、武将、胡俑、天王等，动物多是骆、马，还有日常用器和房屋等。

唐三彩狮子

唐时的三彩俑主要产于长安和洛阳。在长安的窑场称西窑，洛阳的称东窑。其中，西安出土的唐三彩无论是规格、种类，还是数量，均堪称中国之最。就目前发现的唐三彩窑址看，以陕西铜川的黄堡镇和河南巩义市的小黄冶村最具代表性。它们都是"唐三彩的故乡"。

唐三彩的制作工艺很复杂，采用的是二次烧成法。首先要将矿土挑选、舂捣、淘洗、沉淀，装入模具作成俑胎，晾干，入窑烧制。在窑内经过1000℃～1100℃的素烧，将焙烧过的胎体冷却后，得到的是白色的素胎。再施以配制好的各种釉料，入窑釉烧，窑内温度为850℃～950℃。釉料是以几种金属氧化物为呈色剂，经煅烧后呈现出各种色彩。现代的唐三彩工艺品在釉烧出来以后，有的人物还需要经过画眉、点唇、画头发等过程，才能最终完成这一件唐三彩的艺术品生产。

现在市场上大批出售的是仿制唐三彩，多作为工艺品。唐三彩马是最受欢迎的三彩产品了。正宗的唐三彩马俑的马尾都是扎起来的，因为唐时盛行打马球，打马球时要把马尾扎起来，以免缠打球杆。而非正宗仿品的马尾，有的则被塑成长尾，这就失去了原味。

北宋官窑为何珍贵异常

北宋官窑，也称汴京官窑，是宋代著名瓷窑，为宋代五大名窑之一。相传，北宋官窑是于北宋大观、政和年间建在汴京附近的窑场，专门用来烧制宫廷用瓷器。之所以会建这样一个窑场,是因为当时的贡御瓷器有很多的瑕疵和缺陷,这引起了宋徽宗的不满。为了改变这一状况,宋徽宗在东京汴梁(今河南开封)引入了汝瓷及开封东窑等窑口窑系的制作精华,建立起了这座由自己设计、指挥烧制和创制的窑口。这样,北宋官窑就成了我国历史上第一个由朝廷独资投建的"国有"窑口。其产品也成为第一个被皇帝个人垄断的瓷器种类。那么,北宋官窑为什么珍贵异常呢?

北宋官窑笔洗

北宋官窑的产品在当时是作为国家礼器来烧制的,是宋徽宗"新成礼器"的一部分,所以都是以徽宗诏敕编纂的《宣和博古图》为造型蓝本进行塑造,每件作品都有自己的典故。总的来说,北宋官瓷的作品主要分为两大类:一是礼器。主要是供朝廷使用,代表作品有瓶、尊、鼎、炉、觚、盘等器形。二是文房用具。这些主要与徽宗个人的喜好密切相关,生产出来的产品也主要是供徽宗个人使用,代表作品主要是文房四宝,造型则有直口、荷口、葵口、寿桃、弦纹、兽头、兽耳等多种样式,可谓是琳琅满目,充分体现了宋徽宗的文化智慧和创造能力。

北宋官瓷的釉色达到了一个很高的水平。其釉质肥厚、瓷无修饰,主要以釉色之美、纹裂之俏来追求艺术上至高至上的大境界。常见的釉色有天青、粉青、月下白、炒米黄等,主要以粉青为上品。由于北宋官窑的产品主要是供皇家使用,所以在原料选用、色彩调配上都很讲究,可以说是极其奢华、不惜代价,添加入釉的材料有翡翠、玛瑙等。这也是北宋官窑不能为民间窑口和其他窑口仿造到位的主要原因。在烧制过程中,按器形的要求,北宋官窑对汝窑的支烧法进行了改进,增添了垫、支垫结合的烧法,使器物的受力更为均匀,胎骨也更加坚挺,从而使釉质更淳厚、匀润,真正达到了肥若堆脂、抚之如缎、攥之出油的艺术效果。

北宋官窑瓷瓶

北宋官窑釉面的开片纹理晶莹剔透、流畅自然,而且小型器具也可以开龟背大片,从而产生了令人惊叹的纹裂美。开片本来只是由于坯釉结合不好而产生的釉面开裂现象,但是北宋官窑瓷却利用这种陶瓷缺陷开创了著名的纹片釉,同时又利用其独特的坯釉配方、施釉方法和烧成技术,创造出了金丝铁线、紫口铁足这些不是装饰的装饰,增添了作品的美感。

北宋官瓷还具有"紫口铁足"的艺术特征。这是宋徽宗对当时正处于上升阶段的开封东窑制瓷艺术精华进行汲取和借鉴的结果。北宋官窑在制作时,选用的是含铁量极高的瓷土来制胎。这与汝瓷含铁量较低的胎质有很大的区别。这种含铁量高的胎体经过高温还原烧制之后,胎骨颜色会泛黑紫。这样,作品器物口的釉会稍微有些下垂,从而使内胎露出来,由此便产生了"紫口"的特征;作品足底没有釉的地方,由于还原作用,则变成黑红色,就出现了"铁足"。这种突破青釉瓷面而形成的独具特色的"紫口铁足",在区别汝瓷满釉支烧、无色彩变化的同时,其自身所具有的独特风韵也成为北宋官窑瓷器最典型的艺术特征之一。

北宋官窑造型古朴庄重,釉质如脂似玉,裂纹灵动飘逸,釉面极富美感,而且器口微微泛紫,底足褐红如铁,不需要什么精美的雕饰和装饰,也不用艳彩涂绘,完全凭借自身釉色和幻放的纹片美给人以冰清玉洁、神韵天成的美学境界,可以说是神韵内蕴、质朴无华。如此佳品,自然珍贵异常。不仅如此,北宋官窑创建时已经是北宋末期,没过多少年,北宋就被南下的金军灭亡,官窑也就随之消失了,所以留下来的作品数量有限,再加上连年战乱、历史悠久,能保存到今天的北宋官窑作品更是少之又少,所以就更加显得珍贵了。

为何禹州钧瓷有"十窑九不成"之说

钧瓷葵花炉

钧瓷,产于河南省禹州市神垕镇,是我国五大名瓷之一,一直以"入窑一色,出窑万彩"的神奇变化而著称于世。禹州在历史上曾是我国第一个奴隶王朝——夏朝的都城,大禹的儿子启曾在这里建钧台宴会天下诸侯,并举行了盛大的开国典礼,所以产自这里的瓷器就被定名为钧瓷。钧瓷最早于唐代开始烧制,宋代时名满天下。宋建中靖国元年(1101年),钧瓷被定为御用珍品,只能由皇家使用,民间不许收藏,朝廷还在禹州城东北的古钧台设置了官窑,专门烧制御用钧瓷。那么,钧瓷为什么会有"十窑九不成"的说法呢?

钧瓷十分名贵。其根本原因在于它

的烧制不易。一件钧瓷,从采料、粉碎到设计、注浆、修刻、对接、定型、上釉、煅烧等,要经过72道工序,而且这些工序大部分都是用手工来操作完成的,假如有一个细小的动作或操作不恰当、不过关,那么整体就全白费了,只能从头再来。不仅如此,在烧制的时候,窑火的温度、烧制的时间、窑位的不同等因素都会导致烧制效果相差甚远,甚至阴雨天气烧制的瓷器跟平时晴天烧制的都有着很大的差别,而且还非常容易失败,所以钧瓷的烧制难度非常大,故而才有了"十窑九不成"的说法。

钧瓷在宋代以后一直是御用贡品,所以其造型充满了皇室的威严肃穆,具有富丽堂皇的高贵气派和唯我独尊的王者风范。钧瓷还注意

元朝钧窑镂空座四兽面双螭耳瓶

仿照商周青铜器的特点,追求古朴典雅、装饰简练、线条明快,比较有代表性的器形有出戟尊鼓钉洗、葵花洗、海棠式、六角花盒等。因为钧瓷的胎骨坚实、细腻致密、吸水率低、瓷化程度高,所以在烧制过程中釉面会出现溶化下流的现象,从而使脱边整齐、楞线舒畅,再加上器底独特的芝麻酱色,于是就形成了钧瓷铜口铁足的特殊装饰美感。

钧瓷以窑变为神。其窑变的艺术在于铜红釉的创烧成功,把釉在高温下的流动痕迹清晰地显示出来,从而出现了意想不到的具有特殊美感和艺术情趣的瑰丽色釉。钧瓷还以迸瓷为奇。迸瓷又称"开片",指的是钧瓷在开片过程中,其釉色在高温作用下会渗透到瓷胎中,从而促进釉面开裂,使釉面在色彩万变的基础上出现人力所不能及的多种奇妙色彩。钧瓷在烧制过程中,还可以通过自然窑变,使各种渗化的釉色和奇美的纹路相交叠,然后聚色成形,使釉面形成奇妙的风景和图案造型。钧瓷具有很高的观赏价值和研究价值,由于其具有端庄文雅的造型、绚丽万变的釉色、奇异奥妙的纹路、窑变神异的图案,所以成为人们珍贵的观赏品和收藏品。

禹州钧瓷博物馆场景

钧瓷首开我国铜红釉的先河,在我国陶瓷史上留下了重要的一笔,特别是它的"窑变",被

世人称为是火的艺术,甚至在民间还有"纵有家财万贯,不如钧瓷一件"的说法。宋代以后,由于战乱等原因,钧瓷逐渐没有了踪迹。新中国成立后,经过民间艺术家和有关专家的不断试验,钧瓷被试制成功,工艺也比以前更加精美,但由于钧瓷烧制自身所具有的规律性,其精品产量仍然不是很高,所以其"十窑九不成"的说法现在仍然适用。

汝瓷为何被誉为"青瓷之首"

汝瓷,是宋代汝窑烧制的青瓷的统称。汝窑始建于隋炀帝大业初年(605年),因为位于汝州(今河南宝丰清凉寺),所以被称为汝窑。到了北宋时期,官府在汝州设窑场,创烧宫廷御用瓷器,因其瓷质精美、世所罕见,而被列为我国汝、钧、官、哥、定五大名窑之首。那么,汝瓷为什么会被誉为"青瓷之首"呢?

宋代时,汝窑只接受宫廷的任务进行烧造,以烧制青瓷闻名,有天青、豆青、粉青等产品。在制瓷工艺上,它开创了香灰色胎,超过了以前南方所有的青瓷;在烧成工艺上,它采用满釉支烧的办法进行烧制,从而烧成了支钉痕,其细小而规整的程度绝无仅有;汝窑主要依靠釉中所含的微量铁元素,在还原气氛中烧成纯正的天青色,并且使汝窑釉面的开裂纹片成为了一种装饰。不仅如此,汝窑胎质细润,其青瓷釉中含有玛瑙,所以色泽青翠华滋、釉汁肥润莹亮,有

汝瓷花瓶

"雨过天青云破处"的美誉,因此被称为"青瓷之首"。

汝窑瓷器一般都比较小,盘、洗、碗等器物的口径一般在10~16厘米之间,超过20厘米的都是极其个别的情况,超过30厘米的则几乎没有,所以民间一直有"汝窑无大器"的说法。不仅如此,汝窑制品多是素面,极少使用花纹作装饰,所以其造型端庄、釉色晶莹似玉。南宋以后,因为汝窑的传世作品很是稀少,而且釉色又十分独特,所以后世将汝窑瓷器称为"宋瓷之冠"。

北宋末年,金兵入侵,宋室南迁。由于长期的兵灾战祸,汝窑被毁,汝瓷的烧制技艺也不幸失传了。虽然元、明、清历代民间窑场都在不断地烧制,但是由于种种原因,都没有获得成功。清雍正前后曾经有仿汝器出现过,但是仿造者只看重釉色,使得胎骨呈白色,造型也不及宋代汝瓷古雅大方。民国时期,民族

资本家李绍初曾在汝州蟒川严和店汝窑旧址建窑试制汝瓷,但是也没有成功。

汝窑的烧制时间较短,前后不过20多年,而且它又是贡品,所以在民间流传的很少,在南宋时就已经是很难得的宝物了。现在还留存世上的汝瓷,一般认为有65件。其中台北故宫博物院21件,北京故宫博物院17件,上

汝窑茶滤

海博物馆有8件,英国戴维基金会有7件,其他12件则散藏在美、日等国的博物馆和私人收藏之中。

 秘色瓷有何神秘

晚唐五代的越窑有一种"秘色瓷"。从前人们提到它,都沿用宋代文献,说这种瓷器是五代十国时位于杭州的钱氏吴越国专为宫廷烧造的,臣庶不得使用。1987年,随着陕西扶风法门寺宝塔的轰然倒塌,塔基下的地宫暴露出来,一批稀世之宝的出土轰动了世界。其中,有令佛教徒顶礼膜拜的佛骨舍利,有唐懿宗供奉给法门寺的大量金银器、瓷器、玻璃器、丝织品。重要的是,这里出土了记录所有器物的物帐碑,让文物考古专家明明白白地知道了出土文物的名称。

物帐碑上"秘色瓷"三个字,叫古陶瓷专家眼前一亮。这几件瓷器中,有八棱瓶,有圆口或花瓣形口的碗、盘等。它们的共同特点是造型精巧端庄、胎壁薄而均匀,特别是湖水般淡黄绿色的瓷釉,玲珑得像冰,剔透得如玉,匀净幽雅得令人陶醉。

陕西扶风法门寺出土的秘色瓷盘

秘色瓷神秘的面纱终于被撩开了。专家们恍然大悟:其实,对于秘色瓷,我们并不陌生,它本就是越窑青瓷中的极品,只是从前相见而不相识罢了。那种八棱瓶,陕西的唐墓里出土过,故宫的学者在越窑的遗址也采集到过。

唐代秘色瓷碗

秘色瓷之所以被抬高到一个神秘的地位，主要是因为技术上难度极高。青瓷的釉色如何，除釉料配方外，几乎全靠窑炉火候的把握。不同的火候、气氛，釉色可以相去甚远。要想使釉色青翠、匀净，而且稳定地烧出同样的釉色，那种高难技术一定是秘不示人的。

秘色瓷在晚唐时期烧制最为成功，不久之后，五代钱氏吴越国就把烧造秘色瓷的窑口划归官办，命它专烧贡瓷，的确是"臣庶不得使用"，那就当然远离百姓，高高在上了。至于它的名称，偏偏不明说是青瓷，也不像宋代那样，取些豆青、梅子青一类形象的叫法，却用了一个"秘"字，着实逗弄得后人伤了1000年的脑筋。然而，仔细琢磨，这个"秘"字似乎又包含了很多实的与虚的内容。这样极富深意的名称，恐怕只有浸泡在诗歌海洋里的唐代人才琢磨得出吧！

景德镇瓷器为何"白如玉、薄如纸、明如镜、声如磬"

江西素有"鱼米之乡"之美誉。其中尤以"瓷都"景德镇生产的瓷器闻名全世界。在英语中，"China"指的是中国，其小写是"瓷器"的意思，据说它的英文发音源自景德镇旧名"昌南"，由此，景德镇瓷器在世界上的地位和影响便可见一斑了。

景德镇陶瓷源自汉代，距今已有2000多年的历史。早在唐朝时，景德镇因烧造出的白瓷洁白如玉，即被誉为"假玉器"。宋代时，宋真宗更是将自己的年号"景德"赐给了生产这种美丽瓷器的地方，从此令景瓷更加名扬四海。再后来，景德镇逐渐成为"天下窑器所聚"的制瓷中心，达到了瓷器制造的巅峰。郭沫若先生曾赞道："中华向号瓷之国，瓷业高峰是此都。"

景德镇瓷器精美绝伦，尤以白瓷著称。其瓷质特色表现为

景德镇官窑瓜皮绿釉碗

"白如玉、薄如纸、明如镜、声如磬",是我国瓷器的代表与象征。"白如玉",是指景瓷颜色白里泛青;"薄如纸",是指景瓷质薄而轻巧、尊贵;"明如镜",是指景瓷釉面光滑,晶莹剔透,明亮如同镜子一样;"声如磬",是指将景瓷轻轻一敲,就会发出清脆、悦耳的声音。此外,景瓷都是高硬度瓷,用金属工具在陶瓷上一划,毫无痕迹;景瓷也是高密度瓷,与其他瓷器相比更加厚重,导热速度较慢。

景德镇的陶瓷种类繁多、品种齐全,每种瓷都有自己的个性,或典雅秀丽,或斑斓绚丽,或层次分明、色调柔和。其中,青花、玲珑、粉彩、颜色釉合称"景德镇四大传统名瓷"。此外,薄胎瓷堪称稀世珍品。

景德镇窑五彩花卉纹罐

景德镇的瓷器生产很发达,在当地有许多家生产陶瓷的企业与作坊,也有许多制陶名家。景瓷的价格由制陶的坯土、工艺手法等多方面因素所决定,工厂生产的一只小碗仅需3元,而名家手工制作的瓷器则可卖到上万元。

景瓷是中国文化宝库中的一朵奇葩,不仅造型优美、装饰丰富、风格独特,而且品种繁多,其技艺之精湛、品种之齐全、成就之高、影响之大,在全国乃至全世界独一无二。它的美丽、古典、雅致,透着浓浓的历史情怀,同时在厚重的历史尘埃中独自熠熠生辉,照亮了中国工艺的道路。

德化白瓷为何称作"中国白"

福建德化是颇负盛名的地方瓷窑。它所产的白瓷釉色白如凝脂,故有"象牙白"、"猪油白"、"鹅绒白"等美称。法国人认为德化白瓷是"中国瓷器之上品",甚至用"中国白"(blanc de chine)来表达对它的赞誉。

明代时,德化窑的工艺大师们研制出一种白瓷,风格温润如玉,独树一帜。至此,德化窑达到了全盛的巅峰时期。也是在明清

德化窑白釉葫芦式执壶

时期，德化白瓷就已蜚声海内外，在国际上拥有极高的声誉。自从意大利著名旅行家马可·波罗在他的名著《马可·波罗游记》中，专门介绍了德化瓷器后，从此引起西方人的强烈兴趣，使德化瓷器在海外开辟了良好的销售市场。

德化白瓷胎骨细柔坚致，俗称"糯米胎"；釉面洁净匀厚，滋润似脂，与胎骨的莹润浑然一体。瓷器剔透、光滑、晶莹如玉，在光线的照耀下能映见五指；叩之，声音清悦、悠扬，犹如敲击金属的铿然声响；胎釉质地坚密，质感直逼玉器"五德"。

德化白瓷瓷胎紧密，透光性好，被誉为"东方艺术"。鉴赏它时，主要从釉面上看，因为它为纯白釉，白色光润明亮，乳白如凝脂，所以透光性极佳。其釉面光亮度很高。在德化县唐寨山森林公园德化陶瓷博物馆，泉州市鲤城区德化陶瓷批发部，泉州市龙鹏街105号德化陶瓷展销城等，可以买到正宗的德化白瓷。其价格根据收藏年代及质地的不同，从几百元到几十万元不等。

醴陵红瓷的来历及特色

醴陵是世界著名釉下五彩瓷的原产地。其陶瓷生产已有近两千年。2006年，中国红瓷在醴陵这座古老的瓷城破茧而出，浓烈的中国红象征着热情、欢乐、喜庆，一经问世就受到了热烈的追捧。

中国红瓷的发展可追溯至晚唐时期，但真正成熟是在元代。在景德镇发展并创新了釉里红技术，明清是釉里红在我国古代的极盛时期。明洪武是釉里红发展史上的第一个极盛期。此时釉里红大多色较淡，红色晕散，纹饰以花卉为主，有较多扁菊花纹是一大时代特征。明宣德是釉里红瓷发展的又一高峰。该时期红瓷创新分为釉里红和青花釉里红两大类。

到了清康熙年间，红瓷制造工艺相当突出，红瓷成品色调浓艳鲜亮，有不同的浓淡层次，品种也较为多样，有釉里红、青花釉里红、青花釉里红加彩、釉里三彩等。雍正年间的红瓷在工艺上达到历史最高峰。其成品红艳，青花釉里红在色彩、设计上皆有新意，青花色调浓淡不但很鲜亮，且时有晕散。

但到清末时，由于种种原因，红瓷的烧造技术失传了。虽然其间的陶瓷艺人在不断努力，但仍不能烧出真正意义上的大红瓷。

清康熙釉里红苹果尊

直到1998年,中国科学家攻克了陶瓷大红色釉不耐高温的世界性难题,烧出了色泽鲜艳、表面纯净的大红色瓷器,失传近百年的中国红瓷在20世纪末得以重生。这一技术实现了中外陶瓷艺人百年的大红梦,填补了世界陶瓷史上的空白。

醴陵红瓷瓷种独特,瓷质细腻雅致,彩面润泽、花面多样,瓷形优美华贵。其烧造工艺极难,通常需要四次进炉:素烧、釉烧、红烧、金烧。每一环节都不能出错。红瓷烧造成品率极低,有"十窑九不成"之说,且原材料中所使用的钽是一种比黄金还贵重的稀有金属,而图案则用纯度为99%的黄金烤制而成,因此醴陵红瓷十分珍贵。

北京漆器有哪几种,各有何特点

漆器历史悠久,是一门古老的中国传统工艺,距今已有4200多年。早在战国时,我国的漆器就很发达;西汉时,漆器被普遍作为日用器具使用,漆器工艺步入黄金时代;魏晋南北朝以来,各种漆器制作工艺技法相继问世;唐时,漆器实物制作有明显发展,漆器装饰更加华丽、精美;宋元时,漆器由实用化走向艺术化;明清时,漆器工艺装饰技法进入繁荣阶段。

所谓漆器,是指在坯体上面涂以大漆后制成的一种器物。其中,大漆是一种从漆树上割取的天然汁液,不但具有耐潮、耐高温、耐腐蚀等显著优点,而且还能配制出各种各样的色漆。漆器材料珍贵,制作工序复杂,装饰手法多样,包括描绘、镶嵌、雕刻等。

北京漆器以历史悠久、工艺精湛、传承有序为主要特色,并与景泰蓝、玉器、牙雕并称为北京工艺美术的"四大名旦",也位列"燕京八绝"。它主要有两种:一是雕漆;一是金漆镶嵌。

雕漆工艺成熟于14世纪,雕刻方式包括浮雕、镂雕等。它以铜为胎。胎上敷涂红、绿、黄等色漆,最多的要涂数百层;口边还要镀金。涂完色漆后,要等到漆自然阴干后,方能进行雕刻。雕漆的特点是以雕刻工艺见长,用雕刻手法进行装饰。

金漆镶嵌分为多种,包括彩漆勾金、螺钿镶嵌、金银平脱、刻灰、磨漆画等。其特点表现为以

首都博物馆馆藏:清红雕漆人物圆盒

北京雕漆

描绘和镶嵌工艺见长,绘画或镶嵌手法娴熟,并能让不同材料呈现出融合之美。

雕漆、金漆镶嵌两种漆器有共同的特色,就是珠光宝气、古朴沉稳,表现出大气的皇家风范。此外,立体镶嵌、百宝镶嵌、彩绘、雕填等也是北京漆器的品种。其中,雕填漆器工艺复杂,先要在木胎上进行抹灰,然后多次上漆,接着进行彩绘,再按照纹样勾勒出纹路,最后填以金银粉或彩漆。雕填漆器流传到现在的很少,大多数收藏在一些博物馆里。

北京漆器有大小之分,无论大到可以装点室内环境的家具,还是小到实用性很强的碗、盘等,都洋溢着十足的京味儿。现在,漆器工艺不仅是我国工艺美术的一朵奇葩,而且成为世界工艺美术的一颗明珠。

扬州漆器为何闻名海内外

扬州漆器起源于战国,兴旺于汉唐,鼎盛于明清。其工艺齐全、技艺精湛、风格独特、驰名中外,是中国传统的工艺品种。

扬州漆器生产历史悠久,早在2000多年前的汉代,就饮誉海内;隋唐时期,扬州漆器工艺格外精致,金属镶嵌产品日益增多;明清两代,扬州漆器走向兴盛,除彩绘和雕漆外,平磨螺钿、骨石镶嵌、百宝镶嵌等新工艺亦有所发展。如今,扬州漆器装饰工艺有雕漆、雕漆嵌玉、点螺、刻漆、骨石镶嵌、平磨螺钿、彩绘、雕填、磨漆画、木雕镶嵌等十大类。

扬州漆器品种丰富、技艺精湛、色彩绚丽典雅、造型古朴庄重,同时将欣赏性和实用性紧密结合,具有鲜明的地方风格。扬州漆器按照造型和用途划分为屏风、家具、杂件三大类,以屏风、家具为主。

扬州漆器:龙

扬州漆器精品迭出,曾多次在国内外荣获大奖,并被选为国家领导人出访时的礼品。这正是扬州漆器名扬海内外的重要原因。20世纪60年代初制作的雕漆嵌玉《和平颂》《喜鹊登梅》大挂屏,陈设在首都人民大会堂内。70年代初期创作平磨螺钿《南京长江大桥》大地屏,反映社会主义建设成就,受到过毛主席的赞扬。1979年春,邓颖超副委员长访问朝鲜,将点螺《锦绣成年春》台屏作为国家礼品,赠送给金日成主席。1987年9月,点螺木雕《泰山览胜》漆砂砚在东京、大阪专柜展出,受到各界人士赞美,后以400万元人民币售出。1988年2月,研制成功我国第一件柔性可卷漆器《烟花三月》,其质地刚柔相济、可舒可卷、体积轻巧、便于携带和收藏,是现代科技与传统艺术的巧妙结合。1989年4月在香港展出,各界人士视为奇观。

扬州漆器:盆景

贵州大方漆器有哪些品种

大方漆器是贵州传统的民族工艺美术品,与茅台酒、玉屏箫笛并称"贵州三宝"。贵州大方县素有"漆国之乡"之称。其生产的生漆以产量多、品质好而扬名海内外。大方漆器工艺高超,早在明清时期,大方漆器就被选作贡品进京供皇家使用。在1915年的巴拿马万国博览会上,它还曾获得过银质奖。1986年,在全国漆画展评会上,《乡间小路》《石头寨》等大方漆器作品获工艺制作奖;而"新娘"作品被中国美术馆收藏。

大方漆器品种繁多,多达400多种,既包括日用品,也包括工艺品,像杯、盘、碗、罐、瓶、壶、漆画、家具等。其中,杯、盘、碗、罐、盆、壶等生活用具,具有多种显著优点,如不导热、不串味、不漏水、耐酸碱等;而作为工艺装饰品的大方漆器,如漆画等,可陈设于书斋、客厅等,为室内增添几分古色古香的雅致。

贵州大方漆器

大方漆器的制作工序极为复杂，须经过 40 多道工序方能完成，其中尤以隐花工艺闻名。大方漆器艺人巧妙地将各种花纹隐衬在漆质和胚胎之间，使其装饰自然、细腻纤巧，且若隐若现。这种隐花工艺，是大方漆器与其他漆器的主要区别。

大方漆器质地坚实、造型朴实、漆色润泽生辉、艳丽动人，图案逼真、雅致，不仅实用，也独具观赏价值，是很值得购买的贵州特产。一般在贵阳市的黔宝阁等售卖点，能买到正宗产品。其价格因物而异，如，大方漆器手镯约需 50 元；一尊高 26 厘米、底座直径 11 厘米的大方漆器梅花瓶约需 100 元左右。

何谓成都漆器

成都是中国漆艺的发源地之一。早在距今 3000 多年前的商周时期，这里就已出现了漆艺。它是我国古代知名度最高的漆器制作中心之一，以漆器制作历史悠久、工艺独特而享誉海内外，被誉为"中国漆艺之都"。

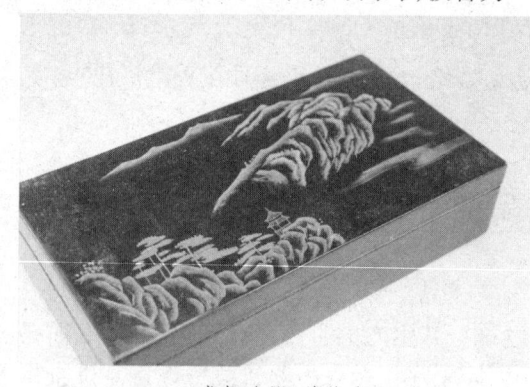

成都漆器：首饰盒

成都漆艺，又称"卤漆"，历史悠久、源远流长，具有鲜明、浓郁的地方特色，以光泽细润、图彩绚丽、精美华丽著称，并与北京、福建、扬州、阳江的漆器合称为中国"五大漆器"之一。2006 年，该技艺被批准为国家级非物质文化遗产。

成都漆器在历史发展过程中，经过多次技术革新。西汉时，它的主要技法有针划填金法、堆漆法、镶金银扣及箍等手法；唐时有堆漆、螺钿器、金银平脱器等多种技法；明清时，技法达到 14 种，包括堆漆、填漆、罩漆、螺钿、雕填、描金、剔红、剔犀、犀皮、款彩、戗金、百宝嵌等。

成都漆器做工讲究、精致耐用，集实用性和艺术性于一身，既可作为日常用品，也可用作彰显华贵的工艺品。它以天然生漆、实木为原料，工艺精巧，造型美观、大方，具体表现为：胎体不拘一格、文饰斑斓多姿、漆面透明如水、光亮如镜、色彩绚丽。

成都漆器工艺精细，独具一格，地方风格浓郁，审美价值高，且保存长久，是中国漆器艺术中的一颗璀璨明珠。当代成都漆器有多个品种，包括木胎、麻布脱胎、纸胎、塑料胎等。成都漆器工艺厂是生产成都漆器的主要厂家，产品主要有漆器屏风、攒盒、漆画、出土文物复制品等。

天水漆器有何工艺特点

甘肃天水盛产生漆,至今仍为全国重点产漆地区之一。天水漆器历史悠久,至今已有2000多年,最早文字记载见于《诗经·秦风》中"阪有漆、隰有栗"一句。在全国漆器行业中,天水漆雕扮演着重要角色。

天水雕漆品种繁多,如雕填、镶填、镶银、描金等。其中以雕填知名度最高。产品主要为家用器具,如、桌、椅、柜、箱、茶几、烟具、茶具、盘、套盒、花瓶等;而最具特色的产品是各类屏风,共有10多个大类、200多个品种。其中,满堂嵌螺钿围屏、折叠沙发桌等产品是天水漆器的代表。其显著特色表现为造型优美、纹饰典丽、工艺精湛、图案流金溢彩、风格典雅华贵。

天水飞天雕漆

天水漆器的色调主要是乌黑色。其他色调包括红、酒红、朱砂红、玫瑰红、墨绿、翠绿、宝蓝、驼黄、古绢黄等;图案多选用古典文学作品中的人物、神话、传说,以及花鸟、鱼虫、飞禽、走兽、山水、文物等;情节主要包括游园、赏梅、宴坐、清饮等。

关于天水漆器的制作工艺和原料,当地专业人士以"繁工珍材"4字概括之。

所谓"繁工",是指天水雕漆工序繁多,工艺十分复杂。一般而言,一件雕漆产品要经过上百道工序制成,包括木工、漆工、配石、石刻、镶嵌、粘贴、描金等;而所用时间少则3~4个月,多则一年。

所谓"珍材",是指天水雕漆采用的原料全是珍贵的纯天然材料,包括木材、漆、装饰材料等。一般情况下,优质木材选用东北红松、白椴、白桦和红木等;漆料选用当地优质天然漆;装饰材料选用全国各地的珍品,包括福建

天水飞天雕漆博物馆

寿山石、山东绿冻石、北京黄石、浙江青田石、萧山红石，以及蚌皮、珊瑚、玛瑙、象牙、珍珠、玉石、贝壳、螺钿等。

  天水雕漆产品不仅造型优美、图案精巧，色调绚丽多彩，风格古朴典雅，而且具有耐酸碱、抗高温的优点，因而深受中外游客喜爱，现已成为天水的一张旅游名片。目前，天水有40多家雕漆制造企业及160多个个体作坊，生产雕漆产品达数百种。游客在此旅游时一定不能错过的旅游特产就是天水雕漆。

趣味年画·工艺画

QUWEI NIANHUA GONGYIHUA

天津杨柳青年画的来历及艺术特色

杨柳青年画,是中国著名的民间木板年画。它与苏州的桃花坞年画并称"南桃北柳"。此年画始于明代崇祯年间,清光绪之前是其鼎盛时期。

杨柳青木版年画

传说元末明初的时候,一位擅长雕刻的民间艺人来到杨柳青镇避难,每到过年过节时他就刻些门神、灶王等出售。镇上的人们也纷纷效仿。明朝永乐年间由于大运河的再次开通,使得水彩和好的纸张大批地运到杨柳青镇。这里的绘画艺术由此得到了很大的发展。那时杨柳青镇的每个村子几乎"家家会点染,户户善丹青"。

第二次鸦片战争后,杨柳青年画走向了衰落。1926年霍玉堂在杨柳镇创建了"玉成号"画庄,使这门艺术渐渐走向了复苏。

杨柳青年画将木版套印和手工彩绘的方法相结合,创立了鲜明活泼的独特风格,还通过寓意、写实等多种手法刻画人们的情感,寄托人们的美好愿望。其题材丰富、内容多样,不仅可以作为艺术欣赏,还具有史料研究价值。其中《莲年有余》、《万象更新》等作品被大家所熟知并极受欢迎。

杨柳青年画构图饱满、笔法细腻、人物秀丽、气氛祥和、情节幽默、雅俗共赏。其制作方法是"半印半画",既具有版味,又具有手绘的工艺性,所以正宗的杨柳青年画极富中国民间艺术韵味。

2007年6月8日,天津杨柳青画社获得了国家文化部颁发的首届文化遗产日奖。2010年5月9日,世博天津活动周开幕时,杨柳青年画还作为参展项目向世人展示。

杨柳青年画创作场景

朱仙镇木版年画的特色及传说

朱仙镇木版年画,是河南省开封市朱仙镇的特色手工艺品,它与天津杨柳青、山东潍坊、江苏桃花坞年画并称为"中国四大年画"。那么,朱仙镇的木版年画有什么特色及传说呢?

朱仙镇年画从题材上可以分为三大类:一类是神祇画,如,灶君神、天地神、门神,其中最多的就是门神。门神中又以秦琼、尉迟敬德两位武将为主;第二类是民间故事画,以民间传说、演义小说、戏曲故事等作为刻画对象,构图饱满,不用背景,以人物表情动作展现故事情节,单纯而富有感染力;第三类是吉祥年画,多为娃娃、仕女等。

朱仙镇木版年画十分讲究用色,当地以矿物、植物作为原料,手工磨制颜料。磨出的颜料经加水煮沸、过滤之后,色彩很纯净,用这种颜

朱仙镇木版年画:天官赐福

料印制的年画明快鲜艳、久不褪色。不仅如此,朱仙镇年画还讲究五行相生的用色理念,多用黑、铜绿、槐黄、大红等作为主色,再辅以苏木红、金色、银色等,用色总数可达 9~10 种,色彩鲜艳、富丽堂皇,与民间过年的欢乐喜庆气氛很是协调。

朱仙镇木版年画的线条比较粗犷。其版面的图案有阴有阳、刻画豪放、粗细对比强烈,多采用古代人物画的铁线描技法,尤其是在衣纹等方面,表现得最为突出;其线条粗实纯厚、宁折不弯,具有北方民族地方独有的纯朴、厚实和健壮风格。朱仙镇木版年画继承传统技法,构图饱满、紧凑、严密、简练,留有空白的地方较少;空间大的多加以吉祥花草,以增加画面的紧凑感,而且画面主次分明,美感性强。

关于年画的由来,民间有很多传说。相传在很久以前,有一对兄弟名叫神荼、郁垒,他们专门监督百鬼,发现有害的鬼就捆绑起来去喂老虎,于是黄帝就在门户上画了神荼、郁垒两人的像以防鬼,由此"门神"就产生了。据说,唐太宗也曾命人作画贴在门上,但是他不是为了防鬼,这到底是怎么回事呢?

相传,唐太宗时,泾河龙王因违反了天规而被玉帝降旨斩首,执刑人是人间的宰相魏徵。泾河龙王不想死,于是在袁守诚的指点下,去太宗的梦里求情,希

朱仙镇木版年画：招财童子

望他在执刑斩首时拖住魏徵，这样好赢得逃跑的时间，太宗答应了。到了斩首之日，唐太宗故意邀请魏徵下棋，想拖住他，但是魏徵入梦、神游出外，在梦里斩杀了龙王。龙王魂魄很是恼怒，要找太宗索命，使得李世民惊吓过度、夜不能寐。

后来，大将秦叔宝和尉迟敬德听说了这件事，就要求守在寝宫门口，龙王魂魄因为害怕二位将军的威严，于是就不敢来骚扰了。但是时间长了，两位将军日夜不息也受不了，所以不能夜夜守护。于是太宗就让人画了他们俩的画像贴在门上，以恐吓龙王的魂魄，从此以后，果然就没事了。后来，这个典故流传到了民间，民间百姓为了消灾纳福也开始贴年画。因为贴年画的人很多，用量很大，单靠手绘年画根本就难以满足百姓的需求，于是民间艺人就开始用木版刻印来大量生产。

北宋初年，宋太祖总结前朝经验，提倡以文治天下，从而结束了长期的动荡。为了教化臣民，他成立画院，命画院绘刻图画张贴在市井茶楼，由此开创了木版年画的鼎盛局面。当时，宋都开封是全国的政治、经济、文化中心，各地的商人都涌向京城，各地艺术家、画家也都云集在此。上有所好，下必甚焉。庞大的市民阶层促进了世俗文艺的发展，活跃的世俗文艺又给年画的创作提供了丰厚的土壤，年画变得越来越普及。再加上活字印刷术的发明，使得宋代木版年画业走向了繁荣。

北宋末年，由于金兵入侵，开封沦陷，繁荣的市民文化逐渐萧条。大量的年画艺人，或是流落江南，或是被金人掳去，或是逃散他方，几乎损失殆尽。在这种背景之下，朱仙镇的艺人世代传承，使得木版年画艺术存活了下来。明太祖统一全国后，国内经济得到发展，明中期手工作坊又逐渐兴起。当时，朱仙镇比较有名的作坊是山西人开设的晋泰永商号。他们招收工人过千，雕版达几千套，年画远销全国各地。随着运河的复通，河道四通八达的朱仙镇

朱仙镇木版年画：门神

成为中原地区的商业重镇,木版年画更是迅速恢复,买卖兴隆、声名大振,成为闻名全国的年画之乡。

四大年画之一的绵竹年画知多少

绵竹年画,又称绵竹木版年画,与天津杨柳青、山东潍坊杨家埠、苏州桃花坞年画齐名,为中国四大年画,流行于中国西南,有"四川三宝"、"绵竹三绝"之美誉。

绵竹年画分红货、黑货两大类。红货,指彩绘年画,包括门画、斗方、画条。其中门画,有大毛、二毛、三毛等大小之分,供贴大门、厅门、房门、灶门之用。画条,分中堂、条屏、横推、单条等,供厅堂、居室、走廊及牲畜圈等张

绵竹年画《门神》

贴之用。黑货,是指以烟墨或朱砂拓印的木版拓片,多为山水、花鸟、神像及名人字画。此类以中堂、条屏居多。从形式上看,绵竹年画分为斗方、横披、中堂、条屏等。门神是绵竹传统年画的主要品种。

绵竹年画选用优质竹纸,以木版印出轮廓,然后填色。构图主次分明,色彩对比明显,线条洗练流畅。年画内容广泛,品类繁多,有避邪迎祥、历史人物、戏曲故事、民俗民风、名人字画、花鸟虫鱼等,多夸张变形、象征寓意。代表作有《狗咬财神》《看官盗壶》《老鼠嫁女》《三猴烫猪》《二十四孝图》《百寿图》《迎春图》《百子图》等。

绵竹木版年画的起源受到汉代画像砖艺术的影响。唐代出现了最早的宗教木版年画。宋代,四川是中国四大印刷中心之一,木版印刷已成熟,印刷精美。以成都为中心的附近各县都有生产年画的作坊。在明代,绵竹年画已流行到泸州及陕西蒲城地区。清代,绵竹年画刻版、敷彩都达到较高水平,广贩外地。《绵竹县志》载:"商贩远自陕甘滇黔,裹银来市

绵竹年画展示馆

易画,仲冬则接踵城南。购运者遍于王道百五十里。"当时的年画作坊遍布城区和板桥、新市、清道、遵道、拱星,有300余家。全县每年生产门画1200多万份,画条200万份以上。

年画行会"伏羲会"每年办会两次。会上要对各路年画进行评议,决出名次,使各流派的特色更加突出。有名的有城内老字号傅兴发的门神;云鹤斋的木版拓片;清道乡曾发皓、何云发的清水大袍;遵道乡的仁女、娃娃戏凤及肖华金的斗方等。

绵竹年画在西南地区很受民众喜爱,经画商传播,还销到陕西、甘肃、青海、云南、贵州,远至越南、缅甸、傣国、印度等国。

麦秸画为何被誉为"中原奇葩"

麦秸画,又叫麦秆画、麦草画,是一种取材于小麦秆的中国民间剪贴画。它工序复杂、题材广泛、内容丰富、制作精美,是一种具有极高收藏价值的工艺品,被誉为"中华一绝"、"中国手工艺术精品"。那么,麦秸画为什么被誉为"中原奇葩"呢?

古代的中国原本没有麦子,而是后来从西亚经中亚引入我国西部地区的。商周时期,麦子已经传到了黄河中下游地区;到春秋时期,麦子已经成为中原地区很常见的农作物了。今天的山东、山西、河南、河北、安徽等地在当时也都已经有小麦生产了。从麦子进入我国以来,我们的祖先就开始用麦秆为原材料进行艺术画的创作,但是由于历史变迁和社会动荡,传说中的麦秆画一直难觅踪迹。

相传,麦秸画起源于东汉。当时,刘秀被王莽追杀,在万般无奈之下,只身藏到麦地之中,麦草随即变成树林保护刘秀。后来,当地人视麦草为祈福迎祥之物,开始制作麦草画。其实,麦秆画起源于春秋战国时期,到秦朝时就已经被作为高档的饰品挂在殿堂阁楼、豪门贵舍等处了。隋唐时期,麦秸画正式作为宫廷工艺品,在皇室贵族间赏析珍藏。这也是传说中的麦秆画长期以来难觅其踪的原因之一。到了北宋末

麦秆画:锦羽迎春

年,河南濮阳民间出现了利用椿胶、桃胶拼贴麦秆而成的麦秆扇子、昆虫等小造型。

作为人们赖以生存的主要食品,小麦历来被人们视为神圣之物。麦秆画也因为它的材质来源而不仅具有浓厚的民间味道,且具有吉祥高贵的象征意味。但是,在封建的农耕社会,麦秆画虽然来自民间,但在民间却是很少见的,而且一般情况下都是皇家贡品,不可能在平凡百姓中流传,所以它曾一度消失于人们的视野之中。新中国成立后,老一辈的民间艺术家通过挖掘研究古老的工艺技术,大胆进行实践,终于使得麦秆画这一民间瑰宝重现人间。20世纪80年代开始,随着人们生活水平的不断提高,麦秆画的创作和销售在中原地区蔚然成风,现在已经成为当地的特色产品,再加上其本身所具有的艺术性和独特性,故而被誉为"中原奇葩"。

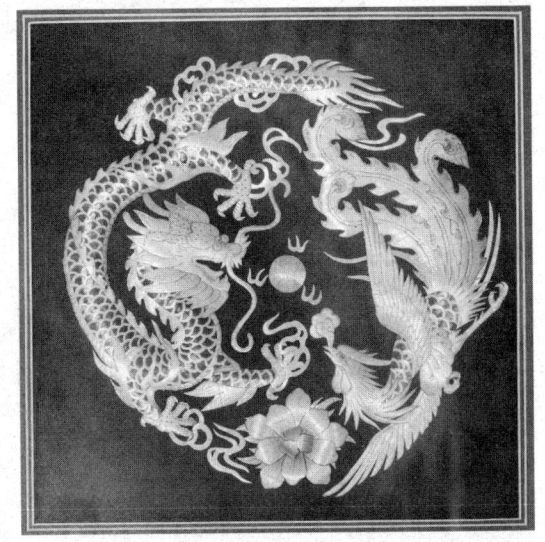

麦秆画:龙凤呈祥

麦秆画是利用麦秆的自然光泽和抢撕成丝的特性,经过烫色、剪裁和粘贴等十几道工序精心制作而成的手工艺术品,具有光泽透亮、装饰效果好、艺术感染力强等优点。通过麦秆制作出来的人物、花鸟、动物等形象,都栩栩如生、活灵活现,给人以古朴自然、高贵典雅之美,具有鲜明的艺术特色和很高的美术价值。不仅如此,麦秆画还具有环保、手工、永久保存等独有的产品特性。

麦秆画的制作很复杂,一件普通作品通常需要一个熟练工花费一周左右的时间,一件复杂作品则需要花费25天以上的时间才能完成,是典型的技术和劳动密集型产品。此外,在艺术处理方面,除保持麦秆自然光泽和纹理外,制作者们还大胆创新,吸收了国画、版画、剪纸、浮雕等众多艺术品的表现手法,融入麦秆画的创作之中,使其具有了艺术品的高雅品位和独特艺术魅力。

精心制作的麦秆画,其景物层次分明、栩栩如生,具有强烈的视觉冲击力和艺术效果,而且还能保持上千年不老化、不褪色,因此具有很高的观赏和收藏价值,是家庭、办公室、宾馆、饭店等场所等理想的装饰艺术品,也是生日礼物、婚庆祝贺等喜庆节日的较好赠品,因此深受消费者的喜爱。

南阳烙画为何独特

烙画,也叫烫画、火笔画,被誉为"南阳三宝"之一。据史书记载,烙画起源于西汉时期,兴盛于东汉,后来由于不断的灾荒和战乱,曾经一度失传。到了清光绪三年(1877年),才被南阳的民间艺人赵星三重新发现整理,并延续至今。这种烙画是用高温的铁钎代笔,利用碳化原理,在竹木、丝娟、宣纸等材料上制作而成的一种工艺美术品。它巧妙自然地把绘画艺术的各种表现技法与烙画艺术融为一体,从而形成了自己独特的艺术风格。那么,烙画为什么如此独特呢?

南阳烙画:喜上眉梢

制作烙画的工具、材料等都很独特。中国画的绘制工具和材料是毛笔、墨、宣纸或丝绢及国画颜料。在绘制时,国画家要掌握各种工具、材料的特性,用毛笔蘸墨在宣纸或丝绢上用笔,同时还要控制墨色浓淡、轻重、缓急的变化。与国画不同,烙画的工具和材料是烙笔(或铁扦、火笔)、竹木、宣纸或丝绢等,有时也会用到国画的颜料。烙画艺术家也要掌握各种工具、材料的特性,但是他们是利用控温技巧,在竹木、宣纸、丝绢等材料上勾划烘烫来作画的。由此我们可以发现,烙画用烙笔替换了中国画的毛笔,将施艺的材料由宣纸、丝绢扩大到竹、木、葫芦、贝壳等材料上,所以施艺的材料更为广泛。

烙画与中国画的联系很紧密。它既来自于中国画,又不同于中国画。无论是烙画还是中国画,其实都是绘画,只不过是作者和制作时采用的工具、材料等不同罢了。烙画作品有很多都是临摹品或者是根据文学故事创作出来的,如《清明上河图》、《红楼十二钗》、《大观园图卷》、《万里长

南阳烙画:鱼戏水

城》、《山河万里图》等,所以其作品大部分都不留艺术家的名字,而只留作品的名字。烙画的题材大都是民间喜闻乐见的,内容通俗易懂,如《富贵吉祥》、《国色天香》、《竹报平安》等,都是很传统的喜庆题材。

烙画不仅是一种雅俗共赏的艺术作品,还有很多实际的用途。在新中国成立初期,南阳烙画还没有形成现在这样多的种类。当时它是以烙花筷子为载体发展起来的。烙花筷子选用冬青药木,质地优良、工艺精湛、性寒凉、色洁白,用香油浸泡之后,会呈象牙黄色,气味清香,有助于养生。在方头筷面上,工匠们手工烙绘出画面,使筷子不仅能用而且能看,很是典雅精美,成为很多收藏者心仪的对象。

 滩头年画有何特色

滩头年画,是湖南省唯一的手工木版水印年画,产地在湖南省宝庆(现在为邵阳)隆回滩头镇。从明末清初到民国初年,滩头年画逐步形成了自己独特的美术风格:艳丽的色彩,夸张、饱满、个性化的造型方法;纯正的乡土材料和独到的工艺,使作品具有浮雕般的艺术效果。滩头年画多以祝福新年喜庆丰登、免除灾祸等古老民间习俗为题材,反映人们对生活的美好祝愿和精神寄托。从题材内容和品种来看,可分为神像、吉祥如意、故事三大类。

滩头年画以其火红、鲜艳的色彩,粗犷、夸张的造型反映着农民的单纯、朴实、健康与乐观向上的思想情感和社会现象,对我国美术创作与民间美术的发展有着一定的现实价值和理论价值。在造型立意上,滩头年画夸张、粗犷,在似与不似之间,求神而不求"形"(不追求现实中的形体比例),给人有全方位的自然感觉。这种特色与滩头年画的制作过程和用料是分不开的。

用纸。滩头年画印刷用纸的采用与制作十分特别。印刷用纸是由当地的手工作坊以毛竹为原料制造的"玉版纸",纸质厚、韧性强、色显奶黄色。印刷前需将纸蒸煮(增加纸的韧性和柔性)并在纸上刷胶粉。这种胶粉是一种色白而细的天然矿物质,当地人称"白胶泥",经打碎,漂白加胶刷在蒸煮玉版纸上,这样纸就特别受色,并能使色彩润泽、鲜艳、厚重。

颜料。滩头年画在颜料的采用、调配上也非常独特。其使用的颜色除黄丹(学名橘红)和烟子

滩头年画:钟海仙

滩头年画："和气致祥"

（学名煤黑）外，采用的都是品色系列的颜料：品桃（玫瑰红）、品兰（群青）、品黄（淡黄）、品绿（翠绿），并且所有的颜料都是作坊自己手工加工的，色彩纯度高。在调色上，滩头年画的用水也很讲究，是用当地的地下水加入篙子水（即民间做豆腐时过滤出来的水）、白胶泥等秘方使色彩纯度高、鲜艳、渗透性适当，可保存的时间长。

用色。滩头年画在用色上，更具有特色：艳丽、鲜明、对比强烈，能给人以兴奋、欢快而热烈的视觉张力，装饰性强。滩头年画的色彩具有"辣"味：大块面积的橘红、淡黄、玫瑰红与群青、翠绿、煤黑等同类色、近似色搭配，大小面积有机分局。视觉穿透力强，但又协和柔美，形成了强烈的冷暖对比。每种色彩相互交融，产生出一种呼之欲出的浮雕效果，使滩头年画形成了"艳而不俗、厚而不浮"的色彩效果。滩头年画不仅在造型上对称，在色彩上也十分讲究对称和协调统一。

构图。滩头年画在构图上饱满简洁，大多对称呼应，大与小、疏与密、虚与实、动与静的处理十分得体，画面统一而不零乱、集中而不堆砌，使人感觉十分舒适。其造型古拙、幽默、变形大胆洗练、神态优美生动，与表现内容谐调相应，表现出"以一当十"、"以少胜多"、"疏可走马，密不透风"、"无画处皆成妙境"的简洁。

滩头年画很少受到西洋画、文人画的影响，保留着淳朴、稚拙、幽默的美感特色，更具有一种强烈的原始生命力。它不假修饰，宛如朴素大方的山野村姑，散发着浓郁的泥土芳香，并以浓烈的湖南"辣味"而独放异彩。

高密扑灰年画有何特色

山东省高密县是著名的民间艺术之乡。在这里，不仅民间艺术的品类繁多，而且有可以冠绝的特技。其中扑灰年画、剪纸和聂家庄泥塑，被称为"高密三绝"。

扑灰年画，与现代年画的不同，在于其截然不同的工艺过程和工料。

制作扑灰年画，作者是根据画的内容，用柳枝炭条作笔，先在画纸上起出轮廓，然后用这张带画的画纸在其他画纸上面扑抹，扑后的画稿与原稿完全对称相同，这种特殊的工艺，一般可以使一稿扑数张。为了增加更多的数量，还可在扑好的画稿上用柳枝炭条重描一遍,再在其他纸上重扑。高密扑灰年画的这种独特工艺过程在全国年画中独树一帜。

高密年画不仅工艺过程独特,还有自己独特的艺术特点:以色代墨、着色浓重、色彩艳丽,形象富有动感、线条豪放流畅,人物造型丰满圆润,多为胖耳大腮,但眉眼巧画不失隽秀感。

高密扑灰年画从明代产生以来,经过许多杰出画师的努力,形成了我国年画中一个具有独特艺术风格的画种,为后世留下了大批珍贵的独具艺术个性的画种。但是,由于后世画师过于看重它的商品性质而忽视了它的艺术品性,不能在前辈画师艺术的基础上继续创新,而只是进行简单的复制生产,再加上新的年画品种的冲击,扑灰年画终于不能克服自身的种种局限,走向了消亡。

高密扑灰年画:三娘教子

高密扑灰年画作为民间艺术的一个品类,有过自己辉煌的历史,有过称"绝"的时代,即使已经消亡,但它在中国艺术史上正如它的特点一样,留下了浓重隽永的一笔。

潍坊年画有哪些特色

在中国的民间,过年贴年画是一种古老的风俗习惯,距今已有近1000年了。年画的题材,大多反映的是老百姓的普通生活,像福、禄、寿、禧这些喜闻乐见的字眼,以及农事耕作,等等。因为年画源自民间、植根民间,所以各个地方的年画风格迥异,都有其独特、浓厚的地方色彩。

潍坊年画,特指杨家埠木版年画。它起源于明末,在清光绪年间(1875—1908年)达到鼎盛期。潍坊年画以传统手工方式制成,题材丰富、重用原色,线条简练、流畅、粗犷,构图完整、匀称,画面豪放,造型粗壮、朴实,体现了当地人勤劳、纯朴、幽默的

杨家埠木版年画:牡丹花

民风。

木版年画历史悠久,是汉族传统的民间艺术形式。杨家埠木版年画在发展初期曾受到天津杨柳青年画的影响,并且与天津杨柳青、苏州桃花坞合称为中国民间"三大木版年画"。杨家埠年画风行于黄河下游一带,当地有"画店百家,画种上千,画版数万"之说。杨家埠最兴盛时,各路画商云集,年画挂满街头,当时最流行的卖画唱词这样唱道:

杨家埠木版年画:年年有余

"一进门来苏东坡,坐下韩信问萧何。不是本号不赊账,如今要账太啰唆。赊账如同三结义,要账就像请诸葛。"其中,东大顺画店为当时最大的生产、销售商。其拥有300多套画版,年制画可达100万余张。

杨家埠木版年画,题材广泛、内容丰富,重喜庆、浓彩、实用。其中,喜庆、吉祥、安乐是杨家埠年画的主题,如神像类、门神类、神话传说、戏剧人物、金童子、美人条、山水花鸟等;同时,反映民生、针砭时弊的作品也兼而有之。概括起来,杨家埠年画的主要内容可分为六大类,即风俗类、大吉大利类、招福辟邪类、传说典故类、瑞兽祥禽花卉风景类、娱乐讽刺类。正如一首打油诗所描绘的那样:"巧画士农工商,描绘财神菩萨;尽收天下大事,兼图里巷所闻;不分南北风情,也画古今逸事。"

杨家埠年画生产工序繁多,分为绘画、雕刻、印刷、装裱等多道,而且每一道制作工序都极为精准。制作时,艺人先用柳枝木炭条、香灰作画,然后在画面上完成正稿,描出线稿,接着反贴在梨木版上分别雕出线版和色版,再经调色、夹纸、兑版、处理跑色等程序,就可以手工印刷了。最后,等年画印毕还要进行简单的手工描绘,在上面补点各种颜色,这样就可以使年画更加自然、生动了。现在,在杨家埠木版年画的基础上,当地艺人还发明了布艺年画。它既保持了木版年画的特点,又具有轻松、活泼、明快、清丽的独特风格及不变形、不褪色、不易脏等显著优势。

自从20世纪80年代以来,杨家埠年画声誉日盛,甚至走向了世界。1983年,杨家埠年画在中国美术馆展出;同年赴境外9个国家巡回展览。1987年,民间艺人杨福元应新加坡之邀,前往新加坡作年画制作表演。20世纪90年代,一些杨家埠年画艺人曾先后赴巴西、日本等国家作现场表演。

苏州桃花坞年画有何特点

早在宋代时,桃花坞年画就已借助雕版印刷术由绣像图演变而生了。明代时,桃花坞年画发展成为独立的民间艺术。清雍正、乾隆年间(1722—1796年),桃花坞年画达到鼎盛时期。每年出产年画数量达100万张以上。2006年,桃花坞年画被列为国家级非物质文化遗产。

桃花坞,位于江苏苏州市北部。这里生产的年画在民间画坛被称为"姑苏版"。这种年画具有以下特点:色彩绚丽夺目,主要包括红、黄、绿、黑、蓝5种色调。其中常以紫红色为主调;构图对称、丰满、精巧;刻工精细、严密、工整,富于装饰性;造型具有江南的秀雅风格,形象突出、主次分明;印刷兼用着色和彩套版;审美题材广泛、丰富,内容以吉祥喜庆类、民俗生活类、驱鬼避邪类、戏文故事类、花鸟蔬果类为主。该年画采用木版套印,一直以简单的手工方式制作,具有图文并解的连环画故事风格。

桃花坞年画品种繁多,包括门画(如,门神、灶神等)、农事画、风俗画、神州传说画(如,神仙、佛像等)、历史故事画、儿童画、美女画、山水风景画、吉祥富贵画、政治宣传画等。主要形式是门画、中堂、屏条等。其中,农事画有《春牛图》、《丰收图》、《鱼樵耕读》、《大庆丰收》等;风俗画有《玄妙观庙会》、《苏州城内外三百六十行图》等;故事戏文画有《花果山》、《武松打虎》、《定军山》等;风景画有《姑苏万年桥》、《苏州阊门图》等;吉祥富贵画有《岁朝图》、《刘海戏金钱》、《一团和气》等;政治宣传画有《法人求和》、《刘军门大败法军图》等。

桃花坞木版年画的制作工序主要分为5道,包括画稿、刻版、印刷、装裱和开相。其中,刻版工序又分为4部分,即上样、刻版、敲底和修改。其主要制作工具为"拳刀",辅助工具包括弯凿(剔空)、扁凿、针凿、扦凿、修根凿、韭菜边、水钵、铁尺、小棕帚等。此外,套色印刷也有一套完整、严密的制作程序,即看版、冲色配胶、选纸上料(夹纸)、摸版、扦纸、印刷、夹水等。

桃花坞年画

桃花坞木刻年画既接近民间、接近百姓,又富于装饰性,还价格便宜,所以它不仅在江南一带广泛流传,而且还影响到了全国许多地方,甚至走向了世界,尤其是深刻影响了日本的"浮世绘"(风俗画)艺术。

内画壶为何被称为"中国一绝"

内画壶,俗称鼻烟壶,起源于清代,是汉民族独特的传统工艺。鼻烟壶取材广泛,原料主要包括玻璃、象牙、瓷料、玛瑙、水晶等。其中,玻璃材质晶莹剔透,但因为太过光滑而难以作画,所以先要把玻璃面打成磨砂面然后再在其内壁绘画。

鼻烟壶当然用于盛装鼻烟(以烟草、香料发酵而成)。它闻起来能使人打喷嚏,故而能起到提神、醒脑作用,还能够发挥治疗风寒、头痛等病症的药效。嗜好鼻烟的人,是把鼻烟壶当做药物来使用的;但是,在壶内行诗作画则是艺术家善做的事情。

内画壶作为民族工艺品,能带给人独特的审美享受,但是在艺术家作画中可不是那么容易的。因为在壶坯内壁描绘的内容,无论是书法还是图画、人物还是山水,都要符合人们正常的视觉习惯,所以作画时要用反向手法。这可真是一门高超的技术活儿。玻璃内画壶因数量多、影响大,一般是单列一类,但瓷胎的鼻烟壶是外画的,所以绘画手法和平常一致。画的形式一般都是中国画,现在也有绘制油画的。

鼻烟壶内画的题材,开始只是简单的装饰图案,接着出现了山水、人物、花鸟等中国画,后来发展到在图画中插入有故事内容的神话传说,最后从国画艺术中吸取经验后又给作品加上了题款、印章。这样一来,内画壶越来越具有完整的艺术性,艺术品位也更加高雅,使得一种本来重实用的世俗玩物变成了具有雅文化特点的工艺品。

鼻烟壶完全用手工制造,一般以半透明料器(玻璃)为原料,壶体一般为扁平状,作画时用一种特制小竹笔(勾笔)伸入壶口,然后反方向(倒着)在内壁进行描绘。此外,为使料器内表面成为毛玻璃状,作画前还需用铁砂在壶中摇动。该艺术品由于制作工艺复杂、绘画方法独特、艺术品

白套红玻璃鼻烟壶

质良好，是集汉民族艺术精华的袖珍艺术品，故而跻身于世界著名工艺品行列，还被誉为"中国一绝"！

内画艺术有四大流派，即"京派""冀派""鲁派""粤派"。其中起源于清乾隆年间（1735—1796年）的京派最为知名。"京派"内画壶是内画壶雅派的代表。其深厚的文化底蕴决定了其

周乐元内画花卉纹鼻烟壶

文化品次，现已成为"北京市非物质文化遗产项目"。在京派行内有句俗话这样说："登堂入室马少宣，雅俗共赏叶仲三，阳春白雪周乐元，文武全才乌长安。"其中，马少宣以在壶内用工楷书写全篇《九成宫》，以画国粹题材而著称；叶仲三涉猎广泛，绘画题材包括人物、山水、花鸟、草虫等，尤其擅长《红楼梦》人物画。此外，"冀派"代表人物是王习三；"鲁派"代表人物是李克昌；"粤派"代表人物是吴松龄。

鉴赏内画壶，主要从两方面：一是从书法绘画技艺上欣赏；一是从造型上考察。综合每一款内画壶的造型、内容、手法及题款、印章等，就能判断出它的质量和品质，当然这是需要一定的艺术素养作保障的。

内画壶一开始只是为了装饰鼻烟壶而出现的，后来才发展成为独特的工艺品，并且早在19世纪末就已大量行销国内外市场。在世界上许多国家的博物馆里，均收藏有中国内画壶的珍品。现在，它已越来越成为广受顾客青睐的旅游工艺品，是名副其实的"中国一绝"！

 潮州玻璃刻画有何独特之处

潮州玻璃刻画，起源于19世纪80年代，但直到20世纪30年代左右，才由曾炳光、曾炳炎兄弟探索成功，然后在1958年获得了重大进步和发展。该产品在最盛时期成为非常时尚的送礼佳品，不仅行销粤东，而且流传至闽西南、赣南等地，甚至漂洋过海到了南洋地区。

作为潮州民间独具风采的工艺品，潮州玻璃刻画主要通过在平面玻璃上进行雕刻、彩画各种美丽的图案，以达到装饰的效果。它独具经济、实用、美观3个特点，而且品种繁多，像屏风、挂屏、花边照镜、相镜、门窗、广告牌，等等。此外，玻璃刻画还不易变质，通常一幅好的玻璃刻画可保存数十载。

潮州玻璃刻画

这种工艺美术品的制作工艺分为纯刻、纯画和刻画结合3种。其中以刻画结合品质最佳。其制作工序复杂，共有10多道工序。制作时，首先要在玻璃底面涂上防腐剂，然后用小刀将需要蚀刻的部分剔除，接着要反复进行加工，再把防腐剂洗除，最后才填色作画。

按照是否对原材料进行腐蚀处理，潮州玻璃刻画可分为玻璃刻画、玻璃画两种。如果是镀水银进行单腐蚀而不填色，成品称为玻璃刻画；如果不进行药剂蚀洗刻，而直接在玻璃底面作画，成品称为玻璃画。

一般情况下，玻璃刻画最常见，尤其是诗书稿等都是刻画。此外，刻画的题材很广泛，几乎应有尽有，包括人物、山水、花草、虫鱼、鸟兽、诗词、书法等各个门类，尤以吉祥如意类为主，如，"麒麟到此"、"仙翁鹿鹤"、"孔雀开屏"、"白头牡丹"、"百年好合"等。

潮州玻璃镜刻画如今涌现出了不少新式品种，生产技艺也逐渐提高，因而年产量大大增加。无论品种、花式、产量、质量，该特产都是无可挑剔的，所以深受顾客喜爱。

凤翔年画为何被称为"东方智慧的结晶"

凤翔年画，始于唐宋，盛于明清，是汉族民间木版年画的一大流派，主要盛行于陕西关中平原西部的凤翔县。1950年，凤翔年画达到690多种之多。年产量最盛时达到600万张。2006年，该民间艺术被国务院列为国家级非物质文化遗产。

凤翔木版年画古老、独特、别具风采。其主要运用的是中国传统绘画的线条表现手法，同时吸取了壁画、石刻等艺术特色，堪称中国民间艺术的奇葩。它不仅深受陕、甘、宁、青、川地区群众的喜爱，而且在全世界多处著名博物馆均有收藏，被国外收藏家誉为"东方智慧的结晶"。

凤翔年画特色众多，主要体现在以下方面：其一，线条刚劲、简朴、生动；其二，色彩对比强烈，以红、绿、黄、紫色为主，以黑色为辅；其三，形象丰满、逼真，栩栩如生，充满浓郁的生活气息；其四，整个画面和谐而朴实。

凤翔年画内容题材广泛，主要分为门画、风俗画、家宅六神画、戏剧故事画、十美画、窗花画六大类，品种现存400多种。其中，人物年画是其最主要的门类，尤以门神见长。门神既包括神话人物，也包括历史名人，像天官赐福、福禄寿三星及赵公明等为神话人物；秦琼、敬德、包文正等为历史人物。

凤翔年画：长久富贵

此外，《西游记》等神话故事及花鸟虫鱼，也是凤翔年画的一大主要门类。无论人物、故事还是花卉，造型优美、大方，形象生动、逼真，情态各异其趣，是该年画具有的显著特点。尤其是秦琼、敬德门神，不管体态还是神情的表现力，都能给人一种很独特的感觉：一方面慈祥善良，一方面杀气腾腾，总体洋溢着镇妖除邪的神威。

凤翔年画全部程序以手工雕版、土法印制而成，印刷时要先印染天地，继而开红光、涂胭脂、加重彩，最后才套黑线主版定型。一些年画局部还会以手绘染填。该年画色彩对比强烈、造型饱满夸张、风格古朴自然，但如今在西北地区会制作年画的人只有少数几个，而从事创作、研究的仅有邰立平一人，因而对它的传承、延续和保护是一个迫切需要解决的问题。

福州软木画有何绝妙之处

福州软木画，起源于1914年，由福州民间艺人吴启棋首创，距今已有100余年的历史。据说，福建巡按使许世英当时从国外带回一片圣诞风景贺卡，并将其交给福州工艺传习所的总传习师陈春润和木雕技师吴启棋、郑立溪等民间艺人研究，吴启棋受此启发后将中国传统雕刻工艺融入其中，并开创出了软木画这种新的工艺品。

软木画，也叫软木雕、木画，主要产于福州，是一种雕、画结合的手工艺品。它主要运用浮雕、圆雕、透雕等雕刻手法雕成，题材包括花草树木、亭台楼阁、栈桥船舫、人物等。制作时要用通草做成白鹤、孔雀、麋鹿等鸟兽，然后根据画面设计将其粘在衬纸上，再做成立体、半立体的木画，最后以玻璃框进行装裱即可。

福州软木画

　　福州软木画的内容主要是山光水色、名胜古迹、花草虫鱼等，规格有200多个，花色品种有400多个。软木画不仅构图新颖别致，色调纯朴，画面层次分明，工艺精巧，形象逼真，而且具有轻便、不变形、不脱胶、抗腐蚀等显著优点。

　　鉴赏软木画，首先，要看它最大的价值之所在，也就是它的艺术性。因此，一幅上好的软木画，其雕功必定圆润、成熟，构图和谐、自然，色泽黄润。其次，要看它的质地，因为该工艺品以栓皮、栎树皮为原料，所以质地松软、柔韧且富有弹性。

　　在福州市当地，软木画之乡（鼓楼区南后街61号）、吴芝生软木画创作中心（晋安区新店西园110号）等，是游客购买软木画的正宗产销地。一般情况下，软木画按尺寸大小计价，比如，一幅37厘米×23厘米大小的手工雕刻软木画价格约在300元左右。

趣味剪纸·风筝

QUWEI JIANZHI FENGZHENG

陕北剪纸为何能让老外垂青

若要问最受外国友人欢迎的中国纪念品是什么,当然非陕北剪纸莫属了。有人会奇怪,剪纸全国都有,为什么老外们偏偏就喜欢陕北的呢?其实这与陕北剪纸艺术包含了民间艺术的所有特点是分不开的。

陕西自古便是中华民族的政治文化中心,周、秦、汉、唐等13朝都曾在此建都,留下了丰富的民间艺术遗产。陕北地区因为交通闭塞、地处偏僻,自元、明、清之后受外来文化的影响很少,古代文化和艺术便被农家妇女一代代承袭下来。所以,"中国剪纸在陕西,陕西剪纸在陕北"的美名绝对名不虚传。

陕北剪纸比较完整地传承了中华民族古老的纹样,如,有着商周文化特点的"抓

陕西剪纸:回娘家

髻娃娃",以及有汉代特色的"牛耕图"等。

在全国各地不同风格和特色的剪纸艺术中,陕北剪纸以其淳朴豪放、形式多样、风格凝练、线条明快等独特魅力征服了全世界,被誉为"地上文物"和文化的"活化石"。

随着经济的发展,陕北剪纸的形式也变得多样化起来,很多精美的剪纸艺术品都是多种形式相互运用的结晶,但剪纸内容依旧以戏曲人物、风土人情为主,即使是在非常普通的花鸟动物作品中也会加入有文化象征意义的符号,具有非常浓烈的中原文化特征。即使是现代化越来越快的今天,陕北人民创作的剪纸中仍饱含着浓郁的泥土气息和强烈的感情色彩,绝不含一丝矫揉造作,依然表现着他们

陕西剪纸:喜鹊

的古朴民风。

陕北剪纸之所以会在国际友人的心中占据最重要的位置,除因为它包含了汉族传统文化的精髓外,与越来越频繁的国际交流也是分不开的。近年来,许多优秀的陕北剪纸作品都被国家和政府转赠给各国政要,起到了中外文化交流的桥梁作用;而陕北民间艺人在国外的现场剪纸表演更是震惊全场,更巩固了陕北剪纸在国际友人心目中的地位。

住在陕北黄土地上的普通农村妇女们,接过老一辈手中的剪刀,用她们精巧的双手丰富了自己的生活,也把外国人眼中神奇的中国艺术脉脉传承,让全世界的人都知道陕北剪纸,记住陕北剪纸。她们是人类非物质文化遗产的创造者和守护者。她们本身也是中华艺术的瑰宝。

孝感剪纸有何特色

孝感剪纸,即孝感雕花剪纸,历史悠久、源远流长。早在战国时期,孝感雕花剪纸的雏形就已出现。西晋时期,雕花剪纸就已在荆楚大地蔚然成风。作为古荆楚大地的民间瑰宝,孝感剪纸最早是以与上古祭祀密切相关的崇拜物的装饰出现的,后来才发展成为独特的民间风俗,成为当地古老楚文化的一个活化石。2009年,孝感剪纸被列为世界级非物质文化遗产。

孝感剪纸有很多优秀的特色,主要体现在以下方面:其一,线条圆润,构图丰满、均衡,疏密有致;其二,对比分明,虚实结合,动静结合;其三,主题鲜明,注重形似,更重神似,情趣盎然;其四,艺术形象逼真感人,独具个性。总而言之,孝感剪纸着重写意,以心融物,物我交融,形神兼备,和谐统一,秀丽洒脱,风格独特,艺术境界十分完美。郭沫若曾作诗赞美道:"曾见北国之窗花,其味天真而浑厚;今见南方之刻纸,玲珑剔透得未有;一剪之巧夺天工,美在人间永不朽!"

孝感剪纸取材广泛、内容丰富。其中大多为民间传说类、历史故事类,以及寓意生活吉祥如意的民俗风情类。比如,《福禄寿禧》、《福寿双全》、《龙凤呈祥》、《麒麟送子》、《吹箫引凤》、《状元及第》、《花好月圆》等象征着吉祥如意;再如,《蔡文姬》、

孝感剪纸:牛

孝感雕花剪纸:二龙戏珠

《苏武牧羊》、《赵炎求寿》等历史故事,《鞋花》、《帽花》、《枕花》、《帐帘花》、《涎兜花》等民间风俗,都是为了表达人们对幸福美好生活的祈望和追求。

在具体制作中,孝感剪纸非常注重刀功。其技法要领可用16个字来概括:握刀要正,下刀要顺,行刀要匀,开片要严。如此,"运刀胜笔"、"连而不断"、"断而不连"的艺术效果才能实现。在色彩上,孝感剪纸既有传统的单色,也有后来形成的套色、分色、衬色、点色等。在用料上,孝感剪纸不拘一格,囊括了金箔、银箔、吹塑纸、墙壁纸、布、不干胶等多种形式。其中,20世纪50年代初创作的《伟大胜利》、《保家卫国》等枕花;1986年在"中国首届艺术节"上展出的系列剪纸《百凤图》,以及在世界20多个国家参加展销的《花引蝶》等,都是孝感剪纸的代表性作品。

孝感雕花剪纸代代有传人,比如,胡均启、池福新、管俊高、张秋屏、夏翠香等。其中,剪纸世家胡均启从艺50余年,潜心钻研雕花剪纸,并作出了卓越贡献;池福新一生从事文化工作,潜心于雕剪艺术研究,曾获湖北省民间艺术之乡成果奖金奖、全国剪纸大赛银奖、世界园艺博览会剪纸大赛银奖等;管俊高专门从事丧葬剪纸,以剪小幡闻名,其作品刀法流畅、圆润,曾出口到日本等国;张秋屏技艺娴熟,尤以"十二生肖"、"龙凤呈祥"、花鸟虫鱼等剪纸闻名,被誉为剪纸"神手";夏翠香也被誉为"神剪"。

湖北孝感在1994年就已被命名为"民间艺术之乡",因其地理位置特殊,使得这里的雕花剪纸融合了南北艺术之长,既有北方的粗犷、豪放,又有南方的玲珑、细腻。孝感剪纸分布很广,遍及当地城乡,还有许多雕花艺人以此为专门职业。在历史长河中,出自劳动人民之手的雕花剪纸艺术代代相传,在表达劳动人民的审美情趣中不断丰富、发展,至今广为流传。

河北蔚县剪纸有何鲜明特色

剪纸是我国民间比较普及的一种艺术,而河北蔚县剪纸自成一派,堪称剪纸艺术中的一朵奇葩。蔚县剪纸历史悠久,源于清代,至今已有150多年。它是河北省著名的民间艺术,制作工艺精巧、独特,在全国众多剪纸中独树一帜。其成品具有构图饱满、造型生动、玲珑剔透、五彩缤纷和欢快、明朗、清新等特色。其中尤以窗花见长。

蔚县剪纸风格独特,在国内外享有盛誉,但它其实不是"剪"出来的,而是"刻"出来的,即所谓的"以刻代剪"。它以薄薄的宣纸为原料,以小巧锐利的雕刀进行精雕细琢,最后通过独特点染一些明快、绚丽的色彩而完成。

蔚县剪纸的题材十分广泛,且寓意深刻,既有历史故事、民间传说、戏曲人物,也有花草鱼虫、飞禽走兽,还有祈福祝愿、四时节令、婚寿庆典。它们均为吉祥形象,具有浓郁的生活气息。每一件作品都十分生动、非常耐看。其色彩取自河北武强县木版水印窗花;花样取自河北雕刻刺绣等,最早形成的窗花形式是"天皮亮",因为大多出自农民艺术家之手,所以体现出了浓郁的乡土气息及民间高超的智慧和丰富的想象力。

蔚县剪纸(一)

就工艺制作过程而言,蔚县剪纸以阴刻为主、阳刻为辅,即所谓"三分工七分染"之说。其制作工序可分为6道,包括画、订、浸、刻、染、包。其中,"画",是指设计人员根据图案画样子;"订",是指将画好的样子订在宣纸上,再按样子大小将其用剪子分成小块;"浸",是指将订好的东西放进水里浸透,然后拿出来放在阳光下晒干;"刻",是指根据图案进行刻制;"染",是指给刻好的产品进行着色;"包",是指用纸、塑料、书本、镜框、金铂等形式进行最后的包装。经过这6道工序后,剪纸产品就出来了。

蔚县剪纸代代相传,第一代代表人物为王老赏(1890—1951年),第二代代表人物为周永明(1929—1986年),第三代代表人物为周淑英(1964—)。其中,王老赏是蔚县剪纸艺术创始人,周永明是王老赏唯一的嫡传弟子,他创作的《蝴蝶》系列作品在当时堪称一绝。周淑英为周永明之女,曾被联合国教科文组织授予"中国民

蔚县剪纸(二)

间工艺美术家"称号。其代表作品《清明上河图》、《百蝶图》、《彩福图》等已被中央美院、中国美术馆收藏。

如今,蔚县剪纸已发展成为民间艺术精品,甚至成为国家级馈赠礼品,具有很高的欣赏、收藏价值。在蔚县城州署前街南安寺塔西北角,还建有一处专门的蔚县剪纸博物馆,是游客欣赏这种民间艺术的绝佳去处。购买该剪纸时,要看其是机器压制还是手工制作的,一般机器压制的比较便宜,每张几元不等;手工制作的则有几十元、数百元,甚至高达几万元、数十万元的。

2003年,在蔚县召开的全国剪纸专项工作会议上,蔚县被命名为"中国剪纸艺术之乡"、"中国剪纸艺术研究基地"。2006年,蔚县剪纸被列为国家级非物质文化遗产。2009年,蔚县剪纸被列为世界人类非物质文化遗产。

山西浮山为何被称为"剪纸之乡"

浮山,位于山西省南部,地处太岳山南麓,因历史悠久的浮山剪纸艺术而被誉为"剪纸之乡"。浮山剪纸,不仅遍布浮山全县各地,而且广泛流行于晋南一带。它主要有六大特点:其一,多点透视,单摆平放;其二,以露空、线条连接;其三,对称折叠;其四,装饰性强;其五,艺术风格大胆夸张、想象丰富;其六,艺术形象贴切逼真、惟妙惟肖。

浮山剪纸花样繁多,包括窗花、喜花、礼花、灯花、纸幡、金银山、桥马人物、斗旗、刺绣底样等10多种。其主要用于生活民俗中,尤以服饰、鞋帽、遮裙、手帕、枕头、兜肚、钱包等绣花底稿最为广泛;也有用于被褥、门帘、桌裙、椅搭、盖巾、壁挂、吊帘、拂尘纸、春节窗花等物件的;还有用于庆贺儿童生日的12个月"桥花",用于为老人祝寿的团福、寿花等,用于婚庆的洞房装饰、妆奁等,以及用于丧葬、祭祀的香蟠花纸、纸人、纸马等。

浮山剪纸取材十分广泛,既有人物、寓言故事、民间传说,也有花草鱼虫、飞禽走兽,还有山川云树、亭台楼阁等。它们有的粗犷豪放、有的纤细秀丽、有的浑厚古朴、有的玲珑剔透,但都具有独特的、纯朴的乡土气息。

浮山剪纸作品独具匠心,反映了太岳山区人民粗犷、质朴的审美情趣。

浮山剪纸

其主要代表人物有乔金禄、郑红娥、李天、梁春兰、董海涛等。其中，乔金禄的剪纸构思新颖、画图秀丽，融工笔年画画法与剪纸艺术手法为一体，欣赏性和保存价值很高；郑红娥创作出了以古代科学家、花瓶、老虎、农事图为代表的11个剪纸品种，1993年荣获"世界铜奖艺术家"称号。

河南豫西剪纸有何特色

河南剪纸以豫西最为集中、成就最高，主要盛行于河南晋豫大峡谷以南，南阳盆地以北。

该地区多山地、丘陵及黄土塬，地理环境相对封闭，因而其剪纸文化保留着农耕文明的鲜明特点。此外，河南临近山西、陕西两个剪纸大省，三地的剪纸文化在情趣、审美观上具有共通性。

豫西剪纸有很多特色，主要表现在以下几方面：

一、色彩丰富，一应俱全，包括本色、套色、染色剪纸多种。其中，当地一种染色工艺极具特色。它不是通常所见的用毛笔上色，而是直接在调好颜色的碗中"蘸色"调染，并且还能达到浓淡相宜、过渡自然的效果。

二、种类繁多。比如，春节时的"窗花"、"窗亮方"、"顶棚花"、"灯笼花"、"墙围花"、"灶头花"、"吊笺"、门神、"福"字、"春牛"等。再如，举办婚庆或者庆祝婴儿出生时会贴"喜花"，为老人祝寿要送"寿诞花"，等等。

三、吉祥如意类是最重要，品种也最多的剪纸主题。比如，牡丹寓意"吉祥富贵"；葫芦寓意"福禄"；石榴寓意"多子多孙"；春牛寓意"丰收"；"门笺"寓意"门钱"（谐音）；墙围花寓意"富贵连连"等。过去曾广泛流行于中原地区的一首《十二月剪纸歌》，就充满了吉庆色彩："正月里剪彩灯，彩灯高挂堂屋中。彩灯光芒照客庭，一年四季都安宁。二月里剪条龙，放在门前大河中，风调雨顺太平世，来年一定好收成。三月里……"

四、审美艺术价值高。豫西剪纸虽然是自娱自乐，但具有质朴粗犷、雄浑大气的特点，凝聚着中华民族传统民俗文化的优秀内涵。中国民间文艺家协会主席冯骥才在豫西考察时说："豫西的剪纸美，拿去堪与毕加索的画相媲美。"

豫西剪纸

广东佛山剪纸有何特点

佛山剪纸,源于宋代,盛于明清时期,尤其是清乾隆年间(1735—1796年)最为鼎盛。这种古老的民间艺术,从明代起就已开始在专门行业内大量进行生产。产品同时销往广东及中南、西南各省,甚至走向了南洋各国。

佛山剪纸特色鲜明、众多,主要表现在以下方面:其一,制作方法复杂,剪、刻、凿、印、写、衬等技艺并用;其二,色彩丰富、用色夸张,富丽堂皇;其三,构图严谨,结构雄伟、奔放,风格苍劲、豪放、古拙;其四,剔透雅致、瑰丽生动,装饰性强。

佛山剪纸(一)

在制作上,佛山剪纸艺术主要有材料刻纸、写料刻纸、纯色剪纸三大类(刻纸以佛山名特产铜箔和色纸为主要原料)。最具特色的是铜衬料、铜写料和铜凿料。其中,铜衬料,是指先以刻刀在铜箔上镂刻画面的基本轮廓(线条、骨架),然后根据需要在背面衬上色纸即可,其衬色以橙红、粉红、槐黄、芥黄、紫、深绿、浅蓝为主,画面鲜艳调和;铜写料,结合了绘画与剪纸艺术,先以刻刀在铜箔上镂刻画面轮廓,再用胶水调粉彩进行绘画即可;铜凿料,是指用特制的凿子在铜箔上凿出线条,然后以粉彩进行绘画即可,其色彩以粉红、玫瑰红、粉蓝、红丹白等为主,画面和谐、光彩夺目。

佛山剪纸的内容,大多数是寄寓吉祥如意的主题,包括民间故事、戏曲人物、花鸟鱼兽等。如"福禄寿全"、"和合二仙"、"嫦娥奔月"、"八仙闹东海"、"六国封相"、"唐明皇游月殿"、"赛龙舟"、"龙"、"凤"、"孔雀"、"鲤鱼"、"四时瓜果"等,都表达了人们对美满幸福生活的向往和追求。

佛山剪纸(二)

佛山剪纸用途广泛，以前主要被用作建筑和家具雕刻上的底稿，现已发展为室内装饰、节日礼品装饰、祭祀装饰、刺绣雕刻图样、产品商标等。根据制作的不同，其大致可分为纯色剪纸、铜衬料、银写料、纸写料、金花等几种。由于它历史悠久，使用的材料和表现手法结合巧妙，刻与写配合紧密、恰当，融汇了绘画技法，地方特色鲜明，多反映时代生活题材，因而在汉族剪纸艺术中较具代表性。

高密剪纸有何艺术特色

剪纸艺术是"高密三绝"的第二绝。在中国，剪纸艺术至少已有2000多年的历史了。但高密剪纸究竟源于何时，既无文字记载，也无考古发现。据当地人传说，它与扑灰年画兴盛的时间相差不多，明洪武初年，已在高密民间广为流传而至普及了。

高密剪纸的题材以广泛著称，至于广泛到何种程度，品种有多少，难以数计。举凡与人的日常生活密切相关的，从自然界的飞禽走兽到远古的神话传说，还有流之千古的历史故事、文学人物和情节均进入了剪纸艺术的视角，而且从构思到技法，从内容到形式，充分体现了中国古代美学形神兼备，以神为主，形意结合，以意为主的特征，酷似中国画中的大写意。

在艺术上，高密剪纸构思精巧，造型雅拙淳朴，线条刚劲挺拔，同时还透着灵秀细腻的韵趣。例如，以"八仙过海"为题材的剪纸，江南剪纸纯用轻柔的细线，手绘式的五官来表现，显得玲珑剔透；河北剪纸以块为主，大面为黑，只求整体轮廓完整不作细部刻画，显得浑厚粗犷。而高密剪纸则以鱼纹、网纹一样的细线组

高密剪纸

成"八仙"挺拔而又轻柔的衣饰，以黑黑的脸膛颜色表现出"八仙"各异的神情，再加上浓重的水、飘逸的云，构成了一幅出神入化的独特画面。

海伦剪纸的来历及特色

海伦市，是黑龙江省绥化市的县级市，以其剪纸艺术遐迩闻名。海伦剪纸

历史悠久、享誉中外,现已成为全省知名的地方文化品牌。

海伦剪纸

海伦市位于小兴安岭脚下,原是清初皇帝的围猎场。随着历史的发展及民族的不断融合,汉、蒙、回、朝鲜等民族先后在此定居。他们带来了我国北方丰富多彩的剪纸、刺绣等工艺品,并与其他民族的工艺技术相互借鉴、不断融汇,逐渐形成了剪纸艺术。

1899年海伦建制前后,剪纸艺术就已在民间广为流传。最初的剪纸是用灯烟熏、剪刀剪,一般是一些简单的花草虫鱼、飞禽走兽图案。新中国成立后,海伦剪纸表现的主题有了新的发展。它扩大了题材,并且进行装饰。20世纪50~60年代,海伦剪纸在全国有了一定的影响,被人民大会堂会议厅用作装饰,也被周总理作为转赠北海舰队和"铁人"王进喜的礼物;"文革"期间,海伦剪纸处于停滞状态;80年代以后,又有了长足的发展,并形成了独特的剪纸艺术风格。

1993年,海伦市被国家文化部命名为"中国民间艺术——剪纸之乡"。目前它已出版了100部书,3000多幅优秀作品远赴30几个国家和地区展销。2001年出版的《京剧剪纸脸谱》荣获北方优秀美术图书金牛奖一等奖。为此,中央电视台、香港凤凰卫视等60多家新闻媒体都对海伦剪纸艺术进行了专题报道和介绍,使它真正叫响了国内外。

庆阳剪纸的来历及特色

庆阳剪纸艺术历史悠久。其雏形早在汉代就已出现;而在6~10世纪的隋唐时代,它就在全国率先兴起了。后来经过宋、元、明、清几代的不断发展,逐渐走向了成熟。1930年，庆城县人胡仙川女士创剪的《五福捧寿图》发表在《波兰画报》上，意味着庆阳剪纸开始走向世界。1959年，庆城县编印《庆阳民间剪纸》一书，将庆阳剪纸介绍给了全国。1985年，王光普的《陇东民俗剪纸艺术》出版，庆阳剪纸再次跻身于全国民间艺术行列。2008年，庆阳剪纸被列为国家级非物质文化遗产。

与中国其他地区的民间剪纸相比，庆阳剪纸独具特色，主要包括以下几方面：

第一，庆阳剪纸是原始图腾文化的遗存。庆阳位于陕、甘、宁三省交会

庆阳剪纸（一）

地带，地理环境相对封闭，因而在文化上很少受到其他地方的影响。以龙图腾为象征的龙文化，以鹿图腾为象征的鹿文化，现在在国内其他地方已几乎绝迹，但是在庆阳剪纸中至今仍保留着。这就是庆阳剪纸具有原始图腾崇拜特色的最好说明。又如，"人头鱼"、"神鱼瓶"、"娃娃鱼"等鱼图案和蛇图案都是龙图腾文化的延续。最令人震惊的是，庆阳剪纸流传到现在的"寿花"、"生命之树"（扶桑树）剪纸，既有鹿图腾形态，又有双鸟轴对称图样，早在两汉时期就已是广为流传的形式，如今在全中国民间剪纸中独一无二了。

第二，庆阳剪纸是古代阴阳哲学观的载体。中国古典哲学主要以阴阳观来认识世界。这即是最初的"阴阳五行"学说。庆阳剪纸，揭示了中华民族根深蒂固的阴阳哲学的奥秘。《绎史》一书中说的"天地开辟，阳清为天，阴浊为地"，指的就是我国古代的阴阳哲学观。在庆阳民间，人们通常以男、南、左为阳，以女、北、右为阴。这种哲学观也不可避免地影响到了庆阳剪纸一书。比如，《抓髻娃娃》、《双鱼枕》、《虎头蟾》等剪纸都是阴阳哲学观的反映。

庆阳剪纸（二）

第三，庆阳剪纸是远古文物的"纸化石"。庆阳剪纸蕴藏着得天独厚的远古文化。它既传承

了远古文化的信息,也揭示了远古文化的奥秘,所以是远古文物的"纸化石"和远古文化的巨大宝库。比如,宁县剪纸《八卦娃娃》,象征了远古文化中的生命崇拜、太阳崇拜现象。

第四,庆阳剪纸是独特的审美艺术。庆阳剪纸善于夸张,形体大多发生变形,因为它讲求简练、传神、随心达意。比如,剪纸《回娘家》中,毛驴儿仅有三条腿;再如,剪纸《猫吃老鼠》中,被猫吃掉的老鼠在猫肚子里还是活的。这种审美视角构思奇特、想象丰富,传承的是古代变态的审美意识。

此外,线条简单、明快,画面古拙、质朴,取材宽广、内容丰富,风格粗犷、奔放,表现手法灵活,剪纸技艺娴熟,种类繁多等,也是庆阳剪纸的显著特色。

北京"风筝哈"的来历及特色

"风筝哈",是北京著名的风筝制造世家。其创始人为清末回族人哈国良。哈国良原是一名泥瓦匠,后来受到文化街琉璃厂的熏陶,潜心于风筝的研究和制作。经过钻研,再加上心灵手巧,他终于研制出了小巧玲珑、别有风韵的风筝。再后来,他开了一家"哈记风筝铺",专门经营各种独创的风筝。其中尤以"南城瘦沙燕"独具特色。当时,来购买"哈记风筝"的人非常之多。1915年,在巴拿马举行的万国博览会上,哈国良制作的"蝴蝶"、"蜻蜓"、"仙鹤"、"花凤"4只风筝荣获银质奖。此后,他成为北京知名度最高的风筝制造者。

"哈记风筝"具有很多特色,包括选材严谨、骨格平固、画工精致、品种繁多等。其中,"风筝哈"最大的特色是,由于它是按照风力大小制作的,各种风筝应力不同,放飞时不打旋、不折跟头,引线比较直,所以飞得高,飞得平稳。云龙、沙燕、五蝠、云幅、梢罐、钟馗、刘海、大门灯等,是"风筝哈"的几个主要种类。

"风筝哈"几辈艺人代代相传,创始人为哈国良,二代传人为哈长英,三代传人为哈魁明,四代传人为哈亦琦。其中,哈长英是"风筝哈"最有成就的一代。他不仅在风筝种类和做工上超出了父辈,而且将普通的动物风筝上升为工艺品;哈魁明在不断推出很多新品种的基础上,不仅制作出了精美的硬翅风筝,还在上面带上了弓、哨、锣、鼓等;哈亦琦使"哈记风筝"

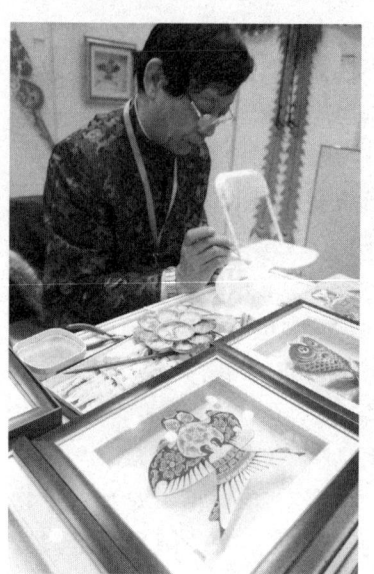

创作中的风筝哈艺人

制作技艺更为精湛,还在美国旧金山举办的国际风筝表演赛中获得过该比赛的最高荣誉——特别奖。

"风筝魏"有何特色及典故

风筝魏的创始人,是天津著名艺人魏元泰。他把一生的心血都放在了制作风筝上,创造出200多种风格。他改变了以往制作硬翅风筝为主的风格,创造出了新的技术。体积大的风筝可以折叠并被放入信封内。这样既便于携带又便于收藏,因此被大家称为"风筝魏"。

在风筝魏继承人的不断努力与创新下,其品种已经达到千余种。此工艺品曾多次荣获奖项和殊荣,并一直深受大众喜爱。1982年获得风筝全国大赛第一名;1983年获得天津市国际风筝会第一名;1993年荣获中华民间绝活博览会工艺表演一等奖;1994年入选为中国民间艺术一绝;2004年《喜相逢》荣获中国民间艺术山花奖、民间工艺奖银奖等。

风筝魏具有以下特色:①选料讲究。其筝面多选用绸绢制作而成,既轻便又结实;其骨架则选用质地细密、节长且弹性大的毛竹制作而成,加上骨架上全是眼儿,可以随意折叠。②造型多样。有平板式、立体式、弓手式、串联式等,极具表现力。③其画都是纯手工绘制。线条简单、优美大方,富有中国特色。④装饰性强。可从风筝的着色上鉴别,其采用退晕法,更具装饰性。

据说风筝魏创始人魏元泰的父亲出身鞋行,做过店员也当过摊贩。他有3个孩子,其中一个是木工、一个是鞋匠,年纪最小的是魏元泰,他在私塾中念过书,后来因家庭经济条件差而辍学。16岁时他到一家风筝铺学做风筝。4年以后,其父亲为他开了一家扎采铺,并起名为长清斋。自此,做风筝就成了他全部的事业。魏元泰勤劳努力、苦心研究、善于创新,终于在这一行业中有所建树。

风筝魏

潍坊为何被称为"世界风筝都"

说起风筝,人们就会不禁想起山东潍坊。潍坊,又称鸢都,制作风筝历史悠久、工艺精湛。用竹子扎制骨架,高档丝绢蒙面,手工绘画。工艺与美术的结合,体现了风筝的独特风韵。在潍坊历史上,甚至有不少知名画家也参与风筝的绘制乃至设计制作,使潍坊风筝中出现了十分考究的精品。

潍坊作为风筝的发祥地,早在20世纪30年代就曾举办过风筝会。新中国成立后,特别是改革开放以来,潍坊风筝又焕发了生机,多次应邀参加国内外风筝展览和放飞表演。1984年4月1日,在美国友人大卫·切克列的热心帮助和山东省旅游局的大力支持下,首届潍坊国际风筝会拉开帷幕。1988年4月1日,第五届潍坊国际风筝会召开主席团会议。会上与会代表一致通过,将潍坊市确定为"世界风筝都"。

潍坊风筝

趣味编织知识

QUWEI BIANZHI ZHISHI

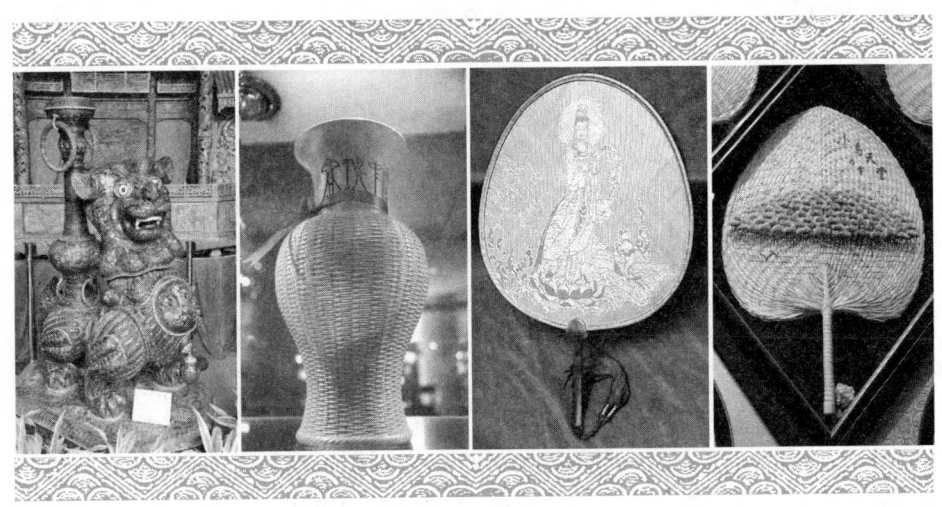

 黄草编织的由来

别看上海是个新兴的城市,实际上这里还出产不少享誉全国的手工艺品,嘉定黄草编织就是其中之一。

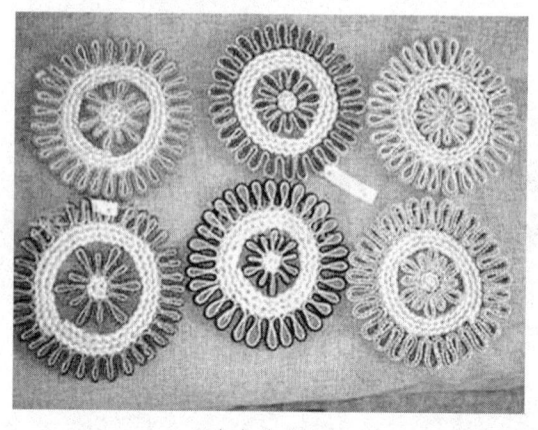

嘉定黄草编织

嘉定区的徐行乡是中国有名的黄草之乡,这里出产的黄草,具有光滑、柔软、坚韧等特点,是制作编织器具的好材料。黄草编织品,如,草鞋、草编包、果盆等,既美观大方,又轻巧实用,是上海的传统特产,在清代还被列为贡品。

关于嘉定黄草编织的起源,还有一个动人的故事。相传,古代曾有一位美丽善良却家境贫苦的姑娘。眼看要出嫁了,她却没有嫁妆,就连买一双鞋子的钱都没有。想到就要光脚过门,她觉得很难为情。有一天,她到村边的小河旁放牛割草,看着自己光着的脚丫子,就默默地流泪。这时,与她相伴多年的老牛用舌头舔了舔她的脚。姑娘一看,原来老牛衔来一把黄草放在她身边。看着黄草,姑娘的眼睛顿时亮了起来,她拿起黄草,用自己精巧的手艺,编织成了一双金灿灿的草鞋。出嫁那天,她就穿着这双鞋到了婆家。这事儿一下儿就轰动了全村,所有的姑娘都编起了草鞋。后来人们为了纪念这位最先用黄草编织草鞋的姑娘,就把村名改为"蒲草村",将姑娘尊奉为"草编仙子"。

制作黄草编织,要经历去苋(剪去顶部花苋)、开辟(将草茎辟为细茎)、染色、模具、编制五大步骤。由于黄草编织属纯手工业,无法成规模生产,因而经济效益不高。再加上大片黄草滩在城市建设中逐渐被破坏,现在的嘉定黄草编织早已大不如前,亟待保护。

 为何固安被称为"柳编之乡"

固安县,位于河北省中部平原,面积 700 平方公里,境内交通便利,物产丰富,尤以盛产柳编遐迩闻名。这里几乎所有村街都是柳编的分布区域,又因该县开了中国柳编之先河,因而享有"柳编之乡"的美誉。

固安柳编起源于明永乐年间(1403—1424 年),迄今已有 600 余年历史。早

在清初，这里的柳编产品，如，箱、筐、篮、升、斗、簸箕、筐箩等，因为结实耐用，加上样式精巧、大方，所以远销京、津等地。而到了清末，固安柳编产品达到上百种。20世纪60年代，柳编产品不但已经遍布全国，而且上升为独特的工艺品，如，提箱、茶几、花篮、果篮、礼品篮、餐具盘、首饰盒等。此后，固安柳编品种达到300多个，陆续出口世界40多个国家和地区。

固安柳编

固安柳编的制作原料为杞柳。其中大小龙堂生的杞柳被誉为"柳中皇后"。在固安县，杞柳的种植、管理、使用、销售等，现已形成"一条龙"模式。可以说，固安柳编的一大特点就是群众基础广泛。在这里，全县域各地的柳编组织、个体不计其数，而且编工不分男女老少。目前，固安柳编业个体共达25 000多人。

从日常生活用品发展成为高雅的工艺品，也是固安柳编的一大特色。现在，该特产的品种、规格已达700多种。其中除生产工具、生活用品外，最多的就是供观赏用的艺术品了。

固安柳编历史悠久、工艺精湛、品种齐全，堪称我国民间工艺的瑰宝、璀璨的文化遗产，它将在我国工艺美术史上永久闪耀属于自己的光辉。

慈溪为何被称为"草编之乡"

慈溪，地处东海之滨，浙江杭州湾南岸。这里的草编无论质量还是产量，不仅在全省首屈一指，而且在全国均名列前茅，所以慈溪享有"草编之乡"的美称。慈溪最为传统的工艺特产就是草编，产地以长河为中心。当地流传这样一首民谣："十里长河无闲女，村村都是编帽人。巴拿马展奖金鼎，英皇爱作皇冠顶。"

慈溪草编历史悠久、源远流长，早在明成化七年（1471年）就已出现雏形产品。清乾隆年间（1735—1796年），长河草编凉帽不但畅销国内，还远销国外。中华民国四年（1915年），在巴拿马万国博览会上，长河土产草帽获三等奖。民国十八年（1929年），固安县被浙江省政府命名为"草编桂冠之乡"。

慈溪草帽品种繁多、丰富多彩，尤以金丝草帽为代表。金丝草帽在选材上用料考究，做工十分精细，成品颜色洁白无瑕，可以用精美绝伦、巧夺天工来形容它独特的风格。金丝草帽在欧美市场声誉甚高，尤其受到上流社会女士的青睐，如，英国伊丽莎白女王等人就很喜欢这种帽子。

慈溪草编

慈溪草编大部分出自妇女之手,所以有"长河女子手艺高,巧手织出好草帽","做人要做姚北人,娶媳要娶长和人"之说。这种草编的原材料极为丰富,包括席草、金丝草、溪草、南特草、龙须草、麦杆草,以及布、线、棉、丝绸、纸等20余种。慈溪草编品种有10余种,除传统的草帽外,还有鞋、袋、扇、篮、挂帘、礼品盒等。著名品牌有"天坛牌"、"长城牌"等。

慈溪草编是我国草编工艺品的一颗璀璨明珠,其实用价值、欣赏价值、经济价值、环保价值都是不言而喻的。现在,慈溪已建成草编工艺品博物馆。游客在这里可以了解和认识草编工艺的各个方面。另外,慈溪还会举办"草编文化节"。这是游客来当地参观和购物的好时机。在新世纪,古老的草编依然散发着独特的迷人魅力。

泉州竹编有何艺术特点

泉州竹编,历史悠久、源远流长,早在唐龙纪元年(889年)就已出现竹制、木制家具和农具。明代时,黄甲街成为当时泉州最大的竹编会聚地,而竹编业也是泉州最大、从业人数最多的手工业。从清代到中华民国,泉州各县广泛开设竹器铺,大量生产各种竹家具和农具。20世纪50年代初,李硕卿在传统泉州竹编的基础上,将中国画风格、编织技法融入其中,独创了更具艺术魅力的"泉州改良竹编"。1978年,"改良竹编"达到高峰。20世纪90年代后期,"改良竹编"又创制出新种类。

泉州竹编特色鲜明,主要表现在以下方面:①运用各种编织形式,如,雀目编织法、旋花编织法、辫形编织法、平顺编织法等。②立体图案花形系列化,编织花纹凸显明暗分化。③红、黑双层颜色磨光。④艺术特色精巧雅致、庄重浑厚、新奇古趣。⑤花色品种多达500多种,如,瓶、罐、篮、花篮、盒、盘、花器、鸟笼、壁挂屏、台灯、灯罩等。⑥洋溢着浓郁的泉州地方特色。

从制作工序上看,泉州竹编主要经5道工序制成:第一,制作木模具。制作模具时根据的是产品造型图。第二,破竹篾。用竹管破成各种篾丝、篾片,然后在水中泡软,再用刮刀将其刮得光亮。第三,将竹篾附在模具上编成胚体。待脱模后,还要在外面镶插上各种竹篾花纹,最后完成整体造型。第四,染色。将竹编产品雏形放进染锅进行染色,捞出后待其晾干再以木砂纸打磨光亮,然后再用清淡的橘红色染一次即可。第五,上漆。将染好的竹编用夹具固定起来加以端正造型,待基本造型稳定后再在其外表喷一遍透明大漆,使表面光亮起来,然后经反复多次喷漆,最后洗净即可。

泉州竹编由来已久,著名艺人也代代相传,继承了这门独特的手艺。清代时,老竹匠黄大头遐迩闻名。近代以来,泉州著名国画家李硕卿发明了"改良竹编",既有经久耐用的实用性,也有栩栩如生的艺术性。凌文彬是"改良竹编"这门技艺的唯一传承人,并且在"改良竹编"的基础上又创造了新型编织法。

泉州竹编具有多种价值,如,历史科研价值、文化艺术价值,是游客在福建购物的好选择。

泉州竹编狮瓶

成都竹编为何被称作"瓷胎竹编"

成都竹编起源于清代中叶,因为是成都地区独有的手工艺品而被称为"瓷胎竹编"。其以五大技艺特色著称,即"精选料、特细丝、紧贴胎、密藏头、五彩图"。

瓷胎竹编只有四川生产,曾是朝廷贡品。其产品技艺独特、粗中有细,疏密有致、色调柔和,以精细见长,且保留了竹子的本色。其品种繁多,且融实用价值和观赏价值为一体,既是日用品,也是装饰品,如、椅、凳、篮、吊篮、箕、碗、灯、盒、扇等。

瓷胎竹编的生产流程较为复杂,共10多道工序,且全部为手工制作。其生产流程大致分为以下步骤:首先,严格取材。该竹编挑选的是产自成都地区的特长无节瓷竹。其次,制作出精细的竹丝。主要包括破竹、烤色、去节、分层、

成都瓷胎竹编花瓶

成都竹编木屋

定色、刮平、划丝、抽匀等过程,其中抽匀,是指根根竹丝都通过匀刀,最终达到厚薄均匀、粗细一致的效果。再次,将竹丝紧贴瓷面依胎成形。这一过程耗时最长。然后,对产品雏形进行着色、晾干等处理。最后,进行清洗、干燥等即成。

在制作过程中,瓷胎竹编完全是用人的一双手和一把刀手工编织而成的,所以它的成品看起来浑然一体、宛若天然。按照产品造型,瓷胎竹编可分为花瓶类、坛罐类、竹包类、竹编盒类、竹编具类等几大类。花瓶类有单件瓶、千件瓶等;坛罐类有茶杯、糖缸、茶叶罐等。竹包类有竹包手袋和挎包两大类。竹编盒类有竹胎、纸胎、漆器胎几种,也可分为单盒、内三格盒、套三盒等。竹编具类是主要品种,按用途可分为茶具、烟具、酒具、咖啡具、文具等;按底胎所用材质可分为瓷胎、陶胎、漆胎、玻胎、紫砂胎等;按工艺不同可分为普通编织、提花编织、五彩图案编织三大类。按照常规分类,瓷胎竹编包括花瓶、茶具、酒具、咖啡具、文具、平面画等几种。

瓷胎竹编具有独特的纪念性、地方性,因此也成为广受中外游客青睐的旅游纪念品。尤其是5厘米、7厘米系列的小花瓶及功夫茶具等,以小巧玲珑、便于携带等显著优点而备受游客喜爱。此外,瓷胎竹编也是很好的送礼佳品。

何谓烟台草编

烟台草编,历史悠久,距今已有1500多年,是蓬莱民间的一种传统工艺品。草编的基础是草辫,烟台莱州最初的草编工艺品也是从草辫发展而来的,而早在20世纪50年代时,烟台莱州的沙河就已成为中国草编的生产和出口中心。

烟台草编有着鲜明的山东地方特色。其制作材料包括谷草、麦秆、玉米皮等。编制草辫时,首先在取材上要注意,需要选择细长、白净的麦秆全草。也就是说,凡有黑斑等发霉变质的麦秆都不能用。然后将秆裤脱去,使其成为玫秆。选好玫秆后,要将其放在水里浸泡10~20分钟,待其浸泡至柔软发光后,就能开始编草辫了。编草辫需要心灵手巧,还要有耐心,因为这是一种麻烦活儿。草辫制成后,才能进一步制作草编工艺美术品。

烟台草编种类繁多，花色各异，包括草帽、拖鞋、提篮、提袋、地席、坐垫、茶垫、门帘、果盒、纸篓及麦草贴画、贴盒等。其中，麦草贴画融合了工笔画、油画等艺术，题材也很丰富，包括花、鸟、虫、鱼、虎、鹿、菊、梅等；麦草贴盒的内容主要涉及建筑艺术，包括亭、台、楼、阁、古堡、教堂、城市、乡村等，是一种很值得收藏的艺术品。

近年来，蓬莱草编制品的种类变得更为丰富，除传统的草帽、拖鞋、提篮等外，新增加了草帘、草席、草垫、草篮、草扇、草制玩具等。该草编艺术品工艺精美，风格独特，地方特色浓厚，同时融实用价值、观赏价值为一体，因而不仅受到国内游客的青睐，还畅销世界各地。

烟台草编

傣家竹编有何民族特色

竹编工艺品，历史悠久，可分为细丝工艺品、粗丝工艺品两大类。傣族竹编世代传承，不仅具有鲜明的民族特色，也是我国传统竹编工艺的代表，主要盛行于云南德宏州和西双版纳州。其显著特点表现为不但历史悠久、工艺精细、造型大方、美观实用，而且种类繁多，包括竹楼、餐具、床、家具、笆箩、饭盒、槟榔盒、小竹篓等。可以说，傣族人家几乎就是一个精致的竹编世界。

傣族人的村寨都掩映在竹林之中。他们住的是竹楼；用的是各种竹编，包括竹床、竹桌、竹柜、竹凳、竹席、竹篮、竹帽、竹盒、竹水桶、竹节碗、竹汤勺、竹饭盒、竹脸盆、竹篓、竹纺车等。傣族人擅长竹编工艺，各种生活用具多是竹器；此外也有很多精美的竹编工艺品，或者专

头戴竹帽的傣族老人

供佛寺祭扫之用,或者成为男女青年表达爱情的信物,就连傣族饮食中,也有一道著名的风味叫"竹筒饭"。可以说,傣家竹编是民族工艺百花园中的一朵奇葩。

傣族竹编朴实、美观、精致,尤以笆箩、饭盒、槟榔盒等为代表。其中,笆箩是一种竹篓,一方面是生产和生活用具,另一方面也是装饰品,通常被傣族妇女挂在腰间。此外,笆箩还是傣族青年男女间传递爱情的信物。如果傣族青年想要表达对姑娘的爱意时,通常会编一只笆箩送给她。同时,青年也将得到姑娘回赠的由她亲手绣成的筒帕。因此,编笆箩、绣筒帕,被誉为傣族"编织爱情的技艺"。也就是说,如果一个傣族小伙子不会编笆箩,一个傣族姑娘不会绣筒帕,那么他们找伴侣就会很麻烦。作为装饰品,傣族妇女腰间挂着笆箩走动时的样子,显得十分精干、健美。

傣族竹编经多道工序制成,除基本的编制外,后期装饰也是一项很重要的内容。比如,通体髹漆,包括内施朱、外漆金。再如,压印富丽堂皇的图案,镶嵌五彩琉璃等。傣族竹编工艺品选材精、构思奇、做工严,而且有大、中、小30多个品种,观赏价值和收藏价值都比较高,游客可购买一些作为旅游纪念品带回去。

自贡竹丝扇为何被称为"素丝织锦"

自贡竹丝扇,俗名龚扇,也有"素丝织锦"之称;为清代光绪年间自贡竹编艺人龚爵五首创,晶莹光亮,薄如蝉翼,宛如纨绢,深受人们喜爱。1886年在四川劝业道周孝怀创办的宝川局"赛宝会"上,龚爵五编的竹丝团扇获奖。竹丝团扇曾被送进皇宫。光绪帝赐其金牌一枚,并赐名"宫扇"。

其子龚玉璋继承其技艺,又潜心探索,巧妙地运用竹青、竹黄自然色泽,能够把名家人物花鸟画织入竹丝扇。据说一位巨商曾拿来一幅张大千画的仕女图,要求用竹丝编制,并要求在仕女手执的纨扇扇面上隐现仕女秀美的脸庞。龚雨璋经反复试验,终于编成。从此龚扇名声大振。其不少作品也作为国家礼品,被赠送给外国元首和国际友人。

1944年,盐商余述怀重金请龚玉璋编织

自贡竹丝扇

一把玉柄山水画竹丝扇。龚玉璋花了好几个月时间才编织完毕。当余述怀将扇子送给蒋介石时,蒋介石非常喜欢,视为珍宝。

竹丝扇选用四川优质的一年青阴山黄竹作为原料,制作时先将原竹刨青去蜡,视图案繁简劈成宽、窄、长、短适度的蔑条,再以特制的锋利小刀将其反复刮削为厚薄均匀、透明莹洁,如绢绸的竹丝之后,再把需要编织并经黑白处理的山水、人物、花卉、翎毛等图案放置于竹丝之下,按图样交织穿插竹丝,精心组合而成,再现原画的艺术形象。

正面对光看,扇面现白色,花鸟人物忽隐忽现;向左侧视,花纹闪青色,树叶现白色;向右侧视,花纹现白色,树叶闪青色。更为难得的是,轻叩扇柄,有悦耳鼓声。竹丝扇至少能保存百年。见竹丝扇者无不错认为是素丝织锦,连著名文学家、考古学家郭沫若见到竹丝扇时也误认为是素丝织锦,赞叹"真是巧夺天工"。

剑阁手杖为何又称孔明手杖

剑阁手杖,简称剑杖,古称孔明杖,是以剑门山区的硬杂木和藤条为原材料,依其自然造型加工而成。其材料质地细腻坚韧,斑纹别致,造型自然奇特,在民国年间已成为名特产品,有"剑阁的拐棍,保宁的醋"之说。制作出的手杖古朴雅致、自然天成,或雕花草鱼虫、或雕飞禽走兽,深受人们喜爱。

剑阁手杖根据材料不同,杖形一般分为四大类。一是自然杖,保留着原材料的自然形态,去皮上光即成。二是仿自然杖,依据材料特点,模仿雕刻制成竹形杖或鸟雀形杖,惟妙惟肖。三是雕刻杖,上雕草木、花鸟、走兽。四是杂木杖,采用红檬子、乌楂子、水楂子等硬杂木制作,采料时连根掘起,以根部丫权作弯曲手柄,精制成飞禽走兽杖或各色花卉杖。

剑阁手杖历史悠久。相传三国蜀汉时期,诸葛亮率兵北征,途经剑门关。因山路崎岖难行,又遇霖雨,步步维艰,于是伐杂木藤条为杖。后行人商贾过往剑门都效仿孔明伐木做杖,以便行经山路,并取名"孔明杖"。

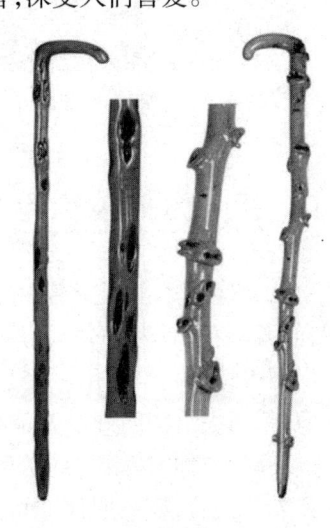

剑阁手杖

"王星记"扇庄有何特色

上海的"王星记"扇庄,位于南京路上,在这里,你可以买到许多不同用途的扇子。"王星记"1875年在浙江杭州创建,1893年,进军上海,在上海城隍庙开了一家季节性小扇店,后来由于其精湛的工艺,在上海逐渐打开知名度,成为上海传统名产。

王星记扇子

杭州王星记老字号

"王星记"的扇子是我国最负盛名的传统名牌扇子,有"贡扇"之誉。其扇子选料考究、做工精细,分为十大类,包括黑纸折扇、檀香扇、竹骨扇、绢扇、象牙扇、戏剧扇、舞蹈扇等400多个品种,1300多种花色。王星记的扇子制作工艺复杂,一把黑纸扇一般需要经过86道工序才能支撑,而其生产的黑纸扇不仅可以扇风取凉,还能遮阳蔽日,有"半把伞"之称。

新会为何被称为"葵扇之乡"

新会盛产葵扇,出产葵扇,被称为"葵扇之乡"。新会产的蒲葵叶大而不开裂,心蒂圆正、骨骼细匀、色泽光洁、体质轻盈,加上工人在扇面上绘图描画,使葵扇显得特别高雅实用。它是新会的特产,来到此地的游客,都会买几把新会葵扇,带回去给亲朋好友做个纪念。

葵扇,古称"棱扇",约始于晋代,《广东新语》和《新会县志》有关葵扇的记载:"始于魏晋,盛兴明代。"可见,葵扇的历史比新会建郡、建县还要早,迄今约有1600多年的历史。《晋书·谢安传》载:"乡人有罢中宿县者,还诣安。安问其归资,答曰:'有蒲葵扇五万。'安乃取其中者捉之,京师士庶竞市,价增数倍。"谢安是东晋的大臣、政治家,有很高的地位和名气,所以,他手摇葵扇穿街过市，人们自然效其风雅。因而，葵扇的价格也随着谢安的名气而骤增。此后新会开始大规模地种植蒲葵和加工葵扇。到唐代，新会的贸易要算葵扇业为最大宗。明朝时，葵扇则是进贡给皇朝的贡品。清乾隆年间，新会有了葵扇行业组织。到了道光年间，新会大面积种植蒲葵，从而扩大为"通邑所产"，并培植出"心蒂圆正，骨骼细匀"的葵叶，用以提高葵扇的质量。新会流传这样的说法，凡能望得见新会凌云塔的地方长出的葵扇，葵柄的尖顶正对葵扇正中，否则是歪的。

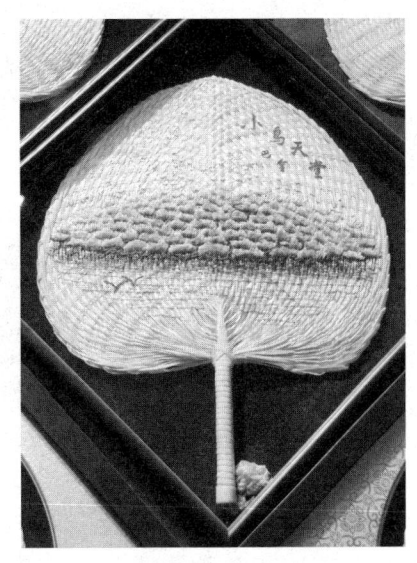

新会葵扇（一）

新会葵扇有普通扇、玻璃扇和织扇三大类，几十个款式。普通扇，是普通百姓扇风纳凉的工具。玻璃扇中的火画扇，轻巧、美观，至今已有140年以上的历史。1914年左右又创造了双面火画扇。这种扇更为雅致、大方，质地坚实、式样新颖，耐用而美观。梁启超曾以此种扇送给前清某遗老，大受赞赏。1913年，又创造出名贵的"竹箨画扇"。此扇在1915年巴拿马国际博览会上荣获金奖。新中国成立后，"三脊火画扇"曾三度获国家轻工部"百花奖"和"优质产品奖"。郭沫若1959年1月视察新会葵艺厂时曾作诗赞曰："清凉世界，出自手中，精愈鬼斧，巧夺天工。"

现在，各种玻璃火画扇、竹箨画扇、绣花织扇的制作工艺更加精湛，质地更加洁白晶莹，各种画面栩栩如生。新会葵艺制品除葵扇外，还有葵花篮、葵挂包、葵花瓶、太阳帽等。新会葵艺精湛，堪称"岭南一绝"，在中外享有盛誉，被人们作为艺术精品收藏和观赏。2006年，在首届"中国非物质文化遗产保护成果展"中，新会葵扇亮相于国家博物馆，受到世人的瞩目。此前，新会传统葵艺，已申报"中国非物质文化遗产保护"项目。

新会葵扇（二）

洪湖羽毛扇有何特色

洪湖扇，与杭扇、川扇、苏扇并称我国四大名扇。洪湖一带的制扇业历史悠久，其中尤以羽毛扇最为出名。

洪湖羽扇

洪湖羽毛扇以珍贵鸟禽之翅、尾羽为原料，按羽毛的自然生长规律、色泽纹理制成扇面，又以竹漆、牛骨、塑胎、象牙等材料作为扇骨。最后扇尾处还吊有一根丝线结坠做装饰。

洪湖羽毛扇毛质润滑柔软、色泽光洁，可在羽面上题画作诗，造型美观大方、古朴典雅，极具观赏和收藏价值。

如今老百姓提起羽毛扇，大多都会想起"谈笑间灰飞烟灭"，手摇白羽扇的三国贤相诸葛亮。襄阳在三国时为隆中，即是当年诸葛亮出山前与叔父避难之所，因此这里留有许多与诸葛亮有关的传说。他那把最具象征意义的羽扇据说是当年他娶阿丑为妻的时候，夫人黄月英赠与他的，上面有许多治国攻城之计。诸葛亮对此十分珍惜，到哪儿都带着这把羽扇，同时这把羽扇也在许多关键时刻帮到他。

岳州扇有何特色

岳州羽毛扇，是以洞庭湖一带的天鹅、野雁、鹰、鹳鹤等名贵鸟类的羽毛制成的。羽毛经过清理、梳洗和分类，然后按其形状、毛色和质地，用银丝巧织成千姿百态、五颜六色的羽毛扇。岳州扇在长期的产销过程中，以其独特的艺术风格，成为与苏州扇、杭州扇齐名的全国三大名扇之一。

相传，在虞舜时代，我国就有了扇子。晋朝人崔豹在《古今注》中云"舜广开视听，求贤人自辅，作五明扇，此扇之始也"。扇字从"户"从"羽"，从中国的造字学分析,足以证明羽扇是扇子家族的始祖。

　　早期的扇子以羽毛为原料,制成长柄大羽,用来作为帝王的仪仗、装饰。帝王将相出场,常由侍者擎持羽扇随行,以示身份和威严。苏轼在《念奴娇·赤壁怀古》中有诗云:"羽扇纶巾,谈笑间,樯橹灰飞烟灭。"诸葛亮手执羽扇指挥三军的形象,跃然纸上。

　　岳州扇品种繁多、工艺精湛、美观耐用,同时也是珍贵的艺术品。扇面设计想象丰富、取材广泛、构思新颖,有山水风景、名胜古迹;有花鸟虫鱼、名言警句;有历史人物、神话传说等,那烟波浩渺的洞庭湖、秀丽的君山、富丽堂皇的岳阳楼、巍然屹立的慈氏塔,无不展现在扇面之上,万紫千红、五彩缤纷,美不胜收。

岳州书画扇

福州纸伞为何称为"国伞"

　　纸伞,是福州三宝之一。其制作历史悠久,做工精细。它是在棉纸上通过油画、彩画喷花和绢印等,绘制出花鸟、山水、人物等图案,非常美丽大方,一直深受人们喜爱,畅销海内外。

　　福州有一俗词叫"包袱伞",意思是出门人所带包袱中都有伞。伞是福州人生活中常备的一种日用品。福州的纸伞工艺技术,是五代时期王审知率兵南下入闽建立闽国的时候,由中原和江浙一带带进福州来的。到了清朝,福州的制伞业进入了繁荣期。到清末民初,全市雨伞店号最多时达300多家。其中以中亭街上的"杨常利"伞店最为著名。该店生产的纸伞晴雨兼宜,既能遮挡盛夏的炎炎烈日而不发泡、不爆裂,倾盆大雨冲淋一小时亦不脱骨、不漏水,伞面的绘画图案色泽不变。有人曾经做过试验,"杨常利"纸伞经1170次的反复收撑不起顶、

福州纸伞

不断线、不裂槽，经5级逆风吹20分钟伞柄不折、伞骨完好。因此，该牌纸伞被誉为全国雨伞的冠军。在辛亥革命后的抵制日货运动中，广大的福州市民把传统的福州油纸伞称为"国伞"，大力提倡使用，以抵制铁骨布面的"洋伞"。

福州纸伞选用生长5年以上的青山老竹为伞骨，福建特产的棉纸做伞面，涂上当地厚重的桐油，一把纸伞的制作往往需经过80多道工序方能完成，因而十分耐用。据说一把优质的纸伞可在撑开、收回10 000多次后仍不变形，在水里浸泡24小时不变质，在近50℃的高温下不变质。

如今，福州纸伞由于工艺复杂已悄然离开繁忙现实的都市生活，但它却作为一种精美的工艺品仍深受人们喜爱而被欣赏和收藏。

趣味酒·茶·药知识

QUWEI JIU CHA YAOZHISHI

茅台酒为何素有"国酒"之誉

在中国的"八大名酒"中,贵州的茅台酒首屈一指、名列榜首,被誉为我国的"国酒"。它拥有悠久的酿造历史,独特的酿造工艺及深厚的酿造文化,与苏格兰威士忌、法国科涅克白兰地并称为"世界三大蒸馏名酒"。

贵州茅台

茅台酒因为是贵州省仁怀市茅台镇的特产而得名,著名的茅台酒厂就建于此地,是名副其实的"中国酒都"。镇上有多家出售茅台酒的企业与店铺。1915年,茅台酒一举夺得巴拿马万国博览会金奖,在国际上成就了一段"怒掷酒瓶震国威"的传奇。而茅台酒最令人称道的故事,是它在新中国成立后的很多外交佳话:周恩来总理在日内瓦会议上用茅台酒宴请各国代表、新闻记者、国际友人;电影艺术大师卓别林赞誉茅台酒为"真正的男子汉喝的美酒";"铁娘子"撒切尔夫人酒醉人民大会堂;金日成将军的电报买酒,等等。这些无不显示了茅台酒无与伦比的魅力。

茅台酒以优质高粱为原料,以小麦制成高温酒曲,酿制要经过2次下料、9次蒸煮、8次摊晾加曲(发酵7次)、7次取酒,生产周期长达8~9个月之久。该酒特色众多,主要表现为:色清透明、醇香馥郁、入口柔绵、清洌甘爽、回香持久。

鉴赏茅台酒要凭借感官指标,也就是靠色、香、味来判断。这种酒液看起来无色透明,没有悬浮物及沉淀;闻起来酒香突出,即使喝完后的空杯也能留香持久,经久不散;喝起来酒体醇厚、醇香回甜、幽雅细腻、回味悠长。而假"茅台"多为用高粱酒、白干酒、配制酒等冒充,所以很难具有茅台酒的优质特色。

一般而言,新出产的茅台酒

贵州茅台镇

价格在1000元以上。近些年来,"藏酒热"兴起,窖藏陈年茅台的拍卖价已超过10万元甚至100万元。

五粮液有何历史

五粮液

五粮液为大曲浓香型白酒,产于四川省宜宾市,用小麦、大米、玉米、高粱、糯米5种粮食发酵酿制而成,在中国浓香型白酒中独树一帜,香气悠久、滋味醇厚、进口甘美、入喉净爽、各味谐调、恰到好处。

宜宾自古以来就是一个多民族杂居的地区,盛行酿酒。有史可考的,诸如先秦时期僚人酿制的清酒、秦汉时期僰人酿制的蒟酱酒、三国时期糵糵苗人用野生小红果酿制的果酒等。南北朝时期,彝族人采用小麦、青稞、大米等粮食混合酿制了一种咂酒,从此开启了采用多种粮食酿酒的先河。咂酒酿时先将粮食煮透、晾干,再加上酒曲拌匀,盛于陶坛中,用稀泥将坛口密封,并用草料覆盖,让其发酵,十余天即成。在唐代,戎州官坊用4种粮食酿制了一种"春酒",杜甫曾品赏过,还写诗称赞。

宋代宜宾姚氏家族私坊酿制,采用大豆、大米、高粱、糯米、荞子5种粮食酿造的"姚子雪曲",是五粮液最成熟的雏形。到1368年,宜宾人陈氏继承了姚氏产业,总结出陈氏秘方。五粮液就是用的"陈氏秘方"。此酒两名,文人雅士称之为"姚子雪曲",下层人民都叫"杂粮酒",这就是今天五粮液的前身。后由晚清举人杨惠泉改名为"五粮液"。保留至今的明朝老窖,已有600多年的历史,仍在使用。现在五粮液由宜宾五粮液集团有限公司酿制。

泸州老窖为何有名

泸州老窖酒业,始于秦汉,兴于唐宋,盛于明清。其中泸州老窖集团是享誉海内外的百年中华老字号名酒企业,是在明清36家古老酿酒作坊群的基础上发展起来的。

泸州老窖是中国浓香型白酒的发源地,始建于1573年的1573国宝窖池

泸州老窖

群,现在还在使用。泸州老窖特曲在1915年获巴拿马太平洋万国博览会金奖,在1952年中国首届评酒会上被国家确定为浓香型白酒的典型代表,是唯一蝉联五届获得"中国名酒"的浓香型白酒。

红高粱、曲、水是酿造泸州老窖酒的原料"三绝"。泸州特产糯红高粱,秆矮而粗壮结实,穗大而籽粒丰硕沉淀,皮薄红润、颗粒饱满,属天然栽种,杂质含量低,营养成分高,特别利于出酒和糊化。泸州老窖"久香牌"大曲药,由"制曲之父",元代的郭怀玉所创,又经历代传承与创新,以其独特的品质被称为"天下第一曲"。泸州老窖用的龙泉井水,清冽甘甜,呈弱酸性,水的硬度适宜,能促进酵母的生长和繁殖,有利于糖化和发酵,属于优良的酿造用水。

泸州老窖酒是国家领导人毛泽东、周恩来、邓小平等最喜欢的白酒,经常用于国宴招待外宾。泸州老窖酒传统酿制技艺于2006年5月入选首批国家级非物质文化遗产名录。

剑南春历史知多少

剑南春,产于四川绵竹。绵竹,位于剑山之南,且唐代时人们以"春"名酒,故名剑南春。绵竹素有酒乡之称,是川酒发源地之一。剑南春以高粱、大米、糯米、小麦、玉米"五粮"为原料,用玉妃泉之水酿造,陈香幽雅、甘润飘逸、香浓清灵,饮之如珠玑在喉。

早在唐代武德年间(618—625年)的"剑南之烧春"就是绵竹产的名酒。相传李白为喝此美酒,曾在这里把皮袄卖掉买酒痛饮,留下"士解金貂"、"解貂赎酒"的佳话。

宋代,绵竹酿酒技艺在传承前代的基础上又有新的发展,酿制出"鹅黄"、"蜜酒"。其中"蜜酒"被作为独特的酿酒法收于李保的《续北山酒经》,被宋伯仁《酒小史》列为名酒。北宋苏轼称赞这种蜜酒"三日开瓮香满域","甘露微浊醍醐清"。

明末清初,战乱不断,人口锐减,剑南春酒业凋零,直到清康熙年间才逐渐恢复,出现了朱、杨、白、赵等较大规模的酿酒作坊。剑南春酒传统酿造技艺得到进一步的发展。《绵竹县志》记载:"大曲酒,邑特产,味醇厚,色洁白,状若清露。"清末,绵竹酿酒作坊已有上百家,著名大曲坊已增到18家。绵竹商贸因此更为昌盛,出现了"山程水陆货争呼,坐贾行商日夜图。济济直如绵竹茂,芳名不愧小成都"的繁荣景象。至民国时期,专门经营绵竹大曲的酒庄、酒行、酒店已达50余家。绵竹大曲被称为成都"酒坛一霸","四川大曲酒,首推绵竹",而且还销往重庆、武汉、南京、上海等地。

剑南春

1951年5月,以"朱天益"、"积玉鑫"、"裕川通"等老牌作坊为主,成立了国营绵竹县酒厂(今"四川省绵竹剑南春酒厂"的前身)。1974年,剑南春开始出口,远销日本及中国香港、澳门等地。在1979年第一届全国评酒会上,剑南春被评为全国八大名酒之一。

 汾酒的来历及传说

汾酒,是我国清香型白酒的典型代表,历史悠久,已有4000年左右的历史。汾酒工艺精湛,在国内外消费者中享有较高的知名度。早在南北朝时期,汾酒就已作为宫廷御酒受到北齐武成帝的推崇。晚唐诗人杜牧的"借问酒家何处有?牧童遥指杏花村",更是让汾酒名声大振。1915年,汾酒在巴拿马万国博览会上荣获甲等金质大奖章。

关于汾酒,还流传着郭沫若斗酒诗如泉的传说。据说郭沫若是唐代山西汾阳王郭子仪的后代。在四川省乐山市沙湾镇郭沫若旧居里,至今还悬挂有"汾阳世第"的黑底金字牌匾。1965年12月4日,郭沫若作为"汾阳主人"来到汾酒厂,兴致勃勃地观赏了汾酒、竹叶青酒生产流程的全过程,并亲自尝试了包装工艺。中午,不顾身体,郭老举杯痛饮,并趁酒兴写下了"杏花村里酒如泉,解放以来别有天,白玉含香甜蜜

汾酒

蜜,红霞成阵软绵绵。折冲樽俎传千里,缔结盟书定万年,相共举杯醑汾水,腾为霖雨润林田"的名篇。

郎酒为何被称为"茅台姊妹酒"

郎酒,始于1903年,产于"中国美酒河"之称的赤水河畔,四川省泸州市古蔺县二郎镇,已有100多年的历史。

郎酒

二郎镇地处赤水河中游,四周崇山峻岭。高山深谷之中有一清泉流出,泉水清澈味甜,人们称其为"郎泉"。清朝末年,当地百姓发现郎泉水适宜酿酒,开始以小曲酿制出小曲酒和香花酒。相传,1907年,当地的一个商人从贵州请来两位酒师,以本地红高粱作原料,小麦制曲,取二郎泉水酿造出郎酒,酒味醇美。民国九年(1920年)二郎滩惠川老槽房采用大曲酒生产工艺,试制回沙郎酒。民国十四年(1925年),经贵州茅台荣和酒房酒师张子兴指导,开始用茅台工艺酿造回沙大曲,当时仅一个窖池。民国十八年(1929年)改名仁寿酒坊,发展为三个窖池。一次投粮8万余斤,产品命名为回沙郎酒,简称郎酒。民国二十三年(1934年)酒房解体停产。民国二十七年(1938年)邓惠川与莫邵成合办成记惠川老槽房,恢复生产。郎酒远销东南亚各国及中国香港等地。

郎酒酒液清澈透明,酱香浓郁、醇厚净爽,有很高的荣誉,被称为"茅台姊妹酒"。

全兴大曲为何有名

全兴大曲酒,是四川省成都全兴酒厂的产品。成都气候温和、农业兴盛,自古以来就有"佳酿之乡"的美称。东汉三国时成都就盛行酿酒。唐宋时期,成都酒业旺盛、酒家林立。名酒"锦江春",产于成都东门外濯锦江畔,以"新泉"、"薛涛"两井的泉水为水源酿成,在当时远近闻名。

元末明初,"福升全"烧坊于成都东门外大佛寺附近的水井街酒坊旧址中重建,取用邻近的"薛涛"井水酿酒,定名为"薛涛酒",一时间福升全门庭若市,沽客络绎不绝。当时文人冯家吉写《薛涛酒》诗咏道:"枇杷深处旧藏春,井水流香不染尘。"

清道光四年(1824年),"福升全"烧坊在城内暑袜街寻得地址,建立了新号,名为"全兴成"。"全兴成"建号后,对原来的薛涛酒进行加工,创出的新酿统称全兴酒。这酒窖香浓郁、雅倩隽永,加之暑袜街市场环境更好,全兴酒的销量和名气远远超过以前的薛涛酒。数年之间,全兴酒名噪川内外。

全兴酒选用优质高粱为原料,以小麦制成中温大曲,采用传统老窖分层堆糟法工艺,经陈年老窖发酵酿成,清澈晶莹,窖香浓郁,酒质佳美。1950年,当时的川西专卖局赎买了"全兴老号"等酒坊,并沿用其传统技术酿酒,故仍称"全兴大曲"。1959年被命名为四川省名酒,1963年、1984年、1988年荣获国家名酒称号及金质奖,1988年获香港第六届国际食品展金钟奖。

全兴大曲

崇明老白酒有何特色

崇明老白酒,是有名的上海特产。这几年随着崇明岛作为上海生态旅游岛地位的确定,其也跟着受到空前的追捧。到崇明岛喝上一杯崇明老白酒,感受自然的气息,也成为一种时尚的生活方式。

崇明老白酒是以糯米为主要原料酿造而成,初酿时色泽乳白,陈放15天后色泽变深,转为琥珀色,像是陈放了一缸的牛奶。酿好后的老白酒味道甘醇、酒香馥郁、营养丰富,且酒中不含添加剂和防腐剂,坚持自然沉淀,所以确保了其天然的特色。据崇明岛上的老人介绍,崇明老白酒只有在岛上才能酿造出它独特的口感,因为岛上温湿的气候条件给它提供了一个天然的储藏环境,赋予了它大自然的味道。与其他酒类相比,其不仅有着浓郁的香味,还有甜中带酸的特殊口感,酸而不倒牙,甜而不腻口,所以深得人们的喜爱。

早在百余年前,其便因酒度适中、价格低廉等特点在苏沪地区流

崇明老白酒

行起来，乡民们在婚庆喜宴时都会用它来款待宾客。但是还得提醒第一次品尝的异乡客，该酒颇有后劲，不可喝得太猛，不然会醉得很深。冬天时，当地的居民都会将其烫温后再喝，饮上一碗后能感觉有股暖流从喉咙涌入心底，最后环绕全身，颇有进入仙境的畅快感。夏天时人们多数选择冰饮，因为其特殊的做法，所以即使冰镇后也不会影响口感，只让人觉得清凉。

现在，为了满足人们的需求，崇明老白酒也在保持传统工艺的基础上推陈出新，酿制出了爽口型、配制型、浓香型和清甜型四种不同的口味，也实现了新酿米酒在一年四季都能喝上的夙愿。

"桂林三花酒"凄美的爱情故事

桂林三花酒，是广西享誉海内外的名酒。它的酿造历史悠久，最早可以追溯到唐朝时期，属"桂林三宝"之一。关于桂林三花酒，据说是由一段凄美的爱情故事酿造而成的。

相传，桂林的桃花岛上有个叫象郎的小伙子，儿时在自家的院子里种了一棵桂花树。象郎对这棵桂花树悉心照料，倾注了18年的心血，使其得以茁壮成长。有一年的中秋之夜，象郎来到桂花树下，摆上了月饼、糕点，备好美酒，准备与桂花树共度良宵。这时，不远处传来一个姑娘柔美的声音。象郎抬头一看，只见桂花树下走出一位貌美如花的姑娘。象郎惊讶之余，急忙询问女子的来处。那女子回答说："我是天上的桂花仙子，特来感谢恩人18年来的悉心照料，如若郎君不嫌弃，小女子愿以身相许。"原来，这棵桂花树是桂花仙子所变。这18年来，象郎的勤劳、忠厚、善良被桂花仙子看在眼里，早就钟情于他。象朗也倾心于这位温柔漂亮的桂花仙子。郎有情，妾有意，当晚两人就以月为证，对天盟誓，定下终身。

不料龟王和蛇夫人知道了这事。在两人成亲那天，派龟兵蛇将将桂花仙子抢走。象郎看到桂花仙子被龟王抢走，伤心不已，决心潜入龟洞营救爱妻。最后夫妻俩同心协力奋战，终于成功地逃离了龟洞。岂料龟王和蛇夫人得报后，又亲自率领龟兵蛇将追了上来。象郎一心护着桂花仙子，不提防身后的飞剑，不幸正中后心，含恨魂归漓江之滨。桂花仙子悲愤难当，将

桂林三花酒酒窖

敌兵杀退后,含泪安葬好象郎,之后又飞上月宫,提着一篮桂花花瓣撒向象郎的墓地。只见漫天的桂花酒落在桂林的山水之间。从那以后,桂林就变成了桂树的海洋,芳香远溢。

就这样,后人利用满城飘香的桂花和纯净优质的漓江水,酿制出了味道醇香爽口、享誉全国的三花酒,并使桂花酒成为桂林人民的骄傲。

伊川杜康酒为何被誉为"中国白酒之源"

伊川杜康酒,产自河南省伊川杜康酒厂。这里位于洛阳龙门之南,是当年杜康"觅遍千里溪山,独择黑虎、白虎二泉"的酿酒遗址。伊川杜康酒属于浓香型曲酒,它选用天然的白虎泉水和优质高粱和小麦作为原料,采用古老的传统工艺和现代化科技精心酿制。那么,伊川杜康酒为什么被誉为"中国白酒之源"呢?

杜康酒,是我国历史上的名酒,至今已经有2500多年的历史了。这种酒是酿酒鼻祖杜康最先开始制造的,故而得名"杜康酒"。因为杜康始创酿酒之法,而杜康酒又是其代表之作,所以被誉为"中国白酒之源"。历史上,关于杜康酒的典故很多,有魏武帝曹操"慨当以慷,忧思难忘,何以解忧,唯有杜康"的名句,有"杜康造酒,酒醉刘伶,三年方醒"的神话。这些故事既体现了杜康酒的优秀品质,又使杜康酒闻名千古。

在今天的洛阳龙门伊川县皇得地村,有一段"杜康造酒酿刘伶"的趣闻。传说,杜康在洛阳龙门九皋山下开了一个酒店,店门上贴着一副对联,上面写着:"猛虎一杯山中醉,蛟龙两盅海底眠。"横批:"不醉三年不要钱。"一天,当地名士刘伶路过这里恰好看见对联,心里觉得店家口气太大,于是决定看看到底是不是真如对联所说。于是,他大摇大摆地走进酒店。刚一落座,便大喝一声:"店家拿酒来!"只见店帐内有一位鹤发童颜、神情飘逸的老翁捧着酒坛走了过来,这就是杜康。刘伶倒酒连喝了3杯,只觉得天旋地转不能自制,连忙向店家道别,跌跌撞撞地回家去了。

3年后,杜康想起刘伶的酒钱还没给,于是就到刘伶家要酒钱。家人说,刘伶已经死去3年了。刘伶的妻子一听杜康来要酒钱,心理是又气又恨,不由分说便要拉着杜康去见官。杜康拂袖笑道:"刘伶未死,只是醉过

中国酿酒始祖:杜康

杜康酒

去了而已。"众人不信,于是打开棺材一看,脸色红润的刘伶刚好睁开睡眼。只见他伸开双臂,深深打了个哈欠。这时一股酒香喷鼻而出,刘伶得意地说:"好酒,真香!"

虽然上文所述故事只是传说,但是它却说明了杜康酒的品质。可惜的是,这种古老的杜康酒后来失传了。1968年,河南当地在当年杜康酿酒的原址上建起酒厂,并于1971年恢复了杜康酒的生产。1972年9月,日本首相田中角荣访华。在宴会上他说:"天下美酒,唯有杜康,希望喝到杜康酒。"周恩来总理当时答复说一定会让首相尽快喝到杜康酒,于是在当年年底,伊川杜康酒厂通过外交部将伊川杜康酒赠送给了田中先生。从此,伊川杜康酒在国际上也占有了一席之地。

伊川杜康酒具有清澈透明、柔润芳香、醇正甘美、回味悠长等独特风味,少量饮用则具有生津、活血、健脾、强胃等功效,是酒中的佳品。

洋河酒有何美丽传说

江苏最闻名于世的酒,要数洋河酒。此酒取清凉甘甜的"洋河水"、"美人泉"酿造而成。关于美人泉有着种种传说,广为人们传颂。其中尤以"泉水变酒"的故事最为动人。

传说明朝末年,白洋关(今洋河镇)有位善良美丽的梅香姑娘,因家境贫寒,只好在当地王员外家做婢女。王员外既奸猾刁钻,又非常爱饮酒,他常常让梅香到镇上为他买酒。一天,在数九寒冬的傍晚,梅香上街到桥西酒店买酒,刚过桥就遇见一位衣衫褴褛、冻得瑟瑟发抖的老大娘,心地善良的她就把酒钱全部送给了老人。

王员外见梅香空着瓶子而回,就问怎么回事。梅香把实情说出来后,王员外大发雷霆,并逼着她把酒钱要回来。梅香被逼无奈,只好再

洋河蓝色经典酒(一)

往回走,当她走到桥头时,早已不见了那个老婆婆,等她再走到小酒店,小酒店已关门收市。

梅香左右为难,心中暗想:与其回去再受折磨,还不如自寻一死,倒也干脆。梅香心一横,跑到一口土井边,正当她要纵身跳下时,却被人一把拉住。梅香回头一看,在朦胧的月光下,是一位如花似玉的大姐把自己拉住。梅香看着这位救命的大姐,好像是遇到亲人一样,委屈地哭诉了一番。

大姐听后,安慰梅香说:"梅香妹好心肠,何必轻生跳井堂,姐姐送你一瓶酒,快快拿去莫悲伤!"于是,只见这位大姐抬手拔下别在头发上的凤头碧玉簪,在井口上方轻轻一照,顿时井水翻花,酒香扑鼻。当即她灌满一瓶送给梅香,并

洋河蓝色经典酒(二)

嘱咐她以后有困难时,只要在这口井边喊三声"九香姐姐",就会有人来帮她解难。说完,一阵香风吹过,这位姐姐便不知去向了。

梅香半信半疑地提着酒回去,王员外接过梅香打来的酒喝了一口,顿觉一股浓香沁入肺腑。清洌甘爽、妙不可言,和平日大不相同,也就不再追究了。

从此以后,梅香每次拿到酒钱,都接济了洋河镇上的贫苦乡邻,然后再悄悄提着酒瓶,找九香姐姐灌酒交差。时间一长,员外顿生疑窦。有一天,他叫梅香去买酒,自己悄悄尾随其后。当他看到梅香竟到井边喊人,而为梅香往瓶里灌酒的竟是一位倾城倾国的美女。王员外顿时神魂颠倒,就嬉皮笑脸地扑上去。谁知,九香仙女袖口轻轻一拂,带着梅香姑娘化作一缕清风飘逸而去。从此,人们就把这口井叫作"美人井"。井下有泉,常年不干,水质清澈,人们又称它为"美人泉"。

用这口井水酿的酒格外美,于是,"美人泉"声名远扬。到了现代,全国著名诗人严辰在《甘泉酿旨酒》中也曾写道:

甘泉酿旨酒,泉以美人名。酒比美人秀,相伴作长吟。
千钟不辞醉,百篇丽自新。海霞春潮涌,扬帆万里行。

青岛啤酒为何被誉为"中国啤酒的第一品牌"

青岛啤酒,自1954年出口以来,现已畅销50多个国家和地区。因为青岛啤酒从选啤酒花开始层层把关、严格筛选,酒香四溢、品质出众,并拥有独到的

青岛啤酒

啤酒味道,且拥有良好的销售渠道和销售理念,所以能畅销欧美等地区。

青岛啤酒厂始建于清光绪二十九年(1903年)。当时青岛被德国占领,英德商人为适应占领军和侨民的需要开办了啤酒厂。企业名称为"日尔曼啤酒公司青岛股份公司"。建厂初期的年生产能力是2000吨,生产设备和原料全部来自德国,产品品种有淡色啤酒和黑啤酒。在上海、青岛、芝罘、天津、大连设有销售总代理。仅在当时,青岛啤酒的产品质量就很出色。据日本田原之次郎所著《胶州湾》一书记载:"日尔曼啤酒公司青岛股份公司生产的啤酒,1906年在慕尼黑博览会上展出,获得金牌奖。"

1914年11月11日第一次世界大战爆发以后,日本乘机侵占青岛。1916年9月16日,日本国东京都的"大日本麦酒株式会社"以50万银圆将青岛啤酒厂购买下来,更名为"大日本麦酒株式会社青岛工场",于当年12月正式开工生产。此后,日本人对工厂进行了较大规模的改造和扩建。1939年建立了制麦车间,曾试用山东大麦酿制啤酒,效果良好。大米使用中国产及西贡产;酒花使用捷克产。第二次世界大战爆发后,由于外汇管制,啤酒花进口发生困难,曾在厂院内设"忽布园"进行试种。由于设备能力的扩大,最高年产量曾达到4663吨。

现今的青岛啤酒采用优质原料、特有菌种,应用经典酿造工艺和独到的后熟技术精心酿制,素以泡沫洁白细腻、澄澈清亮、酒体醇厚柔和、香醇爽口、持久挂杯而驰誉海内外。其曾7次荣获国家金奖,3次在美国国际评酒会上荣获冠军,被誉为"中国啤酒的第一品牌"。

此外,坐落在登州路56号内,建于1903年的青岛啤酒厂,不仅为海内外游客走近青岛啤酒、了解青岛啤酒提供了一个独具魅力的"视角",也更加丰富了这个"第一品牌"的文化内涵。

青岛啤酒博物馆

西凤酒有何历史传说

西凤酒，原名"秦酒"，源于民间传说中产凤凰的地方——陕西省凤翔县。西凤酒始于殷商，盛于唐宋，距今已有2600多年的历史，自古就享有"开坛香十里，隔壁醉三家"的美誉，有许多有趣的历史典故。

"**周公庆捷**" 据凤翔的官方鼎铭文载，周成王时期，周公旦率军东征，先后平定了管叔、蔡叔、霍叔的反周叛乱。凯旋之后，他们便在凤翔的邻县岐山县以秦酒祭祀祖先，庆功祝捷。

"**秦穆公赐酒解毒**" 春秋时期，凤翔县附近300余"野人"杀吃了秦穆公的几匹良马。秦穆公不仅没有治他们的罪，反而将军中的秦酒赐予他们饮用，以防他们吃了马肉不饮酒而伤身体。后来，秦晋韩原之战爆发，秦穆公被晋惠公率军围攻在龙门山下不得突围。在穷途末路之际，突然间一群人杀入重围，打败晋军，救出了秦穆公。这一群人就是当年杀吃良马的"野人"。他们奋力拼杀就是为了报答秦穆公昔日"盗马不罪，更虑伤身，反赐美酒"之恩。

西凤酒

"**苏轼咏酒**" 北宋时期的大文豪苏轼任职凤翔时酷爱西凤酒，经常广邀友人在凤翔东湖喜雨亭畅饮。至今，民间仍流传着"东湖柳、西凤酒"的佳话。苏轼不仅会品，还会酿造西凤酒，并在当地实施了一套振兴凤翔酒业的措施，使得西凤酒得以传承与发扬，凤翔也因此成为闻名全国的酒乡。

西凤酒芳香醇厚、甘润清爽、诸味协调、尾劲悠长，现已成为我国四大名酒之一，盛名益彰，驰名中外。

 ## "贵妃醉酒"喝的是什么酒

据说，中国四大美人之一的杨贵妃唯独钟爱一种酒，还曾饮此酒大醉，留下了"贵妃醉酒"这段脍炙人口的历史佳话。那么，令贵妃爱不释口、美态尽显的究竟是何种酒呢？

此酒乃中国古老的传统佳酿，古称"醪醴"、"玉浆"，是陕西的八大名贵特产之一。因其配有芳香的中药黄桂，后得名"黄桂稠酒"。还因其产于西安，故

黄桂稠酒

又称为"西安稠酒"。其历史十分悠久,甚至可追溯到商周时期。该酒盛行于唐朝,像杜甫"李白斗酒诗百篇,长安市上酒家眠,天子呼来不上船,自称臣是酒中仙"中的"斗酒"指的即是稠酒。黄桂稠酒在古时已是喜庆宴席之佳酌,尤为文人雅士所钟爱。黄桂稠酒,不似酒,胜似酒。其状如玉液,汁稠醇香、绵甜适口、回味悠长,酒精含量仅有15%左右,因此老弱妇幼和不善饮酒者,均能饮用。饮用此酒还有益于身体健康,具有健胃、活血、止渴、润肺之功能。不过令人遗憾的是,由于稠酒放置时间一长会出现发酵和沉淀等现象,因而一般要趁新鲜时饮用,因此外乡人常感叹"稠酒好喝,可惜带不出潼关"。这其实从某个方面也说明了黄桂稠酒的珍贵性。

如今,黄桂稠酒早已名扬天下,深受海内外人士的喜爱,多次被党和国家领导人用来宴请国内外宾客。

金门高粱酒有何特色

金门高粱酒,是台湾地区第一名酒,与阿里山、日月潭并称为"台湾三宝",曾是连战、宋楚瑜、郁慕明等台湾当局领导人访问祖国大陆时带的共同礼品。

据说金门高粱酒最早是由叶华成酿制。叶华成在金门定居之初,拮据困顿、境况凄惨。他当时看见金门街坊设立了众多私人酿酒厂,于是凭着多年从事贸易的经验,打算开始做酿酒生意。他以米为素材,聘请退伍军人担任技术指导,并从大陆进口酒曲酿酒。不幸的是,投资酿酒让他血本无归,因为进口的酒曲在被海水打湿后失去了发酵作用。然而叶华成并没有放弃,他详加观察、多方询问,终于悟出了酵母制酒的原理与方法。最后,他选定高粱为原料,在历经无数次的实验和改进后,终于酿制出了香醇芳浓的

金门高粱酒

"金门高粱酒"。

金门高粱酒以金门特产"旱地高粱"为原料,以当地水质甘甜的"宝月神泉"为酿酒水源,再加上当地酿酒师傅的专业经验,所以酿造出来的酒风味独特,没有高浓度酒精的辛辣感。2011 年 7 月 26 日,金门高粱酒获选为"台湾百大品牌";2011 年 12 月,又获得"闽南酒类消费流行榜十大流行品牌"的荣誉。金门高粱酒香、醇、甘、冽的优质特色遐迩闻名,不仅在台湾地区市场受到欢迎,而且也受到大陆内地及世界各国人们的喜爱。

青稞酒的来历及特色

青稞酒,是用青稞和天然矿泉水酿制而成的白酒,有 300 多年生产历史,民间素有土法酿制熬酒传统,名为"酩"。其以作坊形式酿制,始于明末清初。山西"客娃"将杏花村酿酒技术带到青海,并用当地黑青稞作主料,配以豌豆、黑燕麦等酿造出别具风味"威远烧酒"。此后,历经各家烧房的酒大工、曲大工不断实践,形成了从踩曲、制坯到蒸馏的一套完整的酿造技艺,自成体系。后来经完善生产工艺,采用先进的"老五法",使其色、香、味独具一格。

青稞酒香味醇正、酒体澄明、醇和绵软、回味悠长。其原料青稞是世界上麦类作物中含葡萄糖最高的农作物,对结肠癌、心脑血管疾病、糖尿病有预防作用。同时,其具有提高人体免疫力、调节生理节律的作用。

青海地处高寒,人们习惯以酒为伴,尤其在一年一度的春节,别有一番酒趣。青稞酒的代表产品是互助牌系列酒,以青藏高原特有的粮食作物青稞为主要原料,采用有 300 多年历史的"天佑德"青稞传统酿酒工艺,结合科学配方勾兑而成。其酒味醇香、清亮透明,具有饮后不头痛、不口干、醒酒快的特色,加温饮用口味更佳,风格独特。获中国公认名牌称号。酿造青稞美酒,是青海人民历史悠久的传统工艺。它原名"威远烧酒",因产地位于互助土族自治县首府威远镇而得名。

青稞酒

"云南红"为何这样"红"

云南红,是云南的一种红葡萄酒,被当地人民誉为"红塔山后又一红"。该葡萄酒为云南红酒业集团出产。该集团是云南省外资实际投资额最大的农业产业化集团,也是西南地区最大的红酒品牌,还是同行业中市场规模达到中国前5位的公司。

1997年,在昆明市经济开发区,香港通恒国际投资有限公司投资成立了云南红酒业集团,并在全国设了7个分公司和14个销售网点。同年,云南高原葡萄酒有限公司(云南红的下属公司)在云南高原上产出了第一瓶酒。

云南红所用原料全部是产自云南高原的原葡萄汁,多年来以口味独特、品质上乘而著称,一跃成长为中国十大红酒之一。葡萄主产地区位于红河干热河谷地带,是目前中国的九大葡萄种植区之一。这里海拔1600米,土壤多为红壤和棕壤,属高原性气候,阳光充足、气候干燥、昼夜温差大,所以特别适合葡萄的生长。

酿酒的葡萄种类,则是来自法国的名为"玫瑰蜜"的古老品种。它具有生长期长、成熟早、种植成本低的优点。特别是其香味独特而浓郁,所以酿造出的红酒色鲜味美、口感柔和,非常符合中国人的饮酒口味。

云南红的酿酒基地达2万多亩,是一个大型现代化酿造厂,年生产能力20 000吨,并有长江以南最大的葡萄酒储酒窖。生产设备都直接从欧洲引进,包括压榨、灌装机器设备和各种酒泵、输送软管等,这样就确保了生产设备性能的先进和优良。其中,几十个容量达110吨的不锈钢发酵罐,还结合了国内的先进技术,其质量和规模都处于全国同行业的领先地位。

这是一个具有完整产业链的产业化集团,将葡萄种植、酿造、销售、研发及葡萄皮籽综合加工融于一体,经过10多年的打造,现已成为云南继烟草工业之后的又一经济支柱性产业。正因为它对产品质量的要求十分严格,多年来保住了自己的风格和口味,深得消费者的一致认同。

2000年8月,云南红干红葡萄酒荣获第三届中国酒行业装潢大赛"金爵奖"。2000年10月,

云南红酒窖

云南红被北京钓鱼台国宾馆指定为国宴用酒。2005年9月,在5年一届的"中国名牌"产品评比中,云南红击败了来自其他各省众多的参评红酒,获得中国产品的最高荣誉。

西湖龙井的来历及特色

西湖龙井茶,因产于中国杭州西湖的龙井茶区而得名,为中国十大名茶之首。

龙井茶历史悠久,最早可追溯到我国唐代,当时著名的茶圣陆羽,在其所撰写的世界上第一部茶叶专著《茶经》中,就有杭州天竺、灵隐二寺产茶的记载。北宋时期,西湖群山生产的"宝云茶"、"香林茶"、"白云茶"都已成为贡茶。元代,龙井茶的品质得到进一步提升。明代,《钱塘县志》载:"茶出龙井者,作豆花香,色清味甘,与他山异。"龙井茶名声远播。清代,乾隆皇帝下江南巡视杭州时,曾在龙井茶区的天竺作诗一首,名为《观采茶作歌》的诗,并将胡公庙前的18棵茶树封为"御茶"。从此,龙井茶更加身价大振,名扬天下。

杭州龙井问茶处

龙井茶有"四绝":色绿、香郁、味甘、形美。美称女儿红,"院外风荷西子笑,明前龙井女儿红",这优美的句子如诗如画,堪称西湖龙井茶的绝妙写真。西湖龙井茶向以"狮(峰)、龙(井)、云(栖)、虎(跑)、梅(家坞)"排列品第,以西湖龙井茶为最。

西湖龙井

上等的龙井茶色泽嫩绿光润、香气鲜嫩清高、滋味鲜爽甘醇、叶底细嫩呈朵。

龙井茶外形挺直削尖、扁平俊秀、光滑匀齐、色泽绿中显黄。冲泡后,香气清高持久、香馥若兰、汤色杏绿、清澈明亮、叶底嫩绿、匀齐成朵、芽芽直立、栩栩如生。品饮茶汤,沁人心脾,齿间流香、回味无穷。

碧螺春的来历及传说

洞庭碧螺春

碧螺春,属于绿茶,是中国十大名茶之一。它产于江苏省苏州市太湖的洞庭山,因此又被称为"洞庭碧螺春"。那里的水源、土壤等自然条件都为茶树的生长创造了有利的条件。此茶不仅味道独特诱人,还具有清热降火、利尿、抗菌抑菌、减肥等保健功效,对身体十分有益。

碧螺春外形条索纤细、卷曲如螺、茸毛遍布、叶芽幼嫩完整。沏成的茶,色泽碧绿、清香优雅、鲜爽生津,令人回味无穷。可将其特点概括为形美、色艳、香浓、味醇。品其味,头酌色淡、幽香、鲜雅;二酌翠绿、芳香、醇厚;三酌碧清、香郁、回味甘甜。2002年经国家质量监督检验后,批准其获得原产地域标志产品保护。

关于碧螺春茶的来历,还有一个美丽的传说。

相传云昔年间,有一位聪明、美丽、勤劳、善良的姑娘——碧螺,住在太湖的洞庭山上。此女天生一副好嗓子并且十分喜欢唱歌。与之隔水相望的洞庭东山上住着一个名叫阿祥的正直、勇敢的渔民,由于被碧螺的歌声所打动,于是对其产生了爱慕之情。

后来太湖里突然出现了一条恶龙。它将碧螺劫走后,阿祥奋不顾身地去营救,并与恶龙大战了一场,最终两者都身受重伤,从此阿祥昏迷不醒。被救的碧螺为感激阿祥的救命之恩,把他带回家细心照料。

一日碧螺上山采药,发现阿祥和恶龙交战的地方生长出了一株小茶树,便将其移植于洞庭山上精心护理。吃了许多草药后,阿祥的伤情不见好转,反而更加严重,于是碧螺便想起那株以阿祥的鲜血育成的茶树,就上山去

碧螺春茶尖

采,并以口衔茶芽,回来后泡成茶喂给阿祥喝。就这样,阿祥的病情逐渐好转,精神也变得爽朗了。但是碧螺为了照顾阿祥每天心力交瘁,渐渐元气不足,最终憔悴而死。阿祥万万没有想到自己得救,碧螺却离开了。他悲痛欲绝,为了纪念碧螺,他将这种奇异的茶称为碧螺茶。

为何苏州人称碧螺春"吓煞人香"

碧螺春,产于江苏省苏州市太湖洞庭山,是我国的珍贵名茶之一,在"中国十大名茶"中排名第二,以其美观的外形和"清香醇甜"的品质驰名中外。据记载,碧螺春茶叶早在隋唐时期即负盛名,它有千余年的历史。苏州人对碧螺春有一个特别的叫法,称"吓煞人香"。其实,关于碧螺春名字的由来,在民间有许多传说,分为两个主流的版本。

一个版本是,传说很久以前,有个名叫碧螺的渔家姑娘上山砍柴,走到半山腰,闻到一股出奇的香味。她寻香而去,只见悬崖石缝里长着几棵野茶树,奇异的香味扑鼻而来。她采了一些茶叶揣在怀里,嫩茶叶得了人体的热气,香得更加厉害了。碧螺姑娘连声惊道:"吓煞人哉!吓煞人哉!"于是,她拔了一棵茶树苗带下山,并把它种在一只破缸里,每天给它浇水。一天,一阵风把叶子吹落在没盖的水壶里,碧螺嘴里正干得要命,便拿起水壶喝了个底朝天,顿觉喉咙清凉、满口芳香,疲劳也消除了。她满心欢喜,便把茶树移栽到了洞庭山上的一个破庵里。几年后,庵里长满了茶树,香味吸引了周围的邻居。碧螺姑娘把叶子采下来送给大家,邻居们喝了这泡茶叶的水个个称赞,问及茶名,碧螺姑娘随口说道:"吓煞人香!"一天,她采茶回来,适逢下雨,便把鲜嫩的叶子放在锅里炒,茶叶变得更加清香怡人。从此,炒茶在当地风行了起来。不久,山里人都栽种起这种茶树,"吓煞人香"也渐渐被改称作"碧螺春"。

另一个版本,也就是目前比较认可的一种。相传在清康熙年间,洞庭东山碧螺峰上的茶树长得特别繁茂。有一年采茶姑娘们采下来的茶用竹筐装不下了,就把多余的茶放在怀中。茶得热气后透出一阵异香,采茶姑娘们争呼"吓煞人香"(吴中方言),此茶由此得名。后适逢康熙皇帝南巡,江苏巡抚宋荦用此茶进献,甚得皇帝嘉许,但圣上以为其名不雅,便据其采撷于碧螺

碧螺春茶罐

峰,茶色碧绿,形曲似螺,又值于早春采撷,因此钦定茶名"碧螺春"。从此以后,碧螺春茶就成了历年进贡的茶中珍品。这类说法中也有把采茶姑娘替换成茶农的版本,但内容都大同小异。

在不同版本的传说中,碧螺春在被发现之初都称为"吓煞人香",加上洞庭山地区的茶树与果树相间种植,导致碧螺春茶叶具有特殊的花朵香味,因此苏州人直呼此名也就合情合理了。

信阳毛尖有何传说

信阳毛尖,也叫"豫毛峰",是一种主要产自河南省信阳市的茶叶,是河南省的著名特产,同时也是中国十大名茶之一。信阳毛尖的产地在海拔300~800米之间的大别山上,那里浓雾环绕、光照适宜,而且经过当地人多年的辛勤劳动,土质也得到了极大的改变,很适合茶叶的生长。这种茶具有细、圆、光、直、多白毫、香高、味浓、汤绿等独特风格,具有生津解渴、清心明目、提神醒脑、去腻消食等多种功能。那么,如此神奇的好茶有什么传说呢?

相传,信阳毛尖最开始的时候是一种生长在鸡公山上的"口唇茶"。传说这种茶原是九天仙女种的。那她们怎么会来到人间种茶呢?这还得从鸡公山说起。很早以前,鸡公山其实并没有名字。有一年,山上害虫成灾,不知道是从哪里飞来了一只神鸡,把害虫都吃干净了。后来,神鸡就在山上住了下来,每天天亮时就会报晓,人们便会起来开始一天的劳作,而且各种害虫也不敢再来这里逞凶了,山上变得草绿树旺、鸟语花香,成了人间仙境。大家都觉得这只鸡是上天派下来的,为了表示对它的尊敬,人们就把这座山命名为鸡公山了。

时间久了,鸡公山的名声也日益远播。远在瑶池的仙女们听说鸡公山的美景胜过天上的百花园,于是就都想下凡一饱眼福,于是就向王母提出请求。王母也是个喜欢游山玩水的人,表示理解她们的心情,于是就答应让她们分批下凡。一批在人间游玩的时间是3天,但是有一条是必须遵守的,那就是不能与人婚配,否则不仅要惩罚本人,而且还要禁止再下凡游玩。仙女们都想下去看看,于是就向王母保证一定会严守法规。因为王母爱喝茶,所以对管仙茶园的9个仙女格外开恩,就让她们先去鸡公山游玩了。

信阳毛尖

9个仙女来到鸡公山后,先是拜见了鸡公,然后就在山中住了下来。天上一日,人间一年,王母给她们3天的时间就相当于人间的3年。在头一年里,众仙女把鸡公山的四时景色都看了个遍,可是离回去的时限还有两年,她们当然不想回去,于是就商量着要给鸡公山办件好事。为首的大姐说:"鸡公山应有尽有,但是

信阳毛尖茶店

还有一点不足,那就是没有茶树,我们不如为这里留些仙茶的种子吧。"众姐妹都觉得好,于是就决定化作9只画眉鸟,回仙茶园里衔来茶籽,可是衔来茶籽之后交给谁种呢?大姐手往山脚下一指,大家看见山下一片竹林里有间茅屋,于是就都明白了。

那间茅屋里住着一个名叫吴大贵的读书人。他白天种地砍柴,晚上温习功课,准备科场应试。这天夜里他做了一个梦,梦见一个仙女从鸡公山上下来对他说:"鸡公山水足土肥,气候适宜种茶。从明天开始,有9只画眉鸟从仙茶园里给你衔来茶籽。你在门口的一棵大竹子上系个篮子,把茶籽收下,等开春时种到坡上。到采茶炒茶的时候,我会和姐妹们来帮你。"吴大贵醒来后心里大喜,觉得是自己勤奋读书感动了神仙,虽然他不知道种茶干什么,但还是决定听仙女的话。

第二天吴大贵起床后找了一个篮子,系到了门口的那棵大竹子上。忽然间,他看见一只画眉鸟飞来把嘴里衔的东西往篮子里一放就飞走了。吴大贵很惊奇,取下篮子一看,果然是一颗种子。接着,一只只画眉鸟飞来飞去,如此衔了3天3夜,共衔来茶籽9999颗。吴大贵很高兴,小心地把茶籽收藏起来。

第二年一开春,吴大贵把茶籽全都种到了山上。清明过后,茶籽发芽了,而且见风就长,几天就长成了茶林。这时仙女又给他托梦,让他准备炒茶的大锅。吴大贵准备停当,来到茶林一看,发现有9个仙女正在采茶。她们采茶不用手而是用唇,只见那红艳艳的嘴唇一张一合,又轻又快,采下了一个个油嫩的茶尖。采好之后,为首的大姐走到吴大贵面前对他说:"这位公子,我们已经采了不少了,我给你烧火,咱们去炒茶吧!"仙女们教吴大贵炒茶的办法,而且还帮他炒,就这样一直忙到谷雨。

后来,仙女们走了,吴大贵沏上一杯新茶品尝,满口清香、浑身舒畅,精神焕发。这样好的茶,起个什么名字呢?吴大贵想:茶籽是画眉鸟用嘴衔来的,茶是

仙女用口唇采的,那就叫"口唇茶"吧。从此,鸡公山上就有了这种神奇的茶树。

庐山云雾茶的来历及特色

庐山云雾茶,是我国十大名茶之一,归属于绿茶。据《庐山志》记载,东汉佛教传入我国后,佛教徒便结舍于庐山。当时梵宫僧院多达300多座,僧侣云集。他们攀崖登峰,种茶采茗。及至东晋,庐山成为佛教圣地,高僧慧远率领徒众在山上居住30多年。期间,他们把山上的野茶改进成为家生茶,就是如今的庐山云雾。

庐山云雾茶

唐宋两代文人墨客也对庐山云雾多有赞颂之作。唐代大诗人白居易曾在庐山香庐峰隐居,亲辟园圃,植花种茶,诗云:"药圃茶园为产业,野麋林鹳是交游。"宋代诗人周必大也有"淡薄村村酒,甘香院院茶"之句。

后来,明太祖朱元璋曾屯兵庐山天池峰附近。朱元璋登基后,庐山的名望更为显赫。庐山云雾茶正是从明代开始生产的,很快闻名全国。

庐山云雾茶有"色香幽细比兰花"之喻。庐山云雾茶树叶生长期长,所含有益成分高,茶生物碱、维生素C的含量都高于一般茶叶。曾有诗赞曰:"庐山云雾茶,味浓性泼辣,若得长时饮,延年益寿法。"茶汤清淡,宛若碧玉,味似龙井而更为醇香。

庐山云雾茶由于长年饱受庐山流泉飞瀑的亲润、行云走雾的熏陶,从而形成"味醇、色秀、香馨、汤清"的独特品质。

铁观音的特色及来历

安溪铁观音,也叫红心观音、红样观音,是我国十大名茶之一。铁观音是乌龙茶的一种,为半发酵茶类,介于红茶和绿茶之间。作为一种名贵茶树,铁观音天性娇弱,抗逆性较差,产量比较低。铁观音的萌芽期为春分前后,霜降前后停止生长,一年只有7个月的生长期。故有"好喝不好栽"之说。

铁观音茶除拥有一般茶类的保健功能外,还可抗衰老、软化血管、减肥健美、防治龋齿等功效。

关于乌龙茶的来历,是与一位在当地隐退,名叫"乌龙"的将军有关。相传他在上山采茶追猎中无意发明了摇青工艺及发酵工艺,使制出的茶香气更足、味更甘醇。他又将这种制茶的方法传授给乡民,后来人们便将以这种工艺制出的茶称为乌龙茶了。

铁观音

乾隆六年(1741年),在京为官的安溪人王士让奉召赴京师拜谒礼部侍郎方苞,携茶相赠。方苞品后,认为此乃茶中珍品,于是将其上贡乾隆。乾隆品后觉得滋味甘润,又看此茶形似观音脸,重如铁,便赐名为"铁观音"。

云南普洱为何享誉中外

云南普洱茶,是一种后发酵茶,具有"长寿茶"的美称,亦称"可以喝的古董"。其色泽褐红,汤色红浓明亮,香气独特陈香,滋味醇厚回甘,是茶中之上品。普洱茶属于黑茶,是以云南大叶种晒青毛茶为原料,经过发酵加工而成的散茶和紧压茶。"越陈越香"被公认为是普洱茶的最大特点,不同于其他茶的贵在新,普洱茶贵在"陈",往往会随着时间的推移而逐渐升值。

普洱茶在产地、品种、品质、制作工艺、形状包装和饮用上都独具特点。普洱茶是云南独有的大叶种茶树所产的茶,主要产于云南省西双版纳地区。该地具有终年雨水充足、云雾弥漫、土层深厚、土地肥沃、无污染等优势,所产茶叶是纯绿色茶饮。普洱茶树与樟脑树、枣树等混生,所产茶叶冲泡之后会有独特的樟香和枣香等香气,品质优良。制作时首先将茶叶匀堆,再泼水使茶叶受潮,然后把茶叶堆成一定厚度,盖麻袋或塑料袋保湿,控制好发酵的温度,渥堆达到适度后,扒堆晾茶、解散团块、散发水分、自然风干。待茶叶干燥,再进行筛分分档,制成普洱散茶。普洱茶也是中国名茶中最讲究冲泡

普洱茶

普洱熟饼茶

技巧和品饮艺术的茶类。其饮用方法异常丰富,既可清饮,也可混饮。耐泡是普洱茶的一个优点,用盖碗或紫砂壶冲泡陈年普洱茶,最多可以泡20次以上。其味与汤色会随着泡的次数增加慢慢地减淡。

普洱茶不光好喝,其保健功能同样不可小觑。云南地处祖国边疆,西双版纳地处云南边陲,山高水险。在古代,交通极为艰难,茶叶的外运全靠马帮牛帮,山路上耽搁的时间很长,有的路段马帮一年只能走两趟,牛帮则一年只能走一转,茶在马背、牛背上长时间颠簸,日晒、风吹、雨淋,使其内含物质徐徐转化,导致普洱茶的独特色泽更明、陈香风味更浓、药效功能倍增。新近的研究发现,普洱茶可以深层排毒,具有美容的效果和减肥降脂的功能,被誉为是"美容新贵"。云南普洱茶为茶中之茶,是暖胃、降脂、养气、益寿延年及品茗的圣品,还有着"春饮重养生、夏饮益祛暑、秋饮强健体、冬饮保健康"的功用。

白族"三道茶"为哪三道

三道茶,也叫三般茶。白族称之为"绍道兆",是云南白族招待贵宾时抒发感情、祝愿美好并富于戏剧色彩的一种饮茶方式。三道茶由来已久,以其独特的"头苦、二甜、三回味"的茶道早在明代时就已成为白族人待客交友的一种礼仪。

喝三道茶最初只是白族用来作为求学、学艺、经商、婚嫁时,长辈对晚辈的一种祝愿。后来应用范围日益扩大,成了白族人民喜庆迎宾时的饮茶习俗。以前,三道茶一般由家中或族中长辈亲自司茶。现今,也有小辈向长辈敬茶的。制作三道茶时,每道茶所用原料、制作方法及所含寓意都是不一样的。

第一道——"苦茶"。制作时,先将水烧开,由司茶者将一只小砂罐置于文火上烘烤。待罐

白族三道茶

烤热后,取适量茶叶放入罐内,并不停地转动砂罐,使茶叶受热均匀,待罐内茶叶转黄,茶香喷鼻,即注入已经烧沸的开水。过一会儿,主人便将沸腾的茶水倾入茶盅,再用双手举盅献给客人。此茶经烘烤、煮沸而成,看上去色如琥珀,闻起来焦香扑鼻,喝下去滋味苦涩。因白族人讲究"酒满敬人,茶满欺人",所以这道茶只有小半杯,不以冲喝为目的,以小口品饮,在舌尖上回味茶的苦、凉、清、香为趣。寓清苦之意,代表的是人生的苦境,表达做人"要立业,先要吃苦"的哲理。

白族三道茶歌舞

第二道——"甜茶"。当客人喝完第一道茶后,主人重新用小砂罐置茶、烤茶、煮茶,并在茶盅里放入少许红糖、乳扇、桂皮等,待煮好的茶汤倾入八分满为止。此道茶甜而不腻,所用茶杯大若小碗,客人可以痛快地喝个够。寓苦去甜来之意,代表的是人生的甘境。

第三道——"回味茶"。其煮茶方法相同,只是茶盅中放的原料已换成适量蜂蜜,少许炒米花,若干粒花椒,一撮核桃仁,茶容量通常为六七分满。这杯茶,喝起来甜、酸、苦、辣,各味俱全,回味无穷。因桂皮性辣,辣在白族中与"亲"谐音,而姜在白语中读"菉",有富贵之意,所以此道茶表达了宾主之间亲密无比和主人对客人的祝福(如,恭喜发财、大福大贵)。它告诫人们,凡事要多"回味",切记"先苦后甜"的哲理。

这三道茶寓意人生"一苦,二甜,三回味"的哲理,现已成为白族民间婚庆、节日、待客的茶礼。"三道茶"歌舞表演也成了大理旅游的保留节目。

台湾冻顶茶有何来历

冻顶乌龙茶,产于台湾地区鹿谷乡附近的冻顶山,俗称"冻顶茶",是台湾地区知名度极高的茶,被誉为"茶中圣品"。冻顶茶品质优异,在台湾茶市场上居于领先地位,历来深受消费者的青睐。其茶汤清爽怡人、茶香清新典雅,因为香气独特,据说是古代帝王泡澡茶浴的佳品,在中国、日本及东南亚等地都享有盛誉。

冻顶茶色泽墨绿,有灰白点,醇厚甘润、浓郁芳香。

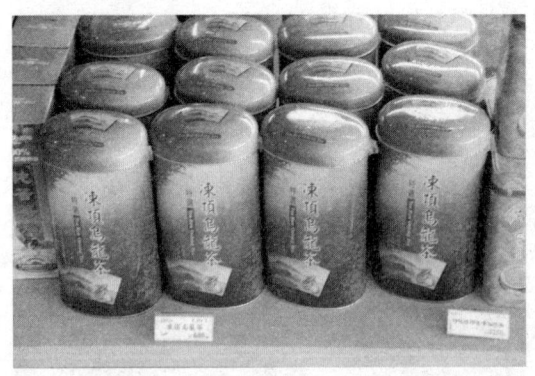

台湾冻顶乌龙茶

据说乌龙茶是一位名叫林凤池的台湾人从福建带到台湾的。林凤池祖籍福建。他一心想参加科举考试，可是因为家穷没路费而犯愁。乡亲们得知此事后，纷纷捐助林凤池，给他凑路费，并对他说："你到了福建，要向咱祖家的乡亲们问好，说咱们台湾乡亲十分怀念他们。"乡亲们还交代说："考上了，以后要再来台湾，别忘了这是你的出生故里。"林凤池一举考中了举人，在福建住了几年后，决定要回台湾探亲。临行前，他觉得应该给家乡人们带点礼物，因为福建武夷山的乌龙茶有名，于是就带了36棵乌龙茶苗回到台湾。后来，经过台湾乡亲们的精心培育，冻顶山建成了一片茶园，采制的乌龙茶清香可口。再后来，林凤池奉旨进京，他把这种茶献给了当时的道光皇帝。皇帝饮后称赞说："好茶！"并问及茶的产地。林凤池说是福建茶种移至台湾冻顶山采制的。道光皇帝于是将此茶赐名为"冻顶茶"。从此，台湾乌龙茶也叫"冻顶茶"。

英德红茶为何享誉世界

英德红茶，产于广东省清远地区的英德市，是清远特产之一。它与"祁红"、"滇红"并列为中国三大红茶。红茶分红条茶和红碎茶。英德红茶属于碎红茶。它外形颗粒紧结重实，色泽油润、细嫩匀整，香气鲜纯浓郁，滋味浓厚甜润，汤色红艳明亮，叶底柔软红亮。特别是加奶后，茶汤棕红瑰丽，味浓厚清爽，色香味俱佳，较之滇红、祁红别具风格。

英德红茶创建于1959年，这是中国直接用鲜叶原料制造碎红茶的开端。它自创制以来，以其极佳的形、色、香、味博得世界人民的喜爱，至目前为止，远销世界70多个国家和地区。英国是世界红茶销售中心，也是红茶消费量最多的国家。世界各国著名红茶纷纷涌入，英德红茶进入英国

清远英德红茶

市场后，很快受到英国人的青睐。尤其是英国皇室非常钟爱英德红茶。1963年，英国女王在盛大宴会上就用英德红茶招待贵宾，受到高度的称赞和推崇。其实"英红"的出名归根到底是因为英德茶叶的质地好。据1996年9月19日，香港《东方日报》以"英德红茶香滑不苦提神醒脑"为题，称赞道："英国皇室所享用的靓红茶都是中国货，如，福建的正山小种和英德红茶。英德红茶原汁香味足而苦涩味薄。懂冲泡之法香味足又滑而不苦涩。有时泡英德红茶便知红茶极品，又香又特别提神醒脑。"其实，英德红茶品质优异，除具有优越的自然环境外，主要是选用了适合制成红茶的云南大叶种，还与搭配凤凰水仙和推广成功优质大叶红茶新品种有关，从而实现了茶园良种化，为"英红"香高味浓的品质奠定了优良基础。英德红茶产品分为叶、碎、片、末4个花色，其质量水平已达到国际高级红茶质量水平。

英德市的英红华侨茶场是比较大的茶叶生产基地。茶园占地10万亩，年产干茶1800多吨。现在还有给游客参观的茶趣园，位于英德市区西郊，原是英德茶树良种繁育场，近千亩碧绿低翠的茶林遍布山冈坡地。场中用竹木、树皮搭建了凉亭、茶寮、品茶轩、知茶厅、制茶坊及相互连接的风雨长廊。游人在此可以一边欣赏茶园风光，一边听农艺师介绍茶叶的种植、采摘、加工、品尝知识，增加对英德茶文化的认识。之后还可以亲自参与采茶、制茶、泡茶的全过程，慢慢品尝自己的劳动成果。院内还有现场擂制的当地驰名的"擂茶粥"。

 潮汕功夫茶如何泡制

潮汕功夫茶，叫潮州功夫茶，是茶道、茶艺的活化石。广义上来说，功夫茶是指以乌龙茶类为冲泡茶种；狭义上则指讲究水、火、茶叶、茶具、冲法和品尝的茶艺。功夫茶在全国可谓最精致、最考究、最著名的茶道，是茶文化的高峰。潮汕人远走四方，因此只要有华人的地方，就有潮州功夫茶。

功夫茶是潮汕地区品茶的一种风尚，以其独特、精细而闻名。它泡茶的方式极为讲究，操作起来需要一定的功夫，而且操作时必须狠下"功夫"，也就是要精细用心。功夫茶的基本特征，可用一句话加以概括，那就是用小壶、小杯冲沏乌龙茶。喝功夫茶往往不是为了解渴，所以壶大杯小，不

品潮汕功夫茶场景雕塑

但可以使茶香不涣散,而且也可作为消遣、享受和迎宾敬客的重要手段。这一点外地人不知深意,总怪异喝水为什么不用大一点的杯子。功夫茶很讲究选茶、用水、茶具、冲法和品味。茶叶要形、味、色俱佳;烹茶用水要求洁净、甘醇,以山泉为上,江水为中,井水为下;盛茶器皿以江苏宜兴的朱砂泥制品为佳;瓷杯要选用细白透亮的精美小杯;泡茶讲究"高冲低洒、刮沫淋盖、关公巡城、韩信点兵"的手艺;品茶除讲究色、香、味外,还讲究"喉底韵味"。而饮茶程式、礼仪更是繁复。比如,茶冲出来后,一般是冲茶者自己不先喝,请客人或在座的其他人喝,而且一般是顺手先拿旁边的一盅,最后的人才拿中间一盅。如果喝茶的过程中,来了尊贵的客人,就得撤换茶叶,重新冲茶。潮汕功夫茶在中国茶艺之林中一枝独秀,还在于它的用器精细,冲饮程式讲究,能够将乌龙茶酽香的特色,淋漓尽致地显示出来。功夫茶是潮汕人最喜好的饮品。在潮汕,几乎家家户户都备有一副白瓷釉下彩功夫茶具。茶鼓上,4只晶莹的小瓷杯,一个白瓷盖瓯或者一柄紫砂陶壶,或家人闲聚,或宾客登门,沏上一泡雪片,细细地品味,一种亲切融洽的感觉,便漫上心头。

凤凰单丛茶为何叫"单丛"

凤凰单丛茶,属乌龙茶类,产自广东省潮安县凤凰镇乌崒山,已有 700 多年的生产历史。它外形条粗壮、匀整挺直、色泽黄褐,并有朱砂红点;冲泡清香持久,有独特的天然兰花香,滋味浓醇鲜爽,润喉回甘;汤色清澈黄亮,叶底边缘朱红,叶腹黄亮,素有"绿叶红镶边"之称。

关于凤凰单丛茶还有一个传说故事。凤凰山海拔 1400 米,在历史上是畲族聚居之所。凤凰山雄伟秀丽,土质多属红花土、黄花土和灰黑土,很适合种茶树。相传宋帝南下潮州时,从凤凰山经过,口渴难忍。侍从便从山上采得新鲜茶叶,让宋帝嚼食,嚼后生津止渴,精神倍爽,宋帝便将这种茶赐名为"宋茶"。当地人慕帝王赐名"宋茶"名声,争相传种,因而称为有名的"凤凰茶"。这山上的茶怪就怪在每一棵茶树上的茶叶茶香都不一样,如果混在一起冲泡出来就失去了那独特的芬芳。所以,后来人们在这座山上采茶都是一棵树一棵树地采,然

凤凰单丛茶

后再分别制作加工,所以才叫"单丛"。

凤凰茶是上好的茶叶,色浓味郁,耐冲耐泡,冲泡多次,依然香味四溢。那是因为茶叶中含有"茶香精",又名茶素,不同的茶叶所含的香精分量或气味都不同,以此来区别不同茶的名称和茶的质量。好茶叶,茶素含量高,气味浓郁,有特别诱人的香味,凤凰茶含茶素高,所以"耐冲"的秘密就在这里,也是它比铁观音更胜一筹之处。凤凰茶为历代贡品,清代已入全国名茶之列。凤凰茶的品质档次依次为单丛、浪菜、水仙,每个档次又分为若干级次。凤凰单丛、凤凰浪菜在全国历届名茶评比中屡获殊荣。

凤凰单丛茶,是凤凰茶中的极品,具有独特的山韵品格。这种特殊的"山韵"是凤凰单丛茶品质特有的关键,也是区别于其他产地单丛茶之所在。究其原因,离不开三个必备条件:一是优越的生态条件;二是良好的茶树品种资源;三是精湛的采制工艺。它是我国茶树品种中自然花香最清高、花香类型最多样、滋味醇厚甘爽、韵味特殊的珍稀的高香型名茶品种资源。此外,凤凰单丛茶还有提神益思、生津止渴等功效,饭后饮一杯,还可以预防蛀牙。

大新苦丁茶有着怎样的传说

大新苦丁茶,又名"万承苦丁茶",是广西的特产名茶,因产于万承县苦丁乡而得名。后万承县划入大新县龙门乡苦丁村,该茶也称大新苦丁茶。民国初期,苦丁茶就远销海外。

苦丁茶的茶叶底部呈紫褐色。相传古时候有一茶女阿香,因不肯进宫侍奉,在被送进宫那天跳崖而死。她的鲜血溅在苦丁茶叶上,使茶叶从绿变成紫红,味道也变得甘而香浓。后人们把苦丁茶也称为紫笋茶。

据记载,苦丁茶在北宋时期就开始作为朝廷贡品。相传当时,广西万承县的许朝烈为讨好宋仁宗,以求功名利禄,将千年野生苦丁树产的第一批嫩芽制成茶叶进贡给皇上。宋仁宗饮用后,觉得此茶清香,苦后而甘凉,生津提神、清热消暑、利尿通便,于是龙颜大悦,命许朝烈年年进贡,且任其为第一任土官,世代相袭。

几年后,满朝文武百官都饮用此茶以养生,而且各后宫妃嫔

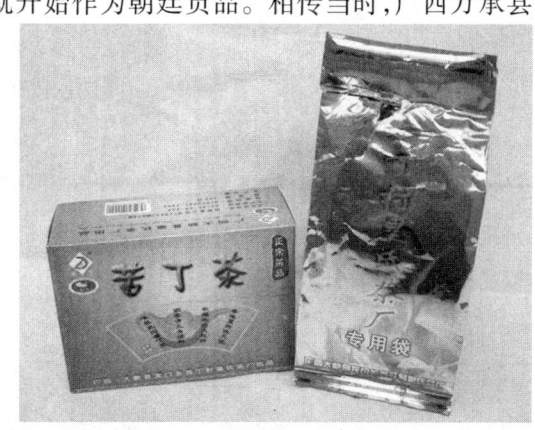

大新苦丁茶

都吵着要用苦丁茶叶煮水洗澡。仁宗无奈命许朝烈大量进贡苦丁茶。可是万承的苦丁茶树只有一株,每年最多只能产二三十斤的茶叶,不够这么多人使用。无奈之下,他以茶树已被天雷劈死谎报朝廷,免去了进贡的任务。许朝烈恐怕外人知道真相,故对外也说苦丁茶已灭绝。时间久了,没有人记得苦丁茶的样子了。苦丁茶也因此绝迹了很长一段时期。

苦丁茶又是美容茶,经医学界研究鉴定,其中含有熊果酸等药用成分,得到了国际上的认可。其在广西地区大量生产,制成产品后畅销海内外,享有较高的声誉。

世界最珍贵的山茶花——金花茶知多少

山茶花,是中国特产的传统观赏名花,花朵艳丽,花形端庄高雅,在"十大名花"中排名第七,也是世界性的名贵观赏植物,约有200多种。山茶花的美,世人皆知,倾城倾国,难怪重庆、金华、昆明及温州都抢着把它立为市花。

在众多的山茶花中,金黄色的金花茶最为独特,最为罕见。因为只有金花茶具有金黄色花瓣,并且耀眼夺目、晶莹油润,是培育金黄色茶花品种的优良基因,在茶花育种和园艺上具有极高的科研和观赏价值。

金花茶首次被发现是在1933年,当时还没有人给它一个合适的名称。1948年,我国科学家首次在广西防城港市发现了茶花的黄色品种后,便根据花的颜色将其命名为"金花茶"。后来经过多年研究,在1960年向外公布。于是,防城港市便成了金花茶的故乡。其分布面积有7400多公顷,现有17个品种。金花茶的发现,轰动了全球园艺界、新闻界,受到国内外园艺学家的高度重视。日本曾经花2.5万美元从中国广西引进了一棵金花茶,从而震惊世界花坛。

金花茶之所以引起巨大轰动,不仅仅是因为其具有璀璨的金黄色,而且它是一种古老的植物,极为罕见。全世界90%的野生金花茶仅分布于我国广西防城港市十万大山的兰山支脉一带,数量极少,是世界上稀有的珍贵植物,与银杉、桫椤、珙桐等珍贵植物活化石齐名,是我国八种国家一级保护植物之一。

金花茶生长缓慢,种子发芽率极低,是已知自然界唯一开金黄色花朵的原始山茶。它有着

金花茶茶花

众多的荣誉称号，在国内被誉为"植物界的大熊猫"，在国外被称为"梦幻中的黄色山茶花"。它也是国际公认的"世界珍品"、"中华国宝茶族皇后"和"花卉超级明星"。

擂茶为何又称"三生汤"

擂茶，就是把茶叶、芝麻、花生等原料放进擂钵里研磨后冲开水喝的养生茶饮。据说擂茶最初始于湖南安化，后向北经桃江、益阳或向南经新化等地传播到湘中北地区。如今在益阳城乡及洞庭湖区普遍流行，成为城镇和山乡人民款待来客的必备佳饮。

做擂茶时，擂者坐下，双腿夹住一个陶制的擂钵，抓一把绿茶放入钵内，握一根半米长的擂棍，频频舂捣、旋转。边擂边不断地给擂钵内添些芝麻、花生、黄豆、玉米、大米、绿豆、番瓜子及生姜、食盐和胡椒等。待钵中的东西被捣成碎泥，茶便擂好了。然后，将一把捞瓢筛滤擂过的茶投入铜壶，加水煮沸，一时满堂飘香。品擂茶，其味格外浓郁、绵长。据说擂茶有解毒的功效，既可作食用，又可作药用；既可解渴，又可充饥。

关于擂茶，还有一些广为流传的故事：相传很久以前，安化、桃江一带夏日炎炎，久旱无雨，农民不但受到饥渴威胁，瘟疫流行还使大多数人都受到疾病的折磨。有一天，一位仙风道骨的老汉路过当地，看到地上躺着一位中年男子，浑身上下长满了疱疮，脓流不止，苍蝇横飞，臭不可闻。一老妇人坐在地上失声大哭，悲惨之状难以言表。银须老汉上前向老妇人打探原因，得知那老妇人全家6口人，由于疱疮疾病不治，已经死去4人。现在只剩下小儿子也已奄奄一息了。老汉深感同情，立刻揭开他那蓝色布包，取出一个小小的瓦钵子来。又从包袱内随便抓了一些东西放入钵内，拿起他身边那根拐杖，倒转过来用衣角揩了几下，用拐杖在钵内擂磨起来。叫那老妇人取来山涧凉水，渗入钵中，钵中之水立刻由黄变白。而后，银须老汉口中念念有词，将钵中之水一半洒遍病人周身，一半灌入病人口中。一碗水下肚，病人开始哼声，两碗下肚，病人紧闭的双眼微微睁开了，三碗水罐完时，病人完全醒过来，而且浑身的疼痛也感到轻了许多。

老妇人见儿子已起死回生，高兴得不得了。

制作擂茶场景

连忙转过身去,对着那老汉爬地磕了几个响头。待她起来时,才发现那老汉早已不见了。只见一朵白云从山间向西边飘去。老汉的拐杖、瓦钵和布包留了下来。老妇人拆开包袱一看,里面只有几包芝麻、花生、绿豆和茶叶。拐杖上面刻着"太白金星"4字。老妇人如梦初醒,才知道是天上的神仙下凡拯救黎民百姓来了。于是她又对着西方连磕3个响头。此时,他的儿子病情好转多了。娘儿俩模仿着那位老神仙的做法,连续治好了不少患疱疮的乡亲。此后,每逢盛夏来临,这一带的村民们都用芝麻、花生、绿豆、生姜和茶叶等擂成糨糊状,再用山涧水或井水冲泡喝下,自此再也没有人长疱疮了。从此,这种茶汤就被称为"三生汤"了。

安化黑茶为何被誉为"茶中极品"

安化黑茶,是20世纪50年代绝产的传统特产,是产于安化山区的山珍。其声誉之盛,不亚于著名的普洱茶,被台湾地区权威茶书称为"茶文化的经典,茶叶历史的浓缩,茶中极品"。

安化黑茶

安化黑茶最早可溯源自汉代,长沙马王堆汉墓出土文物中就有黑茶出土。这是现今可以追溯黑茶的最早时期。到唐朝时,湖南黑茶已经作为贡茶上奉朝廷,而文成公主去西藏和亲时,准备的众多嫁妆中就有安化黑茶。安化在明朝前期,制茶的方法主要参照四川乌茶的方法。但乌茶是蒸青茶,黑茶则是炒青茶,相比之下,黑茶去掉青叶气,滋味醇和,有松烟香。

到了清朝末期,左宗棠收复新疆,把安化黑茶随军携带。其行营扎寨处与当地牧民一同分享黑茶,深受边疆牧民喜爱,茶马互市也因此再度繁盛。

安化黑茶的主要功能性成分是茶复合多糖类化合物,可以调节体内糖代谢(防治糖尿病)、降低血脂血压、抗血凝、血栓、提高机体免疫力。安化黑茶是不可多得的营养饮品,万不可错过品尝。

 ## "峨眉竹叶青"茶名的由来

峨眉竹叶青,又名青叶甘露,产于四川省峨眉山市及其周边地区,属于扁平形炒青绿茶,其清醇、淡雅的风格有口皆碑。据《峨眉读志》载:"峨眉山多药草,茶尤好,异于天下。"峨眉竹叶青茶是由峨眉山万年寺僧人长期种茶制茶发展而成的。

竹叶青的命名,尚有一番来历。1964年4月20日,陈毅一行途经四川,来到峨眉山时,在山腰的万年寺憩息。老和尚泡了一杯青茶招待陈毅。一股馨香扑鼻袭来。陈毅笑盈盈地喝了两口,味醇回甘、清香沁脾,顿时觉得心旷神怡、劳倦顿消,连问:"这茶产在哪里?"老和尚答道:"此茶是我们峨眉山的土产,用独特工艺精制而成。"陈毅又问:"此茶啥个名字?"老和尚答:"还没有正式名字呢!请首长赐个名字吧!"陈毅说:"我看这青茶形似竹叶,青秀悦目,就叫'竹叶青'吧!"从此峨眉青茶就称为竹叶青了。

峨眉竹叶青

 ## 蒙顶茶有何美丽传说

蒙顶茶,有不少美丽的神话传说,直至今日,仍被广为传诵。

传说一:相传,很古的时候,青衣江有条仙鱼,经过千年修炼,成了一个美丽的仙女。仙女扮成村姑,在蒙山玩耍,拾到几颗茶籽。正巧碰见一个采花的青年,名叫吴理真。两人一见钟情。鱼仙掏出茶籽,赠送给吴理真,订了终身,相约在来年茶籽发芽时,前来成亲。鱼仙走后,吴理真就将茶籽种在蒙山顶上。

第二年春天,茶籽发芽了,鱼仙出现了。两人成亲之后,相亲相爱,共同劳作,培育茶苗。一日,鱼仙解下肩上的白色披纱抛向空中,顿时白雾弥漫,笼罩了蒙山顶,滋润着茶苗。茶树越长越旺。鱼仙生下一儿一女,每年采茶制茶,生活倒也美满。但好景不长,鱼仙偷离水晶宫之事被河神发现了。河神下令鱼仙立即回宫。命令难违,鱼仙只得忍痛离去。临走前,嘱咐儿女要帮父亲培植好

满山茶树,并把那块能变云化雾的白纱留下,让它永远笼罩蒙山,滋润茶树。

吴理真一生种茶,活到80岁。因思念鱼仙,最终遁入古井而逝。后来有个皇帝,因吴理真种茶有功,追封他为"甘露普慧妙济禅师"。

传说二:传说古时有一位老和尚得重病,医药无效。有日,一位老翁来相告,春分前后春雷初发时,采得蒙山中顶茶,与本地水煎服,能治宿疾。老和尚便在蒙山上清峰筑起石屋,如法采蒙顶茶。煎服后,病果然好了,且体格轻健,相貌如30多岁的人。从此相传蒙顶茶可返老还童。

蒙顶山茶园

云南药材为何誉满中外

云南的自然地理条件十分复杂,有利于多种药材的生长。这里出产的药材多达1000余种,占全国药材品种的70%,是我国著名的"药材之乡"。而三七、天麻、虫草、当归等药材品种,享誉国内外,特别是中成药"云南白药"更加誉满全球。现简要介绍如下:

三七　又名田七,属五加科多年生草本植物,茎、叶、花均可入药,是中药材中的一颗明珠。因其播种后在3~7年内便可采挖,且每株长有3个叶柄,每个叶柄生有7个叶片,故而得名"三七"。据明代药学家李时珍称,三七可谓"金不换"。据清代药学著作《本草纲目拾遗》记载:"人参补气第一,三七补血第一,味同而功亦等,故称人参三七,为中药中之最珍贵者。"中成药"云南白药"、"片仔癀"扬名中外,其主要原料都是三七。

三七在云南分布较广,在海拔1200~1700米的地区,几乎都有种植。其中,以文山州为主要产区,特别是该州的砚山、马关、西畴等县,栽培三七已有三四百年的历史。三七具有"生打熟

云南药材三七

补"的功效,但生三七和熟三七的功效有别:服生三七的话,可以活血化瘀、消肿止痛,以及对跌打损伤有疗效;熟三七,也就是将生三七用鸡油或其他油炸黄,服之可以补血强身。据科研表明,三七所含的酮类化合物,能促进血液循环,扩张冠状动脉,降低心脏耗氧量,减轻心肌工作负担;可治疗由冠心病引起的胸闷、心绞痛及降低胆固醇和血脂,并且效果

云南药材天麻

良好。日本医学界还认为,三七能够发挥出抑制癌症的作用。

虫草 又名冬虫夏草,性甘、温平、无毒,内含虫划酸、维生素 B_{12}、脂肪、蛋白质等。它常与肉类炖食,适用于治疗肺气虚、肺结核、肺肾两虚等所致的咯血、咳嗽、气短、盗汗、痰中带血等,另外对肾虚、阳痿、腰膝酸疼等也有良好的疗效,是老年或体弱者的滋补佳品。

虫草其实是一种昆虫与真菌的结合体,昆虫是虫草蝙蝠蛾的幼虫,真菌是虫草真菌。每当盛夏时节,在海拔3800米以上的雪山草甸上,蝙蝠蛾在花叶上繁殖虫卵。然后,蛾卵变成小虫,并钻入土壤,吸收植物根茎的营养,逐渐成长。其间,植物根茎的子囊孢子便钻进小虫内部,并萌发为菌丝。这样,幼虫受真菌感染,开始慢慢蠕动到距地表2~3厘米的地方而死。这就是"冬虫"。幼虫虽死,但体内的真菌却在不断生长,直至充满了整个虫体。等到来年的春末夏初,虫体的头部会长出一根紫红色的、高约2~5厘米的小草,顶端还有菠萝状囊壳。这就是"夏草"。这是采集虫草的最好季节,因为此时它发育得最饱满,体内的有效成分也最高。云南的迪庆、怒江州是我国虫草的主产地之一。

当归 属伞形科、当归属植物,为温性强壮药,用以炖鸡、炖肉等。它有补虚养血之功效,能润燥滑肠、破瘀生新、止痛调经等,对治疗血虚、头痛腰痛、虚痨寒热、大便枯结、屡痹、金疮淤血、痛疽肿痛及妇女血症均有疗效。丽江的高寒山区是云南主产当归的地方,现多为工人栽培。其产品不仅畅销国内,还远销港澳地区和东南亚各国。

天麻 又名赤箭、定风草、水洋芋等,可治疗头痛、头昏、眩晕、眼花、偏头疼、语言塞等,还适应于风寒湿痹、四肢痉挛、小儿惊风等多种症状,以及对治疗高血压、神经衰弱等也有疗效。云南是我国天麻的主产地之一,主要集中在昭通地区,尤以该地区的彝良、镇雄两县的天麻产量最多、质量最佳,是云南天麻

的代表。其他的天麻产地有怒江、中甸、丽江等地。

除以上四种药材外，云南还主产砂仁、云木香、黄连、茯苓、石斛、儿茶、诃子、胡黄连、半夏、秦艽、猪苓、穿山甲、荜茇、麝香、草果、何首乌、龙胆等其他药材。

汉中天麻有何药用价值

天麻，俗名"赤箭"，又叫"定风草"。这是一种名贵中药材，古人说是神药。俗语云："天麻天麻，天生之麻。神仙播种，凡人采挖。"它含有香荚兰醇、维生素A、多种生物碱、天麻素和钙、镁等成分，在药坛中享有极为重要的地位。其味甘，性微温，无毒，意气养肝，主治头晕目眩、肢体麻木、息风定惊、肝风内动、神经衰弱等。从药效来看，它属于平肝息风类药。天麻还能治疗高血压、偏正头痛、失眠疲倦、风湿瘫痪、半身不遂等疾病，可提高智力，增强记忆，久服益气力，轻身增寿。因此，天麻在国内外市场上享有很高的声誉，为价格昂贵的畅销药材，特别是在国际市场上，中国天麻比人参更受青睐。

汉中天麻

汉中天麻，又称陕西天麻，是陕西的一大名优特产，与四川、贵州、云南、湖北利川和吉林天麻，并称为"全国六大著名天麻"。陕西汉中、云南昭通及四川巴山丘陵地区，是我国野生天麻的三大产区。

汉中天麻历史悠久。《神农本草经》和《名医别录》中，就曾记载天麻"生陈仓川谷、雍州"。"陈仓"和"雍州"即今陕西省宝鸡市的凤县、太白、眉县和汉中地区的宁强、勉县、留坝等县一带。汉中天麻个头大，表面皱纹紧密，皮细肉厚，质地坚实，断面白色，半透明、无空心，是天麻中的上品。天麻与密环菌共生，人工栽培解决了这一难题，为天麻的生产开辟了更广阔的前景。

趣味雕刻知识

QUWEI DIAOKE ZHISHI

何谓"扬州八刻"

扬州八刻,是久负盛名的扬州民间雕刻工艺的总称。通常是指木刻、竹刻、石刻、砖刻、瓷刻、牙刻、纸刻、漆刻等八种工艺。

扬州雕刻:玉麒麟

扬州八刻中,尤以牙刻、竹刻遐迩闻名。牙刻、竹刻有深刻和浅刻之分。扬州民间艺人以微刻、浅刻见长。浅刻的特点是技艺精细,虽在牙、竹上作书绘画,仿如用纸、绢一般,横、竖、撇、捺,擦、烘、染,刀过如笔,纯熟流畅,一刻而就。微刻则字如蚊足,画似指甲,小中见大,神韵自然。

扬州八刻历史悠久。早在宋代,扬州的雕版印刷已很精致,竹刻也已流行。

明代,扬州的雕刻艺术已经较为发达,小品雕刻颇为盛行。民间艺人巧妙地利用竹、木、牙、核、骨等材料的纹理、色泽等不同质地,运用刀、弓、铲、凿等工具,雕刻成精致而富于天然情趣的工艺品,或用以陈设观赏,或佩戴以点缀生活。

清代,扬州八刻继承传统,无论在制作技术或艺术创造上均有发展,精微雕刻尤其突出。作品大都出自民间无名技师之手。其中牙、竹、瓷刻也有不少文人雅士为之。金石巨匠吴让之的竹、牙刻堪称一绝,作品精美绝伦,为稀世之珍。画家潘西凤则精于皮雕,声名极盛。郑板桥有诗赞许道:"年年为恨诗书累,处处逢人劝读书。试看潘郎精刻竹,胸无万卷待何如。"

近代扬州牙、竹刻名家有黄汉侯、吴南愚、周无方、何其愚、吴纫之等十数人。吴南愚在一粒米大的象牙上刻百余字。1927年他刻的《红楼十二金钗》等两件浅刻作品,参加巴拿马赛会,并且获奖。黄汉侯开创的扬州浅刻缩临技艺,在每方寸牙板上,能刻4000余字,所临作品,犹如原作,

扬州雕刻:飞马

神韵极佳。如今,扬州八刻这一民间工艺得到了较好的保留和发展。近年来,扬州市启动民族民间文化保护工程,对扬州八刻等民族民间文化进行重点保护。而成立于20世纪90年代初期的扬州八刻研究会,多年来更是致力于开展理论研讨、技艺交流和人才培养工作,为扬州八刻再现生机作出了积极的贡献。

扬州玉雕为何有名

扬州,自明清以来,就是中国三大玉雕重地之一。扬州琢玉工艺源远流长。几千年来,玉器先辈艺师呕心沥血,勤奋实践,继承发展中国玉器优良传统,创制了数量众多、形式各异、工艺精巧的玉器珍宝。

历代扬州玉雕分别保留了不同时期的艺术特征,如,西汉的《白玉蝉》以和田玉雕成,采用"汉八雕"的手法,线条凝练挺拔,推磨极见功夫;清代的《大禹治水》多种手法并用,属于稀世珍品。它以新疆青白玉为材料,高224厘米,前后雕琢6年,用工15万个,耗费白银15000余两。

扬州玉雕创造性地将阴线刻、深浅浮雕、立体圆雕、镂空雕等多种技法融为一体,形成了"浑厚、圆润、儒雅、灵秀、精巧"的基本特征,以其独有的艺术魅力著称于世。

现代的扬州玉器,全面继承和发展了传统优良技艺。艺师们设计制作了大批造型优美、琢工精致的玉器,艺术水平仍居前列,产品在国

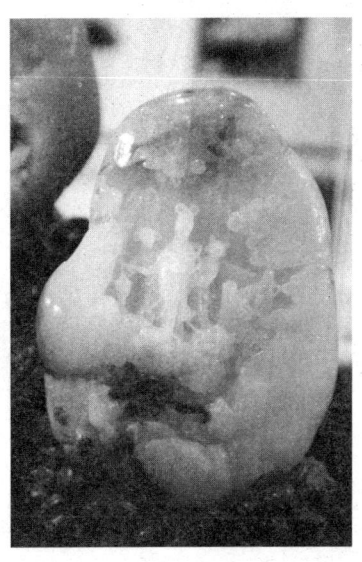

扬州玉雕

际市场上享有盛誉。作品多次参加国内外展览会、博览会,受到高度评价和赞许。外国朋友们用"人间奇迹"的创造、"东方艺术之最"、"巧夺天工"等美好的语言来形容他们的感受,见证了扬州玉器为增进我国同各国人民的友谊和文化交流作出的贡献。在近年来的全国、全省工艺美术百花奖评比中,扬州玉器在同行业中一直处于前列地位,也曾在多次国际展会中获奖。

 嘉祥为何被誉为"中国石雕之乡"

嘉祥县,地处鲁西平原,环境优美,矿产资源十分丰富,储量极大,且交通便利。境内大小山头126座,群山占地122.6平方公里,是目前国内石灰岩资源

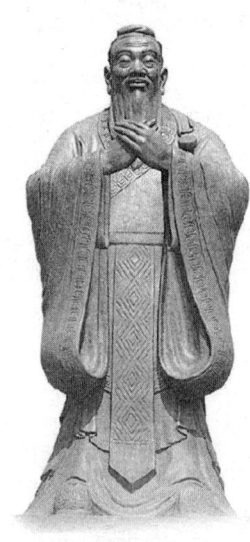

嘉祥石雕：孔子

最富集的地区。现已探明全县石灰岩储量约为90亿吨。嘉祥石灰岩质地细腻、耐风化、无辐射、绿色环保，是加工石雕、板材的上乘原料。

嘉祥武氏祠堂和墓地，位于嘉祥县纸纺镇武翟山村北，始建于东汉桓、灵时期，是济宁市最早的古石作建筑物之一。在此现存石阙、石狮各一对，石碑两块，祠堂石刻构件四组40余件。全石结构石刻画像，内容丰富、雕制精巧，是我国目前保存最完整的汉代石刻艺术珍品。武氏祠墓群石刻1961年被国务院确立为"全国重点文物保护单位"。

2000多年前，嘉祥先民就以灰色石灰岩做建筑用材，从事防务建设、艺术创作，武氏祠石作艺术品能经千年风雨侵蚀，至今完好如初，为嘉祥灰色石灰岩作为现代建筑用材提供了最好的证明。

嘉祥石雕历史悠久，被誉为"古石雕博物馆"。其石雕雕艺精湛、风格奇异，是历代官府向朝廷进献之贡品。特别是经过千百年的艺术锤炼，石雕精品众多，雕刻技法独特，嘉祥已成为中国石狮和漫画石刻的发祥地。

改革开放后，嘉祥石雕发展迅猛，以当地盛产的天青石为主原料，辅以大理石、汉白玉等名石珍品，选材考究、做工精细、规格不一、品种繁多。主要以雕刻龙亭龙柱、琼楼玉阁、飞禽走兽、人物花草及仿古器皿为擅长，有圆雕、线雕、浮雕、平雕四类之分，既有古老艺术的魅力，又有典雅明快的现代艺术风格，在海内外享有"巧夺天工"、"石破天惊"之盛誉。1996年山东省嘉祥县被定名为"中国石雕之乡"。

为何说剑川木雕是少数民族的"雕刻奇葩"

剑川木雕，起源于10世纪，因产自大理州剑川县而得名，是当地白族人民的工艺美术品。这种木雕最早是在吸收汉族和其他民族艺术的基础上出现的，一开始主要被用在建筑物装饰上（以浮雕为多），现在则已发展成为独具民族特色的工艺品。

该木雕的内容取材广泛，主要为花草、动植物、人物、山水等吉祥如意类图案，如，香草、纹龙、纹凤、狮头、凤头、云纹、"喜鹊登梅"、"鸳鸯戏水"、"白鹤飞松"、"鹿鹤同春"、"富贵根基"（牡丹和公鸡）等；其他题材有神仙传说、故事类等，如，"八仙过海"、"八仙庆寿"等。总之，其内容丰富多彩、变化多端。

该木雕工艺特色显著，主要包括：其一，用料考究、雕工精细、层次明朗；其二，雕刻方式多样，浮雕、立体雕融和巧妙；其三，造型美观大方、高雅别致；其四，取材生动活泼；其五，坚硬柔韧，抗腐蚀、不变形；其六，种类繁多，包括多个大类共几百个品种，如，豪华典雅的客厅家具类，古朴高雅的餐厅家具类，栩栩如生的壁画类（九龙、九狮、花鸟等），各种各样的座屏、挂屏、屏风类，庄重朴实的格扇门、窗、挂帘类（主要用

剑川木雕挂画

于园林古建筑、居家正厅客堂），以及绚丽多彩的旅游产品等。可以说，该木雕集明、清各式木雕之精华，是我国优秀木雕艺术的代表，因而被誉为少数民族（白族）的"雕刻奇葩"。

剑川县素有"木匠之乡"的美称。这里的木雕产品既实用又华美，不仅畅销国内，还远销欧美等多个国家和地区。游客在此旅游时，一定不能错过的旅游特产之一就是剑川木雕。

东北玛瑙雕为何珍贵

东北玛瑙雕，特指辽宁的阜新玛瑙雕，早在7600年前的阜新当地查海人，就已学会用玛瑙打制刮削器了。也就是说，查海人是世界上最早认识和使用玛瑙的远古先民。而自辽代起，阜新就已开始了玛瑙的采集、挖掘、加工等专门性生产活动。清代时，阜新的玛瑙业已具备规模，产品也成了珍贵的宫廷贡品。

阜新拥有极为丰富的玛瑙资源。其玛瑙储量占到了全国总储量的一半以上，是中国玛瑙的主要产地、加工地和产品集散地，被誉为"玛瑙之乡"。阜新县出产

东北玛瑙雕

的红玛瑙、绿玛瑙等,都是极为珍贵的珍品。阜新的玛瑙加工业尤为发达,特别是"改革开放"以来达到了繁荣时期。十家子镇的玛瑙市场是全国唯一的大型玛瑙专业批发市场。这里云集了国内外购销玛瑙的客商。

此外,阜新的玛瑙质地优良、色泽丰富、纹理瑰丽、品种齐全,而其成品料质纯正、创意独特、构思奇妙、雕刻精细、造型别致、栩栩如生、巧夺天工。这里的玛瑙作品分为五大类,包括人物、鸟兽、花卉、素活、水胆玛瑙制品。艺术特色表现为"巧"、"俏"、"绝"、"雅"。其中,"巧",是指构思巧、技艺巧;"俏",是指玛瑙天然俏色,栩栩如生、意趣盎然;"绝",是指作品高于自然,高于生活,天人合一、出神入化,其强烈的艺术感染力令人不禁称绝;"雅",是指格调高雅、内涵丰富。

阜新玛瑙共经7道工序制成,包括选料、剥皮、设计、初雕、细雕、抛光和配座等。选料时要选具有多种天然色彩和条带花纹玛瑙。这是雕刻的理想材料。雕刻则是"绝活儿",尤其是素活工艺在同行业中处于领先地位,而打钻掏膛、取链活环、肩耳制作、透雕活球、装饰雕刻等技艺独一无二。

阜新玛瑙文化积淀深厚,而玛瑙雕工艺大师也相当之多,如,"素活大师"李洪斌,阜新玛瑙界"三杰"曹志涛、杨克权、邵景兴等。阜新玛瑙雕刻目前在中国玉雕艺术中稳居第一。其收藏、保值、增值价值不言而喻,是非常珍贵的特产,很值得购买和收藏。

岫岩玉雕有何辉煌

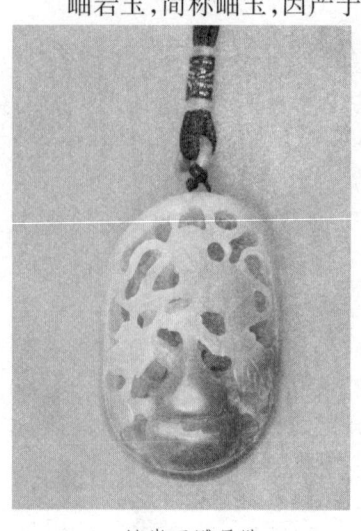

岫岩玉雕吊坠

岫岩玉,简称岫玉,因产于辽宁岫岩县而得名。它是"中国四大名玉"之一,以质地细腻纯净、储量多而闻名中外,主要包括素活、人物、花鸟、兽四大类。岫岩玉器生产最早源于清乾隆年间(1736—1796年),渐兴于清道光、咸丰时期。清末民初,岫岩地区形成了有300多人从业的玉石街,出现了以江保堂为首的玉雕"八大匠"和以李得纯为代表的"素活二李"。当时玉雕主要有人物、花鸟、动物、花卉、素活等五大类产品。20世纪50年代至80年代末,素活工艺有了进一步的发展。其代表作品岫玉塔薰《华夏灵光》高3.15米,是迄今中国玉雕史上最大的一件瓶素工艺品,在全国百花奖评比中获"金杯奖",并被定为国家珍品,藏于人民大会堂。

岫玉玲珑剔透、古朴典雅、细致圆润、形神兼备。其玉雕以小件制品为主,经过历代艺人的努力和不断创新,逐步形成了独具地方特色的艺术风格,"华夏灵光岫玉塔熏"、"蝈蝈篓"等优秀作品曾获全国工艺美术百花奖。1999年澳门回归祖国时,中央政府将"九九月圆图"岫玉赠送给澳门特区政府;2001年,岫岩县岫玉产业年产值达4亿元,创造利润2000多万元,产品远销至40多个国家和地区;"十五"期间,岫岩创建了3个世界之最,这些荣誉,都足以彰显岫玉的实力。

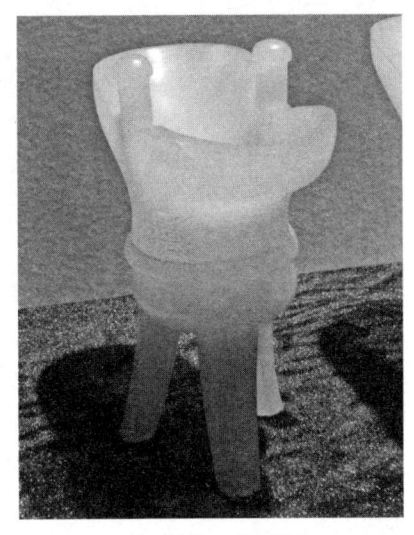

岫岩玉雕云雷纹爵

苏州玉雕有何特色

苏州是我国著名的玉石产地之一,也是我国玉雕的发源地之一。作为古老的汉族民间艺术,苏州玉雕的艺术特色体现为:"空灵"、"飘逸"、"细腻"、"精巧"。其中,"空灵",是指疏密、虚实得当;"飘逸",是指线条流畅,给人以清新雅致之感;"细腻",是指工艺精致,注重细节;"精巧",是指构思巧妙,令人叫绝。苏州玉雕尤以中小件著称。其特色因"小"、"巧"、"灵"、"精"而出彩,不仅在东方玉器工艺品中闪烁着璀璨的光芒,在世界上也享有很高的声誉。

早在距今五六千年前的苏州吴江梅堰古文化遗址中,就发现了玉璜、玉伏等玉雕性质的文物。这被认为是我国迄今为止发现的最早的玉器。唐、五代时期,苏州就已建立了琢玉工场,出现了名艺人。明代时,苏州玉雕以精良、玲珑、奇巧等特质闻名大江南北,而著名玉雕艺人有贺四、陆子刚、刘念等人。清代时,苏州玉雕工艺达到高峰,宫廷专门在此设立了玉器造办处来督办御用玉器的生产。特别是道光年间(1821—1850年),这里的玉雕行业进入全盛期,成

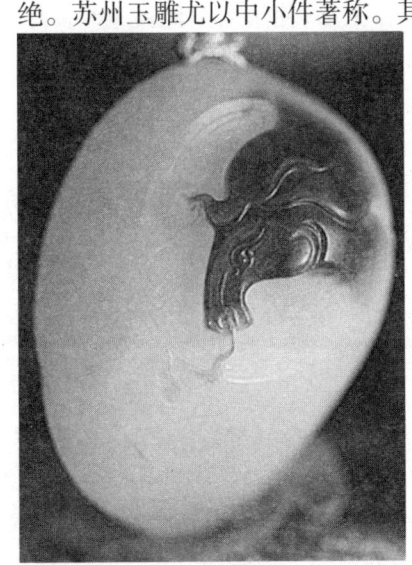

苏州玉雕

为同时代所有玉器行业的翘楚。

20世纪90年代以前,苏州玉雕的主要品种为花鸟、炉瓶、人物、山子雕等。此后,苏州玉雕从大工厂生产转变为私有小作坊生产模式,玉雕作品也变得更加精细。2008年,苏州玉雕被列为国家非物质文化遗产。2009年后,苏州玉雕品质不断增强。其产品既保留了精、细、雅、洁的传统特征,也融入了时代新元素,从而形成所谓的"新苏作"。"新苏作"代表人物有蒋喜、杨曦、葛洪、瞿利军、赵显志、俞艇、范浩刚等;产品类型以玉牌、小把玩件、器皿为主。

作为中国传统工艺品中独具魅力的一种,苏州玉雕无论圆雕、平雕,均精工细作,线条流畅、图案优美、无可比拟,特别是薄胎器皿件为"苏作"细作工艺的扛鼎之作。这种薄胎器皿件充分运用了多种不同的雕刻工艺,成品显得华美而精巧,是游客绝对不容错过的旅游纪念品。

 镇平玉雕有何特色

镇平玉雕又称镇平玉刻,为河南省镇平县传统的民间工艺品,以质地优良、设计新颖、工艺精湛、做工细腻、造型逼真名扬海内外。镇平县的玉雕产业始于汉代,历史十分悠久,距今已有2000余年。1995年,这里被命名为"中国玉雕之乡"。

镇平玉雕作为中国乃至世界的瑰宝,有着无可替代的特色,主要体现在以下方面:

其一,从原料上看,镇平玉雕采料广泛、选料上乘,使用的是优良玉料。原料包括国产的辽宁岫玉、新疆羊脂玉、南阳独玉和水晶、紫晶、孔雀石、兰红宝石、绿松、紫英等30多个品种,以及巴西玛瑙、加拿大碧玉、俄罗斯白玉、缅甸翠玉、阿富汗玉等。

其二,从设计上看,镇平玉雕题材丰富、花色品种繁多,新颖别致,包括人物、花鸟、炉熏、兽类、山川、屋宇等。其中,人物类题材涉及古典小说、历史、神话故事等多个范围,如,《三国演义》、《西厢记》、《封神榜》、《红楼梦》中的人物,"苏武牧羊"、"梁红玉击鼓"等历史故事,以及"天女散花"、"八仙过海"、"牛郎织女"、

镇平玉雕

"十三棍僧救唐王"等神话故事。此外,它的小件产品也应有尽有、丰富多彩,如,玉镯、戒指、小吊坠、烟嘴、烟缸等。

其三,从风格上看,镇平玉雕既有北方玉雕工艺的雄浑、豪放,又有南方玉雕工艺的婉约、细腻。它雕刻精细、造型逼真、风格独特,极具观赏和收藏价值。其重要代表作有:陈列于人民大会堂河南厅的"九龙花熏";已被中国美术馆收藏的"鹿鹤同春"独玉;获国家轻工部工艺美术"百花奖"的"哪吒闹海"翡翠花熏。

镇平玉雕现已形成8个产品大类,包括摆件类、饰品类、实用保健类等;产品种类多达1500种。该玉雕产品不仅畅销国内,而且远销世界50多个国家和地区。镇平石佛寺玉雕湾、镇平玉雕大世界等,是镇平玉雕的代表性交易市场,所以也是游客购买该特产的最佳去处。

 曲阜楷木雕为何珍贵

楷木,是山东曲阜市特有的旅游工艺品,被誉为"曲阜三宝"之一。其以楷木为质,运用各种雕刻手法雕刻而成。

楷木,又名黄连木,后又称为文楷。其木质坚实柔韧、纹理细腻、色呈金黄,刻制成杖,不易折断;刻制如意,细部如丝,玲珑别透。

曲阜楷雕历史悠久,至今已有2000多年的历史。相传孔子死后,其弟子子贡在守墓6年期间将楷木从南方移植于孔子墓旁,并用楷木雕刻孔子及其夫人像以寄哀思。从此,楷木才在孔林繁衍。这种雕刻也流传下来。

汉代,孔子后代创制了楷木雕手杖;到了宋代,又发明了楷木雕如意,并且成为入朝的贡品。到明清时期,楷木雕开始逐步精细,纹样有人物、花卉、龙凤等,刻工玲珑剔透。据说当时著名艺人颜锡忠,技艺精湛。他的雕刻作品能刻五层(人物一层、花卉一层、花下枝梗三层),形象生动。据说,他曾在一天一夜的时间里为慈禧太后雕刻出一支百龙寿杖,寿杖上雕有百龙百珠,云霞相映,玲珑细巧,栩栩如生。

曲阜楷雕闻名天下。楷雕如意,曾在巴拿马博览会上获奖,在莱比锡世界博览会上引起极大轰动。世界之最——九龙如意,统高2.6米,净高1.8米,材料选自九仙山,据当地老农介绍,此木树龄已达600年以上。画面由九条龙组成,九龙九姿,衬以祥云,云霞

曲阜楷雕

相映、云烟缭绕、惟妙惟肖。到目前为止,这是一件取材最老、制作最精、规格最大、文化内涵最深、最富美好前景的不可多得的稀世珍宝。被孔子七十七代嫡孙女孔德懋女士题名为"世界之最九龙如意"。

现在,曲阜楷木雕的品种还有龙头手杖、棋子、笔筒、镇纸、屏风和印章等,雕刻精致、作风纯朴、造型美观,深受国内外人士的喜爱,产品主要作为出口工艺品和旅游纪念品。

为何说嘉定竹刻是我国工艺品百花园中的一朵奇葩

嘉定,除有名的黄草编织外,还有在中国竹艺界占有重要地位的嘉定竹刻。

嘉定竹刻

明代嘉靖、万历年间,中国的竹刻艺术发展十分迅速,出现了一大批杰出的竹刻艺术家。后来江南竹刻工艺的发展逐渐形成了各具特色的两大派,一是"金陵派",一是"嘉定派",其中以"嘉定派"更为繁荣。

嘉定派竹刻的创始人是朱鹤,字子鸣,号松邻。他本是一位善于诗文书画的文人,文化修养很高,因而在制作中能够以书画笔法来用刀,敢于创新,称誉一时。他制作的笔筒、香筒、佛像等,有的朴茂质拙,有的精妙绝伦,但又大多是以"洼隆浅深",刻五六层的镂空深刻透雕进行制作。他创造出深刻法,为唐代以来的竹刻艺术开辟了新的天地。朱松邻的作品在当时深受士人器重,得到他器皿的人,不呼器名,而是以"朱松邻"称之。甚至乾隆帝得到他刻制的竹器后,也在上面题刻"高枝必应托高士,传神莫若善传神"的诗句加以赞扬。

朱松邻之子朱缨(号小松)和孙朱稚征(号三松)继承此业,技艺都很高。此外,秦一爵、沈大生、侯崤曾等,都是著名的嘉定派竹刻大师。到了清代康雍乾嘉时期,嘉定竹刻已臻于鼎盛,有名的竹刻家就达六七十人之多。其中较为突出的有吴之番、周灏、封锡爵、封锡禄、封锡璋、施天章、张希黄等,均具有一定的代表性,对后世影响深远。在近年的拍卖会上,这些大师制作的竹器都是藏家们激烈角逐的珍贵藏品。

道光之后,嘉定竹刻逐渐衰落,名家稀少。民国以后,嘉定竹刻渐趋滞销。

新中国成立后，嘉定全县仅有潘行庸、叶田生等几位老竹刻艺人继续从事刻竹，赖以维持生计。1955年，政府组织嘉定手工艺竹刻生产小组，吸引年轻人学艺，使这门技艺得以流传下来。1999年，艺人张伟忠开设了"新篁馆"，使嘉定竹刻重放光芒。2006年，经国务院批准，嘉定竹刻入选中国第一批非物质文化遗产名录。

嘉定竹刻博物馆

寿山石雕有何特色

寿山石雕主要产于福建福州一带，并与脱胎漆器、软木画并称为"榕城三绝"。这种汉族民间雕刻艺术品以福州北峰的寿山石为原材料制成。其在中国传统玉石文化中占有突出地位，艺术魅力（观赏和收藏价值）极高，社会影响面极广，被誉为"上伴帝王将相，中及文人雅士，下亲庶民百姓"。

寿山石雕的特色主要有以下几方面：

第一，讲究"相石取巧"，即因材施艺、因势造型、因色取巧。这既是所谓的"一相抵九工"之说。也就是说，寿山石雕在构思时注重对石料的形状、色彩、纹理等特点加以灵活运用，从而使石料的自然色相和人工雕刻"天工合一"。寿山石有10多种颜色，而巧色的利用是它最大的特点。

第二，技法精湛圆熟、丰富多样，博采中国画和民间雕刻技艺之长。主要技法包括：圆雕、链雕、微雕、浅浮雕、高浮雕、镂空雕、镶嵌雕、印钮雕、薄意雕、篆刻等。这些技法都是通过独特的刀法来体现的，刀法有简练的、朴茂的、浑厚的、秀凌的，等等。例如，人物圆雕、古兽印钮等多用朴茂的刀法，这样一来拿在手上"把玩"时就不会刺手，别有情趣。再如，薄意雕刻则多用秀凌的刀法。

第三，寿山石雕作品取材广泛、内容丰富，包括人物、动物、山水、花鸟等几大类。按照时

寿山石雕寿星像

寿山石雕求偶鸡

代特色来分,它一般可分为古代题材、传统题材和现代题材三大类。

第四,风格高雅、精美,充满了凝重、睿智的气息。现代著名金石家钱君匋先生曾写诗这样赞美寿山石雕道:"万朵云霞几度攀,珠光宝气绝人寰。风靡皖浙千家刻,功在印坛是寿山。"

鉴赏寿山石雕时,主要要看外形、色彩、直观、内在、年代、雕功度、稀有度、创意度、知名度等。

看外形,是指形状整体设计到位,棱角圆滑,表面有老相。这些都是寿山石雕真品应该具备的特征。仿刻作品则经过物理和化学处理,因而色彩鲜艳,摸起来有发楞的感觉。看直观,是指上手体会质感,掂量重坠感。看内在,是指看纹路处理是否恰当。

腾冲为何被称为"翡翠城"

腾冲,是翡翠加工业的发祥地,始于明代中期,兴于清代。20世纪50年代以前,腾冲一直是全国缅甸玉石唯一的进口通道,也是最大的集散地、交易中心和加工基地,因而享有"翡翠城"的美誉。毫无疑问,是腾冲的翡翠文化造就了"翡翠城"的美名。这种源于中原玉文化的翡翠文化,具有地域文化的色彩及独特的传承和发展脉络。

腾冲人自古以来就有崇玉、爱玉的风尚。无论在家中、茶楼、酒馆,不管大人、孩子,翡翠一直是他们谈论的主要话题。腾冲人手上戴的、身上挂的、家居装点的,多是翡翠;祭扫、避邪用的多是翡翠;会亲访友、谈婚论嫁时,送的礼物中最贵重的也是翡翠;就连老人临终时交代的玉镯子,也是数代家传之宝。由此看来,腾冲人民生活的各个层面都凸显着翡翠的色彩。

腾冲和顺翡翠加工商店

翡翠之所以在腾冲具有如此深广的影响，与其历史、地理渊源有关：早在500多年前，在缅甸的商务活动中，腾越商人意外发现了翡翠这种工艺品，遂成为该地区翡翠文化的起点。清末时，腾越学者尹子监在《老囤游记》中写道："野人山为我孟养司及茶山里麻两地官司属土。虽前代称为藩屏。"据光绪年间

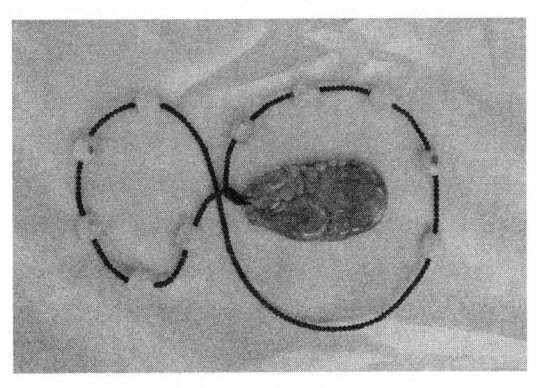

腾冲翡翠挂件

（1875—1908年）的《腾越厅志》记载："玉石以红白分明，透水者为佳。翡翠为上品，其名不一，均出励拱。"据檀萃《滇海虞衡志》记载："至出南金沙江，昔为腾越所属。"

从上面这些史料可以看出，腾越人是我国翡翠的发现者。自从翡翠面世后，他们就疏通了通往玉石场的道路，融采掘、运输、加工、集散等为一体，并使其达到极其辉煌的程度。自此，"翡翠城"奠定了在中国玉器史上不可动摇的地位。现在，这里残存下来的几百年的满地碎玉，便是腾冲翡翠历史的见证。其中，腾冲翡翠中的玉雕，是当地工业和经济发展的第一块奠基石，距今已有400多年的历史。其工艺精美、功用广泛、内涵丰富，在全国玉雕行业中享有美誉。

起初，腾冲的精加工作坊很少，主要是把翡翠毛料分解，而后发往永昌、大理等地进行雕琢，并就地销售。后来，有许多外地工匠来到了腾冲，开始在给罗村、老城隍庙附近建立了加工点。当时主要制作的是手携、耳饰、头饰及一些简单的佛工、礼祭、生活用品。到了清前期，腾越的翡翠业走向了兴盛，包括翡翠的产出、销售、加工规模和碾琢技艺等，都有了很大的进步。当时还出现了各种玉器，玉雕业已初具规模，主要题材有佛教、人物、花鸟等。

到了清朝中后期和民国初年，腾冲翡翠的市场越来越大，甚至供不应求，由此而带动翡翠玉雕业空前兴盛。据《腾冲县志》载："民国初年，从事玉雕的作坊有100多家，工匠3000多人。"这一时期的玉雕作品，已具有很多优良特色，如，造型精美、形制丰富、配伍完备等。

现在，据不完全统计，腾冲全县有近300个玉雕作坊，从业人员达2万多人。由于整个玉雕生产实现了机械化，大大提高了工作效率，加上工艺水平的日益发展，这里的玉雕工艺品已开始成批销往全国和世界各地。

腾冲的翡翠交易市场中,最著名的就是荷花镇。这里是腾冲最主要的翡翠加工集散地。在腾冲本地加工的翡翠,90%都来自这里。而这里的翡翠加工又主要集中在雨伞村、肖庄村这两个村里。此处翡翠加工的特点是:加工户高度集中,价格实惠,无假货。

绿松石有何特色及传说

绿松石,是一种不透明宝石,因其形似松球且色近绿松而得名,是世界上稀有的贵重宝石品种之一。绿松石也叫土耳其石、突厥玉,据说是因为在过去,波斯产的绿松石需经过土耳其才能运达欧洲而得名。

绿松石是一种次生矿物,由含铜、铝、磷的地下水在早期花岗岩石中淋滤而成,在近地表的矿脉中沉淀形成结核,被岩脉的基质所包裹。绿松石是最早用作饰物的矿物品种。在我国,绿松石的产地主要为湖北十堰市,而竹山县则是世界宝石级绿松石的唯一产地。

绿松石石雕人物像

绿松石色泽艳丽柔和、质地坚韧细腻。在宝石中有幸福、吉祥、成功、平安等寓意。优质的绿松石表面有油脂光泽。其抛光面为玻璃光泽,呈半透明状。

关于绿松石的故事与传说有许多,但最著名的,便是"完璧归赵"中的"和氏璧"。根据相关专家的考证,这块被称为"天下所共传之宝"的美玉,其原料就是绿松石。

历史上关于和氏璧的记载,屡见不鲜,当年秦王政得到和氏璧后曾将其刻成一方玉玺,传于后世。但随着岁月的流逝,得到和氏璧的人似乎都得不到好下场,但这也令权力的追逐者们对它更为追捧。不过到了五代十国后,由于战乱,和氏璧也终于在历史的潮流中下落不明,后世人们只能在古籍记载中得以一窥"传国玉玺"的神秘面纱。

昌化鸡血石有何特色及传说

鸡血石,主要是由迪开石、高岭石和辰砂组成。因其中的辰砂色泽艳丽,色红如鸡血所以俗称鸡血石。鸡血石中红色部分称为"血",红色以外的部分称为"地"、"地子"或"底子",可呈多种颜色。

我国鸡血石的主要产地是浙江昌化与内蒙古巴林地区。其中昌化的鸡血石开发始于明,盛于清乾隆,至今已有600多年的历史。其出产的鸡血石石质绝佳,具有"细、红、润、腻、温、凝"六德,是上好的印石材料,历来被誉为"石后"、"印石公主"、"章石皇后"。与此同时,在玉雕工艺中也形成了"鸡血"雕独特流派。其作品以"瑰丽、精巧、高雅、多姿"而著称。

好的鸡血石都不加雕琢,以做印章为最宜。明代,昌化鸡血石工艺品已成为皇宫和英国博物馆的珍藏品。清代康熙、雍正、乾隆、嘉庆、咸丰、同治、宣统等历代皇帝与后妃均将昌化鸡血石作为玉玺。

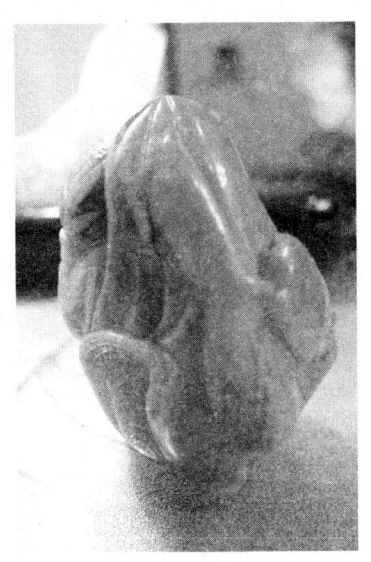

昌化鸡血石

昌化鸡血石的来源有一则传说。相传古时候有一种叫"鸟狮"的飞禽,生性好斗。一天,鸟狮觅食飞过玉岩山,看到一只正在孵蛋的凰,恶性又起,对凰发起攻击。凰不敌,受伤哀鸣,凤闻讯赶到后,连同凰打败了"鸟狮"。凤凰虽然胜利了,但凰鲜血直流,染红了整个玉岩山,遂成了光泽莹透如美玉的鸡血石。

鸡血石历来受到皇家的喜爱,康熙、乾隆、嘉庆就十分赏识昌化鸡血石,将其作为宝玺的章料。国家邮政局还曾经发行过一套《鸡血石印》特种邮票,印的就是两方宝玺。20世纪70年代初,日本前首相田中角荣、前外相大平正芳来我国访问,周恩来总理将昌化鸡血石对章,作为国礼馈赠给两位贵宾。于是,鸡血石在日本名声大噪,掀起了一股收藏鸡血石热潮。大批日本游客来华时,必将鸡血石作为首选礼品带回。

昌化鸡血石摆件

 ## 广州牙雕有何特色

牙雕,不仅是一门古老的传统艺术,还是一门民间工艺美术。牙为大象身

雕云龙纹粉盒

上最坚固的部分，其光洁如玉、耐用、珍贵堪与宝玉石媲美，因此象牙又有"有机宝石"之美誉。用象牙雕刻艺术品，以其坚实细密、色泽柔润、质地光滑、雕刻精美而倍受收藏家珍爱，成为古玩中独具特色的品种之一。

广州牙雕工艺有着悠久的历史，富有装饰性，素以精细工整、玲珑剔透而闻名于世。清朝康熙年间实行海禁之后，广州成为对外贸易的唯一港口。这种得天独厚的地位，使得东南亚等地的象牙大量输入广州，为牙雕工艺提供了充足的原料。从此，广州牙雕工艺远远超过了其他地方，成为全国之冠，同时形成了自己的风格特点，有别于苏州、扬州、杭州、北京等地的艺术格调，并对其他地方的牙雕工艺产生了影响。广东牙雕，制作着重于雕工，并讲究牙料的漂白和色彩装饰。它的作品多以玉质莹润、精镂细刻见长，玲珑精巧、华丽美观。广州气候温暖湿润，象牙不易脆裂，宜于制作钻镂、透雕的作品，再加上原先的工艺水平，镂雕逐渐成为广州牙雕工艺最具特色的技艺。它的品种多样，其中以象牙球最有名。象牙雕刻与其他多种材料，如紫檀、犀角、玳瑁、翠羽等巧妙镶嵌于一器之上，使图案更富有立体感，增加了图案的层次，是广州牙雕工艺的显著特色。

广州牙雕艺人首创的象牙球，可算是我国象牙雕刻中的一种特殊技艺。象牙球是用整块象牙雕刻而成。球内套球，逐层镂空，每层厚薄均匀，球面刻上精细图案花孔，层层都能转动。配上形式多样，内容丰富的牙雕球柱和底座，就成为一件完美而别具风格的艺术品。清代，因商贸的需求，民间艺人仿制石雕，创造了镂空雕花、专门用作观赏的象牙球。这种象牙球交错重叠、玲珑精致，表面刻镂着各式浮雕花纹。球体从外到里，由大小数层空心球连续套成，外观看来只是一个球体，但层内有层。其中的每个球均能自由转动，具有同一圆心，并且象牙球里外每一套球均雕镂着精美繁复的纹饰，有百花、龙凤及山水、人物等数种。球与球之间相互连接，雕刻外层球体表面较易，但刻

牙雕用的镟床

镂内层许多球体时,因施工空间的限制,很难,所以象牙球工艺会让人感到技巧的奇特和玄妙。牙雕套球又称"同心球",制作相当繁复,工艺要求极高。据《格古要论》载,早在宋代就已出现3层套球,时称"鬼工球"。到清乾隆时期,有了更大发展。起初广州牙雕艺人借鉴石狮口中含珠的镂雕形式,经过细心的设计与钻研,并加以大胆想象和巧妙的手艺,用象牙材料创作了球内套球的新花色。象牙球从开始的1层,至清乾隆时期发展到14层,广州牙雕艺人在牙球制作上多有创获,套球可达数十层。乾隆时套球已达十多层,玲珑剔透、巧夺天工。再到清末已达到25或28层,目前最多能刻至60层,真是令人赞叹不已。

潮州木雕有何特点

潮州木雕,是广东潮州地区的一项民间雕刻艺术,主要用于建筑装饰、神器装饰、家具装饰、案头装饰等。其往往经精雕细琢后贴上纯金箔,显得金碧辉煌,所以又叫潮州金漆木雕。它与东阳木雕、黄杨木雕、龙眼木雕并誉于世。

潮州木雕始于何时不得而知。潮州开元寺天王殿梁架上有一"草尾"装饰的斗拱为唐代遗物,而悬挂铜钟的木龙则为宋代遗物。潮州许驸马府建于北宋治平年间。其建筑装饰木雕亦以"草尾"为主。由此可以推断,潮州木雕在唐宋时期已经存在。1054年,潮州郡守郑仲重做计时器"漏"时已有"指工绳木,卯金涂漆"的记载。明清两代,潮州木雕技艺臻于完美。明末,石窟艺术基本停顿,各大寺院多制木雕佛像及佛器、案几的木雕装饰,出现多层镂雕技术。特别是清末民初年间,海内华侨回乡建造祠堂、豪宅成风,大量采用潮州木雕,使之达到登峰造极的发展阶段,现存大量潮州木雕多数为这个时期的作品。

潮州木雕风格独特,自成一体,具有"工艺精湛、玲珑剔透、金碧生辉、富丽堂皇"等特点。其精美的艺术魅力名扬世界,因此深受海内外各界人士的喜爱。潮州金漆木雕远销德国、加拿大、美国、法国、日本等国家和香港地区。如泰国的普门报恩寺有潮州出产的"金漆木雕"千手观音,新加坡半港天后宫有潮州设计制作的潮州木雕,法国巴黎中国城有潮州设计制作的"龙光拐子"门罩木雕,还有陈列于中国驻朝鲜大使馆的"清明上河图"木雕作品等。在东南亚的潮籍华侨,几乎家家都摆放着几件潮州木雕,

潮州木雕

潮州木雕工艺雕塑

既作祈寿祝福膜拜之用,又作工艺美术品欣赏,可见潮州人民对它无比热爱。

潮州木雕之所以能历久不衰,流传至今,离不开默默耕耘在这片园地里的世世代代的民间艺人。他们更以其呕心沥血之作为潮州增光、为雕刻艺术史添誉。潮州木雕作为潮州文化的一个重要组成部分,在长期发展过程中,吸取了石刻、绘画、泥塑及潮剧等各种不同民间艺术的某些长处,形成自己独特的风格。而且它还不断地推陈出新,使品种多样化。这充分体现出潮州文化精致机灵的风格。潮州木雕就是潮州民间工艺美术这片沃土孕育出来的一朵奇葩,吸引着众多游客来此观赏,而且将其作为收藏品,也具有一定的价值。

海南椰雕的来历及特色

椰子是许多人对海南最初印象的象征物,徐徐海风下,椰香飘散。海南和椰子之间有着说不尽的渊源。汉代《南越笔玩》记载:"琼州多椰,昔在汉成帝时椰子席,见重于世。"

海南椰雕可追溯到中唐宣宗元年(847年),《粤东笔记》载:"李得裕谪居崖州时,将椰壳锯正制成瓢、勺、碗、杯作吃喝用具。"唐诗人陆龟蒙有"酒满椰杯消毒雾"的诗句,可见椰壳消毒避瘴,制成日用品至少有1100多年历史了。到了宋朝,工艺精致的椰碗、椰杯、椰壶已流行于士大夫的宴席之上。

《正德琼台志》记载:宋绍圣四年(1097年),苏东坡谪居儋耳(今儋县中和镇)曾拿椰子壳请当地艺人雕成椰雕帽,谓之"椰子冠",有"自漉疏中邀醉客,更将空壳付冠师"的诗句。可见当时的椰雕技艺已达到相当高的水平。至于清末、民初,用椰雕作为礼品、用品已很平常了。

海南的椰雕主要分为三类:以椰壳和贝壳镶嵌的椰壳雕、椰棕雕和椰木雕。其种类从日

海南椰雕

常生活的碗、花盆、酒杯、文房用具等容器,到拥有极高艺术价值的工艺雕刻品、拼贴画、饰品等,甚至房梁建筑,应有尽有,渗透到了海南生活的方方面面。海南椰雕技艺精湛、色调古朴优美、造型新颖,富有浓厚的海南特色。

海南椰雕价值的高低主要由其制作工艺决定,制作工艺越复杂,价值越高如,使用浮雕、圆雕等复杂工艺的椰雕收藏价值较高。

巴林石雕有何特色

巴林石雕因产于内蒙古巴林旗的羊山而得名,以题材新颖、雕工精细等特色著称于世,尤其是以巴林石刻鸡血图章被专家们誉为"印章中的珍品"。该石雕与福建寿山石、洲江青田石、昌化石等著名石雕艺术品齐名。

巴林石雕内容丰富,涉及人物、山水、花鸟虫鱼、亭台楼阁和文房四宝、印章、烟茶酒具,等等。其中,鸟羽、马鬃、牛蹄、羊眼、草坪、花瓣等,是巴林石雕中最擅长的细节。

巴林左旗和右旗是我国玉石储矿量最大的产地。这里所产的巴林石质地细润通灵、坚而不脆,颜色纯黄无瑕、晶莹如玉,透明而柔和协调,融细、洁、润、腻、温、凝等为一体,属于名贵的石雕材料,被金石界誉为"一寸福黄三寸金"。

巴林石雕:桃园三结义

何谓抚顺煤精雕

煤精雕刻,是中国古老的雕刻品种之一。其中以"煤都"抚顺生产的各种煤精工艺品最为著名。1973年,在沈阳新乐文化遗址中发掘出土了煤精雕刻,距今已有6800~7200年,是我国出土的年代最早的文物宝石。早在20世纪初,抚顺煤精雕就已远销日本、东南亚及世界各地。2008年,抚顺煤雕技艺被列为国家级非物质文化遗产。

煤精也叫煤玉,是一种腐泥混合型的煤,以其为原料制成的各种工艺品,特色众多而鲜明,包括:材质细腻、色泽乌黑、光亮如莹、造型美观、风格独特。煤精是抚顺地区文化最杰出的代表之一。其以传统文化和民族文化为背景,不仅图案纹饰多姿多彩,布局合理,内涵也十分深厚。

煤精所以成为艺术品,源于我国古代民间雕刻工艺,其制作过程始终沿用

抚顺从事煤精雕刻的艺人

传统手工制作,包括"砍"、"铲"、"走"、"抢"、"磨"、"抛"、"滚"、"撵"、"剁"、"刨"、"钻"、"搓"。它历史悠久、底蕴深厚、代代相传,现已成为世界上绝无仅有的艺术品之一。

抚顺是我国琥珀昆虫的唯一产地,也是世界上重要的琥珀产区。这里的煤矿资源十分丰富,而且质地坚韧、色泽艳丽、品种丰富,是雕刻琥珀工艺品和首饰的绝佳材料。该雕刻就地取材、因材施技,主要分为圆雕、浮雕两种,制作工序有选、切、定、铲、搓、钻、走、抢、磨、抛、清等。其中,圆雕为四面体,浮雕为三面体。

抚顺琥珀雕刻工艺精致高超、多姿多彩,大致可分为琥珀雕件、琥珀首饰和琥珀内画三大系列,而每一系列中又包括了多种款式。它不仅造型优美、构思精巧,独具地方特色,而且具有消痛镇惊、冬暖夏凉等药用价值。其中,琥珀首饰最受世界各地游客的喜爱。

 莆田为何被誉为"中国木雕之城"

莆田木雕,是福建省汉族民间雕刻艺术之一。其兴于唐宋,盛于明清,素以"精微透雕"著称。唐初,寺庙的建筑装饰、佛像、经书等已有雕刻雏形;宋末元初,莆田所雕人物、花卉等题材的围屏、栏杆、木雕古玩、乐器、家具等,相当精妙生动;明代,莆田擅长圆雕佛像,平雕建筑装饰。至今莆田本土、我国台湾地区、日本长崎等地天后宫尚存有明代木雕妈祖像及匾额、围屏、祭器等文物。

历代以来,莆田都有名闻八方的木雕代表人物。如,清末名师孙廖熙擅长于人物,兼雕花卉,其佳作在1903年"巴拿马国际博览会"上荣获一等奖。"廖氏木雕"遂成为中外古董商竞相觅购的珍品。故宫博物院尚存多件"廖氏"木座和清乾隆年间莆田后洋人雕刻的贡品——贴金透雕花篮。

莆田木雕:关公

近代，莆田木雕多采用本地盛产的龙眼树木料雕成各种武将、仕女或神像，辅以老漆涂饰，使作品更加显得色泽深沉、古色古香，龙眼木雕因此而美名远扬。

新中国成立以来，莆田木雕焕发出蓬勃生机。1956年，莆田木雕创作一套乐器，其器缘、柄、肚、钮都装饰着用一寸见方的黄杨木片镂刻的三国演义人物及花果鸟兽等，精微细致、玲珑剔透，选送参加东欧捷克斯洛伐克共和国展览会得到嘉奖；1959年，莆田木雕创作了圆雕人物、桌屏等27件，进京向国庆十周年献礼；1979年以来，新中国第一代传承人朱榜首、黄丹桂、佘文科等人形成整齐的艺术创作班子，朱、黄两人创作的《三打祝家庄》、《立柱龙凤灯》等作品堪称全国一流的木雕精品；佘创作的《渔港之春》，黄创作的《十三朵金花》曾获选陈列于北京人民大会堂福建厅。闵国霖大师的天然木雕《达摩》、《寿星》等系列作品是业界公认的一流水准杰作。他于20世纪80年代创作的黄杨木雕《洛神》首获全国工艺品质量评比优秀奖。2003年莆田被中国轻工业联合会、中国工艺美术学会联合授予"中国木雕之城"的称号。

青田石雕有何特色及传说

青田石雕，是指以青田石为材料雕制而成的传统工艺品。青田石主要产自浙江省青田县。这里历来被人们称为"中国石雕之乡"。青田石雕被誉为"在石头上绣花"。作为传统工艺品的青田石雕，风格写实而尚易，精妙大器，花纹绚丽，自成流派，素有"天下第一雕"之称。

青田石是"中国四大名石"之一，在地质学上称为"叶蜡石"，是一种耐高温的矿石。其色彩丰富、质地细腻、软硬适中，可雕性极强。作为主流印石，素有"图书石"的美称。是历代文人篆刻家首选之石材。

青田石雕自成流派，奔放大气、细腻精巧、形神兼备。其作品五彩缤纷、玲珑剔透、晶莹如玉，别具艺术效果。

青田石的优劣相差甚远：以油脂状、无杂质的冻石为上品；细腻亮泽、不冻、无裂痕者为中品；石质粗糙、光水不足为下品。品评青田石雕作品，首先是造型，继而是石质、石色，再是题材内容及技巧。一件好的石雕作品，须为

青田石雕工艺品（一）

青田石雕工艺品(二)

立意新颖、造型美观、石色利用巧妙、石质上乘、刻画周到、技艺精湛等因素的融会综合。

关于青田石雕的来历，还有一段传说。相传古时，青田山口村住着一位青年农民，靠卖柴度日。一天，他在山上砍柴时不小心将柴刀砍在石头上，石头被"啪"地劈落一块，捡起一看，那石头晶莹透亮、色彩斑斓，美丽极了。他将那块石头带回家，琢磨成一颗石珠，挂在女儿的脖子上。乡亲们争相观看，后来都纷纷仿效，上山寻找那奇妙的石头，做成各式各样的装饰品。从此，青田石雕便流传下来。

高州角雕为何能成为收藏精品

广东省高州市是一座历史悠久的文化古城，古称高凉郡。高州角雕以其传统的工艺、精湛的技巧，闻名中外，实为高雅之士观赏收藏之精品。

高州角雕是采用各种水牛角、山羊角，利用其形状、纹理、色泽，经精心设计，运用钢锯造坯，钢刀精雕细刻，再涂以蜡油，最后抛光等工艺制作而成的工艺美术品。它滋润有光，富有表现力。如，以牛角为底材，可以雕制成一只船，打磨得非常光滑，再把角质切成细丝和薄片，作风帆和墙绳，表现"一帆风顺"的主题，很受欢迎。另以角材刻制的草虾、神仙鱼、蜻蜓、青蛙、秋蝉、荷叶、笔筒等，纤巧精细、生动传神，具有较高的陈设艺术价值。

高州角雕是从1960年发展起来的，雕刻家张文梓对高州角雕的发展贡献最突出。其中鱼、虾造型，质地坚实、形象逼真、光润明亮，颇饶生趣。1963年，随着《小虾》等角雕作品畅销香港、英国等地，高州角雕也就开始名扬中外。高州角雕作品《草虾》，在1973年广东省旅游工艺评比中夺得一等奖。1974年，该作品又被选送至维也纳世界年度博览会展出。1978年，该作品和

高州角雕

另外一组作品《神仙鱼》，参加全国工艺美术展览，受到了邓小平同志的高度评价。1983年，北京博物馆收藏了《草虾》这一作品。

高州的角雕艺人，运用精湛的技艺，雕刻出大批优美动人、惹人喜爱的艺术作品。据不完全统计，从1960—1983年，高州角雕已生产出口产品246个品种，约达40多万件，畅销香港、澳门、日本、西欧、东南亚、美国、加拿大等29个国家和地区。

高州角雕艺术，较好地继承了我国传统的雕刻艺术和国画的民族特色。艺人们用大头羊角、绵羊角和牦牛角制作的《神仙鱼》，由于羊角的彩色纹和热带鱼身上的花纹非常相像，人们看到作品的鱼在"柔软的水草"中穿游，仿佛置身于水族馆一样。高州角雕不仅可以作为个人的收藏品，也可送给亲朋好友作为纪念品。

武汉木雕船的来历及特色

武汉的木雕船历史悠久，可以追溯至汉代，历经千年风雨，如今已经发展成为武汉工艺的代表之作。武汉木雕船种类繁多，大小不一。武汉的木雕艺人们将在码头上来来往往的船只雕成一只只小小的船模，记录着武汉数千年来的兴衰荣辱。

武汉木雕船以柏木、黄杨木、红红木为原料，根据各类船形特点进行雕刻，例如，川江的麻秧子船、歪尾巴船，船体呈"斗"形，头子尾翘；湖南的倒把子船、平顶船、秋子船，船体狭长，头尾向上翘，颇具湘江特色；江浙一带的游船、客货船，造型优美、装饰华丽，具有江南花色俊俏的特点。此外，还有各种飘海船、过海八面风帆船、渔船等。

武汉为"九省通衢"之地，濒临长江，四周江湖密布。自古以来，这里就被称为"水天泽国"，水路交通十分发达。武汉是我国内陆最大的水陆码头。通过长江，四川、浙江、湖南等地的船只在江面、湖泊上来往不断，有人用"蜀麻吴盐自古通，万斛之舟行若风"描述当时的盛况。

得天独厚的地理环境和历史条件为武汉的木雕船奠定了厚实的基础。根据1973年的考古发现，在西汉时期，武汉一带就已经能够制作"长江木船模"。历史上关于武汉木雕船的记载也不在少数。但由于木雕船制作工艺复杂、学习时间久，如今愿意从事木

武汉木雕船

雕船工艺的年轻人已经越来越少。目前在武汉,仍然从事木雕船的手工艺人中以国家级非遗传承人、中国工艺美术大师龙从发最为出名,但龙老先生也早已年过古稀,一生的手艺却只有儿子龙勇继承。

武汉木雕整体造型美观华丽,船体花纹清晰、匀称纤细,而且楼阁门窗、栏杆等处的花纹也处理得十分逼真。由于其使用榫接,拆卸组装非常方便,是来汉旅游的必购品。

浏阳菊花石雕为何被誉为"全球第一"

菊花石,也叫石菊花,以湖南浏阳大溪河所产的为上品。其"花"孕育于二亿多年前,因地质运动而形成于岩石之中,的确可以称为"取日月之精华,吸天地之灵气"。

浏阳菊花石由天然天青石和方解石矿物构成白色菊花状花形,花瓣多被方解石交代,呈放射状对称分布,组成白色花朵,花瓣中心由近似圆形的黑色燧石构成花蕊。其花形酷似秋菊,高贵典雅,纹理清晰、界限分明、神态逼真,形成令人叫绝的"石头能开花"的绝景。

菊花石雕是浏阳县的独特手工艺品,用生成于2亿多年前的菊花石雕琢而成。据了解,到目前为止,全世界只有浏阳生产这种天然石,因此,浏阳菊花石雕被誉为"全球第一"。此石像菊花一样,花蕊有单蕊、双蕊、三蕊和无蕊,有类似竹叶菊、绣球龙葵菊、蒲叶菊和金钱菊花形等。

菊花石质地坚硬,外表呈青灰色,里面有天然形成的白色菊花形结晶体,看上去很像自然界的菊花。其中的"菊花"部分,"花蕊"是晶粒状矿物的集合体。"花瓣"是一个个菱面晶体形态紧挨或断续连接所产生,矿物成分依据品种不同而有所区别。其中湖南浏阳出产的菊花石主要是方解石和玉髓(石英),有的含菱锶矿及天青石。另外还有如北京西山红柱石菊花石,存在于红柱石岩中,岩石基底为黑色、密集分布着灰白色的放射状红柱石集合体,呈菊花状。每个花瓣则是一个红柱石晶体。其主要矿物成分为红柱石。

浏阳菊花石石质细腻、软硬适中,易雕琢,其菊花造型千姿百态、蔚为奇观,不愧为誉满全球的珍品。

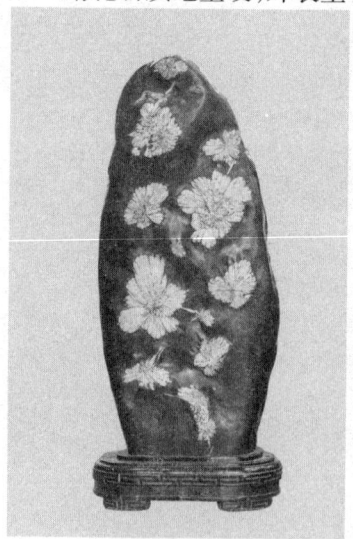

浏阳菊花石雕

留青竹刻因何得名

留青竹刻，俗称"皮雕"，就是在竹刻时只留竹子青筠的一种雕刻技法，通常为浅浮雕，所用之材为成长数年的腊月毛竹。施艺时，将纹饰以外的竹青剔去，仅露出纤维状竹肌。由于竹青与竹肌在质地、色泽上的明显差异，故作品能取得笔墨神韵般的艺术效果。这种竹刻，不仅精巧，而且外表润泽，随着年代的逐日推移，青筠处泛黄，其图案显示的独特韵味也会越发神奇、古朴。

留青竹刻最早起源于唐代的金银器镂錾及石刻浅雕工艺，至明末清初才盛行。据实物考证，我们迄今所见最早的留青竹刻实物，是一支唐代的管乐器"尺八"（古代的竹笛，因长一尺八寸而得名），现藏于日本正仓院。它长43.6厘米，吹口口径2.32厘米，由三节竹子做成，正面有五个压孔，背面一个。整支"尺八"布满留青雕花纹饰，有仕女、花卉、树木、禽蝶等；正面的两仕女，一俯首摘花，另一作张袖之状；背后亦有两仕女，一执扇，另一坐弹琵琶；整幅图案，形神兼备，刻画细腻，极具唐代风格。

据史书记载，在我国历史上，把留青竹刻工艺推到一个崭新层次的当属明代竹刻家张希黄。张希黄，字希黄，号宗略，浙江嘉兴人，后人称之"留青圣手"。张希黄剔地阳纹的留青竹刻法与唐代的"尺八"不同。他是在极薄的竹筠上，用全留或多留、少留或不留等多种技法，来表现画面的丰富层次，刻画出深浅浓淡之变化，刀法娴熟、形象生动，极具中国画的墨韵。同时，他借鉴绘画艺术表现的青山楼阁，工精绝伦。上海博物馆所藏的一件"山窗竹影"竹笔搁，长19.1厘米，宽5.8厘米，整幅画面展现了江南乡野庭院的美景：远山峰石秀峭，庭园翠竹掩映，大门敞开，门前一人，躬腰在清扫，窗明几净，空旷恬静，给人一种远避尘嚣的宁静之美。笔搁上端空白处还镌刻了一行诗句："试笔山窗竹影凉，闲临小字模鹅章，空巢燕子时飞过，带得新花落纸看。"下有"张宗略"与"希黄"阴阳文印各一方。

张希黄的传世之作不少，皆细致工妙，精美绝伦。其中尤以"山水楼阁"笔筒最为典型。笔筒所呈色泽浓淡有致，所刻画面由近处的楼阁与远处的山峦组成，楼阁檐牙高啄、廊腰缦回，山峰层峦叠嶂、危岩嵯峨，一近一远，相互映衬，充满了诗情画意，让人有种身临其境之

留青竹刻：山水人物笔搁

留青竹刻：水清鱼乐

感，洋溢着浓厚的文人气息。

继张希黄之后，习留青技法的人甚多，尤以清代中期的尚勋造诣最高，其次如民国时期浙江吴兴的金西崖、江苏武进的徐素白、苏州的支慈庵和无锡的张韧之等。

留青竹刻一般有笔搁、屏芯、笔筒、香筒、诗筒、扇骨、虫具、文具等，其中尤以笔搁居多。它融雕刻、书画、诗文、印章、造型于一体，是中国传统工艺中的一朵奇葩，在当今的艺术品市场上占有重要的一席之地。

 泉州木偶有何特点

泉州木偶，因产于福建泉州而得名，是当地著名的民间工艺品之一，分为提线木偶（"傀儡戏"木偶）和掌中木偶（"布袋戏"木偶）两种。

泉州木偶特色鲜明，主要体现为：轮廓清晰、线条洗练、结构完整、制作精美、形象生动、栩栩如生，雕刻、粉彩工艺融合了唐宋的雕刻、绘画风格，构思奇巧、巧夺天工、独具匠心。表演时，只需用手以提线的方法或以手指对木偶进行拨弄即可。

泉州木偶的主要功力体现在用樟木刻制头坯。其雕制过程分为10多道工序，包括选材、粗坯、精雕、裱纸、磨光、补隙、刷泥、上粉、开脸、盖蜡等。男木偶的发髻或采用真发，或直接用樟木刻成；有的还要植上胡子，式样有长、短、八字等，颜色有黑、红、灰、白4种。女木偶的发髻均为真发做成。待木偶雏形制成后，还要施以彩绘、配以服饰。

当代泉州木偶的制作，一方面，保留了传统的技艺；另一方面，注重夸张与变形，尤其强调木偶人物的性格特征。作为享誉中外的民间工艺珍品，泉州木偶是很值得收藏的。

泉州木偶戏

趣味塑造工艺品

QUWEI SUZAO GONGYIPIN

北京"面人"制作有何特色

面人,又叫"面塑",以面粉、糯米粉为主要原料制成,后期工艺流程还包括着彩和防裂、防霉处理等。这种汉族传统手工艺品距今已有二三百年的历史了。它虽然制作简单,但艺术性很高,尤其是北京面人以技艺娴熟、人物形象千姿百态且栩栩如生等特色著称于世,被誉为"中国的雕塑艺术"。

卖炸糕的北京面人

面塑取材十分广泛,既有四大名著、神话故事、民间传说、传统戏曲及卡通人物,也有十二生肖及其他动物形象等。例如,《三国演义》中的刘备、关羽、张飞,《西游记》中的唐僧师徒,神话传说中的福禄寿星、嫦娥、八仙、哪吒等,戏曲中的杨家将等,以及葫芦娃、奥特曼、蜡笔小新等儿童动画人物。当这些活灵活现的面人被装在精致的玻璃框内,就会成为一个个独具特色的工艺品。

面人经过多道工序制成,首先要对面团进行捏、搓、揉,然后要用小竹刀点、切、刻、画,当雏形制成后接着就要进行后期装饰。该工艺美术品除艺术形象生动、逼真外,还具有多个优点:体积小、易携带,不易变形,不易褪色,经久不霉。它是北京著名的旅游纪念佳品,购买后可作自己之用,也可馈赠亲友。

关于面人,还流传着这样一个传说:

相传清乾隆年间(1735—1796年),老家在山东的刘墉考中进士,并在朝廷当上了吏部尚书官职。刘墉家的厨房里有个大师傅,也姓刘,老家也在山东。一年,有个人称老王的人来到刘府投奔刘师傅。老王40多岁,是山东菏泽县人,来刘府后住在下房里,帮忙干杂活儿。

有一次,老王在揉馒头时,按山东人过年的习惯将馒头揉成各种形状,像仙桃、花、鱼、蝴蝶等。待馒头做好后,刘师傅将其一端上饭桌,就引得刘府家眷们非常好奇,就连刘墉也觉得挺有意思,不禁称绝。

后来,刘师傅对老王说了馒头被夸这件事。老王

老北京面人:门神

听后,精神大振,于是又用面团捏成了一些丫头、小子、鸡、狗等形象,并用胭脂和染料对其着色,使它们成了非常有趣的小玩意儿。当刘师傅将这些小玩意儿分送给刘府的内眷们后,更引得大家的一致夸赞,而刘墉看到后也来了兴趣,并且传唤老王来见他。就这样,在刘墉府上出现了一种独特的工艺品——面人。

北京"葡萄常"有何典故及特色

北京的"葡萄常"可谓遐迩闻名,但他的原姓为纽祜禄氏,属于蒙古族。这还得从一个典故说起。话说1894年,在慈禧60大寿的寿宴上,有人进贡了一盘"假葡萄",可是它看起来鲜嫩欲滴,引得慈禧太后凤颜大展,并传旨拿来享用。但是太监告诉她,这盘葡萄是玻璃做的艺术品,只能看不能吃。没想到的是,老佛爷不但没有怪罪,反而赏赐了一块"天义常"牌匾给制作"假葡萄"的主人——韩其哈日布。韩其哈日布为感谢老佛爷的恩典,就将以前的姓氏改为"天义常"中的"常"字,并取名为"常在"。

1915年,在巴拿马国际博览会上,"葡萄常"荣获一等奖。由此,常家玻璃葡萄名扬海内外,并且开始远销英德等世界20多个国家。由于常家的"葡萄常"绝技传女不传男,所以传到第三代时,常家姑侄5位妇女为保存这门家传绝活儿,矢志终身不嫁。毛主席称她们为"葡萄常五处女"。第四代传人为常玉龄。第五代传人为常弘、常燕二姐妹。其中,第五代传人改进了"葡萄常"工艺,增加了"葡萄常"品种。

葡萄常料器葡萄

"葡萄常"以玻璃为原料,先要将玻璃溶液烧到一定火候,然后将溶液粘在一根金属管上,使其成为空心葡萄珠,接着经贯活、蘸青、攒活、揉霜等工序方可制成。这种"葡萄"的最大特色表现为可以达到以假乱真的地步:看起来晶莹剔透、形象逼真,且颜色丰富,包括紫色、绿色等,几乎与真葡萄没有任何差别,让人止不住想尝一口。

"泥人张"为何被称为"天津一绝"

中国泥塑艺术最早可以追溯到原始社会的河姆渡文化时期。最新出土的一尊年代久远、整体造型完整的彩塑泥兽,据专家考证为春秋早期的珍贵文物。

泥人张

天津"泥人张"彩塑是一种深得百姓厚爱的民间艺术。它始于清道光年间,流传、发展至今已有100多年的历史。其创始人是张明山。他自幼随父亲从事泥塑制作,在继承传统工艺的基础上创造自己独有的风格,最终练就了一手绝技。其作品取材广泛,塑造人物生动,塑与绘的结合使作品更具生命的张力。泥人张经过几代人的传承,成为我国泥塑艺术的又一个高峰。

泥人张彩塑具有鲜明的艺术特色。它能细致入微地刻画出不同人物的性格、体态,追求解剖结构,取舍恰如其分,色彩鲜明、独具匠心,形成了独立的风格,达到了形神兼备,令人爱不释手的地步。另外,其创作题材广泛,有的反映民间习俗,有的取材于民间故事、舞台戏剧,有的则直接取材于四大名著等古典文学名著。由此所塑出的作品不仅形似,而且以形写神,达到神形兼具的境地。郭沫若、赵朴初、吴作人、徐悲鸿等大师都分别题词、著文予以颂扬。

因天津"泥人张"具有以上诸多的优点,被人们称为"天津一绝"。

凤翔彩绘泥塑是怎样从"泥货"蜕变出来的

从当地人口中的"泥货"到"中国民间艺术一绝",再到国家级非物质文化遗产,凤翔彩绘泥塑通过600多年的发展,完成了属于它的蜕变。这是怎样一个"化泥成绝"的过程呢?

相传明朝建立之初,为了加强西北地区的防御,朱元璋命御林军第六营的士兵在凤翔一带驻守。后来天下逐渐稳固,兵屯制取消,屯扎的士兵也就在当地安家落户。从那以后,这个村就取名为六营村。话说这些士兵大多来自江西,而且都精通陶瓷手艺。凑巧的是他们在村子的东沟发现了一种类似陶土的板土,黏性极强,加水晾干后,硬而不易干裂。于是,平时

凤翔泥塑

闲暇之日,他们便就地取材,和土为泥,按照家乡制陶的手艺,捏造出造型各异的泥塑来玩,并且还汲取了古代剪纸和刺绣中的纹饰,以造型夸张的彩绘形象示人。逢年过节时,这些泥塑还被作为礼品送给亲朋好友和小孩子。后来经过改进的泥塑还被拿到庙会上去出售。人们买回家中,用以祈子祈福、辟邪镇宅。这样,融汇了江西传统陶瓷技艺和当地3000多年文化积淀的彩绘泥塑,经过几百年的发展演变,最终形成了凤翔独具特色的民间艺术。

随着时间的推移,凤翔的泥塑彩绘技艺愈加成熟,成为我国民间美术当中极具特色的精品,深受人们喜爱。

淮阳泥泥狗为何被誉为"真图腾、活化石、天下第一狗"

泥泥狗,又称"陵狗"或"灵狗",产自河南省周口市淮阳县,是当地著名庙会——太昊陵"人祖会"中销售的泥制玩具的总称。它是在原始图腾文化下产生出来的一种独特的民间艺术。其表现题材十分广泛,飞禽走兽无所不有,造型虚幻神秘,总计有200多种。那么,淮阳泥泥狗为什么被誉为"真图腾、活化石、天下第一狗"呢?

淮阳泥泥狗的塑造、绘制,跟祭祖、娱神、祈子都有很大的关联。它的纹饰种类很多,主要有绳纹、类篮纹、折纹、三角纹、菱纹、叶纹、花卉纹、葫芦纹、太阳纹、蹄印纹等。据民俗专家介绍,泥泥狗的这些纹饰图样实质上都是一些生殖符号,都是由生殖器官抽象变形而产生的一些近似于符号的花纹。这种形式的出现在本质上是对其内容的一种反映,所以繁衍生息就是泥泥狗的核心内涵。淮阳泥泥狗制有这样的符号,体现了古时候当地人的一种生殖崇拜。

淮阳泥泥狗的每一种形式都有其神话来源,不是民间艺人随意捏造出来的,而且其形式与内容结合得很好,既包含着本来就离奇的神话传说,又充满着强烈的现代色彩和民族特色,其创造能力相当强。可以说,泥泥狗作为远古的民间艺术流传至今,其实质上已经成为一种原始图腾文化的延续和拓展。它不仅是中华民族民俗文化中的一种极为典型、罕见的艺术瑰宝,而且真实地记录了史前人类生殖文化的种种轨迹,折射出民间美术与传统文化之间的紧密联系。因此,它被誉为"真图腾、活化石、天下第一狗"。

淮阳泥泥狗(一)

淮阳泥泥狗(二)

泥泥狗除自身所蕴含的文化内涵外,还有着其鲜明的艺术特色。它本身是一种以黑色为主色的泥塑玩具,在黑色之外还涂有红、黄、青、白等颜色,色彩对比很强烈但又不失和谐。在造型上,淮阳泥泥狗基本上都是方圆结合——它的头为圆形,身体则被处理成方形,四肢被做成圆柱形,脚被做成了方块形。这种大方大圆的结合,既使泥泥狗用最洗练的形式表达了最丰富的东西,又决定了它的动作都是以稳重为主,几乎没有太大的动作姿态,看上去立地扎根很稳固、不可动摇,给人一种能够长久存在、时空永恒的感觉。现在,每逢祭祀人祖伏羲、女娲的庙会时,泥泥狗都是斋公、香客们为避灾、求福而争相购买的"神圣之物"。

浚县泥咕咕为何有"历史的活化石"之誉

浚县泥咕咕,是河南鹤壁浚县民间对泥塑小玩具的俗称。这种泥塑形体较小,大的不足20厘米,小的只有4~5厘米。其尾部有两个小孔,吹的时候会发出"咕咕"的声音,所以人们称之为"泥咕咕"。那么,浚县泥咕咕为什么有"历史的活化石"之称呢?

浚县,古称黎阳,位于河南省北部。这里历史悠久,文化底蕴丰厚,有很多的远古遗存、遗风,以此为基础形成了浚县独特的民族民间文化,主要产自于浚县黎阳镇杨圯屯的泥咕咕就是其中的代表。据《资治通鉴》记载,隋末农民起义军曾与隋军争夺黎阳仓(即位于浚县的粮仓)时,瓦岗军首领李密手下的一员大将——杨圯就曾在此屯兵,故而得名杨圯屯村。当时,杨圯军中有一些士兵会捏泥人,为了纪念在战场上阵亡的将士和战马,他们就用当地的胶泥捏塑泥人、泥马。后来,军队中的一些士兵就地安置,这门手艺

浚县泥咕咕

就流传了下来,成为当地的特色手工艺。

在浚县泥咕咕中,英雄人物是当地艺人最乐于创作的、经久不衰的传统题材,如,骑马人、三国英雄人物、隋唐英雄人物等。这既是因为当地人在内心深处有很浓的英雄情结,也是因为浚县自古就是孕育英雄、产生英雄的沃土,是上演英雄史诗的舞台。

浚县庙会上的泥咕咕

在历史上,大禹治水、武王伐纣、诸侯争霸、三国博弈、隋唐更迭以及近代抗击日寇等,都曾在这块土地上呈现过,都在这里留下了许多悲壮的故事。后来,这些故事都成了泥咕咕艺人创作的题材。这就使泥咕咕具有了记录中原历史的作用。

除历史事件外,泥咕咕还体现了当地的民风民俗。每年的正月,浚县都会举办古庙会。这个古庙会最早起源于后赵时期,至今已经有 1600 多年的历史。每逢庙会之时,几乎随处可见销售泥咕咕的摊子,泥咕咕给庙会增添了乐趣,庙会又为泥咕咕的存在提供了平台。在庙会上,泥咕咕还被广泛运用于求子的民俗活动之中,而求子的民俗活动又和宗教信仰紧密融合在一起。正是由于浚县泥咕咕所具有的这种记录历史和反映当地民俗发展过程的作用,所以才被人们称为"历史的活化石"。

现在,泥咕咕还是以小手工作坊生产为主。每到农闲时节,当地人全家男女老少齐上阵,大家围坐在一起,边制作、边说笑,气氛轻松热烈。浚县泥咕咕一般有四种制作形式:一是模具制作,有扁头狮、小燕子、小丫鬟等;二是手工捏制,有小马、小猴、猪八戒等;三是模子和手捏相结合,有骑马人等;四是在泥玩具身上加钢丝、弹簧,有活头马、活头狮子等。艺人们制作时用的泥料和工具都非常简单,大都就地取材。他们把村边的黄胶泥挖回家,加水后和成泥巴,然后用木棍捶打几遍,使其变得柔软细腻,就像面团一样;工具是一根削成了一头粗一头尖的竹棍儿,主要是用来雕画泥玩具的鼻、眼、嘴和身上的花纹;除此之外,还要根据泥塑的形状,在不同的部位打眼通孔,使之可以用嘴吹出不同的声音,当地人称之为"咕咕小哨儿"。

塑形完成后是上色。浚县泥咕咕的颜色特点是以黑色、棕色打底,再描绘上白土粉、大红、大绿、大蓝、大黄等条纹。这些颜色大都是用原色,很少用经过调和的中间色。用色之前,这些颜色都要用蛋黄进行调制,以使色彩起明发亮,形成强烈的对比。浚县泥咕咕造型本来就古朴拙雅,再加上民间大红大绿的着色,看上去很有美感。在上色完成之后,要用清漆罩上一层,然后放进高与宽均为1米左右的砖砌小土窑中焙烧,待烧好后取出即可。

浚县泥咕咕的基本造型有人物、动物、飞禽三大种类共100多个品种,其中有以三国、水浒和瓦岗军为原型的人物,有老虎、狮子、大象和燕子、斑鸠、孔雀等猛兽和飞禽形象。每到制作泥咕咕的时节,浚县当地每家每户的窗台上、墙头上、灶台上,都摆满了人们精心制作的泥咕咕。这些泥咕咕造型古老朴素、逗人喜爱,寄托了劳动人民对生活的热爱和对未来的希望。

 惠山泥人"大阿福"的传说

蜚声中外的惠山泥人,始于南朝,盛于明代,距今已有千余年历。惠山泥人题材丰富、技艺精湛、惟妙惟肖、雅俗共赏。

在惠山泥人中,人们最熟悉,也最受老百姓喜爱的就是惠山"大阿福"。几百年来,阿福那天真可爱,充满童趣的形象,一直深受中国老百姓的喜爱。随着时代的变迁,阿福的形象也不尽相同。但基本造型都是一个或一对胖娃娃。身穿五福袄,怀抱大青狮,显得文静中有威武,端庄中又带憨厚,从内容到形式都紧扣"福"字的主题。但关于大阿福的来历,在惠山还流传着一个神奇的民间传说。

相传在远古时候,无锡惠山周围一带丛林密布、古木参天。惠山脚下的老百姓都过着无忧无虑、自给自足的农耕生活。可有一天,山林中出现了怪兽,无锡人称之为"青饕"。这怪兽经常出没山林,伤害惠山附近的百姓,尤其专爱吞食小孩。百姓从此不得安宁,小孩更是啼哭不止,惠山脚下一片悲凄景象。

长期生活在太湖边上的无锡居民,世代以农耕渔桑为业,对狩猎、围捕缺乏经验,不知如何降服青饕,惶恐之余,只有聚集在一起求天上神灵保佑。在居民的祈求下,上天终于派下了一对金童玉女,专门下凡除害。这对金童玉女,男的头戴紫金冠,女的梳两个环洞式横髻。是神特意把自己变成一对胖乎乎的小孩儿,以此来引诱怪兽。这对金童玉女神通广大,力大无比,只随手一招就降服了怪兽,并将它收入怀

惠山泥人大阿福

中，驯为神兽，从此不再害人。于是惠山百姓回到了太平无事、安居乐业的生活。

为了敬重金童玉女的恩德，老百姓都尊称他们为"大阿福"，意思是给百姓带来了安乐和福气。为了怀念他们，便用惠山的乌泥塑造了抱着怪兽"青饕"在怀里戏耍的两尊男女大阿福，供奉于桌上，终日香火不断。

千百年至今，买对大阿福回家"避避邪，讨点福"已成为太湖流域的民间风俗。大阿福不仅是泥人，更是风调雨顺、国泰民安的象征。

为何黄陂有"泥塑之乡"的美称

黄陂泥塑，起源于隋唐时期。其最知名的，便是王氏父子在清道光年间为汉阳归元寺塑成的五百罗汉，历经200多年风雨仍完好无损，令世人惊叹其泥塑工艺之高超。清末黄陂泥塑艺人官志武以其精湛的泥塑手艺，为武当山、鸡公山、白马寺等名寺古刹制作道教、佛教神像，其作品栩栩如生，令黄陂泥塑的名声大振，获得了"泥塑之乡"的美称。

这里泥塑艺人辈出。他们的技艺高超、精湛。其泥塑作品蜚声海内外，被湖北省列为省级非物质文化遗产项目。在它的非遗申请书上，黄陂泥塑被定义为"黄陂泥塑是以泥巴为主要原材料，以农民为主体、社会各界广泛参与的群众性传统美术雕塑活动"。

黄陂泥塑形象生动、妙趣横生、逗人喜爱、造型多样，极富乡土气息。黄陂泥塑在国际上

黄陂泥塑

也十分有名，以其精湛的手艺吸引了许多外国雕塑爱好者。1982年，新西兰政治活动家路易爱尼在参观黄陂泥塑厂后，要求在场的艺人为己塑一个半身像。当时的一位泡桐艺人仔细端详她的相貌后，拿过泥坯揉捏，不到40分钟，就为她塑好了一尊形象逼真的半身像，令在场的外国友人赞叹不已。后来，路易爱尼还带来摄影师，专门摄制了《中国黄陂泥塑》纪录片，令黄陂泥塑名扬海外。

石湾公仔为何享誉世界

中国的陶瓷在世界上享誉盛名，蜚声国际。其中著名的有青花瓷、唐三彩。

石湾陶瓷：松鹤图

而以石湾公仔为代表的石湾陶艺品，则是中国民间艺术的一朵奇葩。它的艺术创作植根于民间，曾被称赞道："妙手匠心巧出神，泥沙水火见奇珍。艺精品美石湾瓦，名甲四方天下闻。"

石湾公仔就是石湾艺术陶瓷。其产地是广东省佛山市的石湾镇。石湾制陶历史悠久，陶瓷产业十分发达。据石湾"河宕贝丘遗址"的考古证明，5000多年前就有当地居民开始制陶。它是在日用陶高度发展，商业流通活跃繁荣的基础上产生的。每件作品都充满着浑厚、粗犷、质朴、率真的审美情趣。石湾公仔上釉别具一格，釉色浑厚斑斓、造型生动传神。它在技法上，塑造人物以不施釉的陶泥"胎骨"表现人体肌肤，取得了"比瓷雕更有温情和人性"的艺术效果。明代以后，石湾公仔的生产进入鼎盛期，产品种类繁多，逐步分为人物、动物陶塑、器皿造型、园林陶艺及微塑五大类，成为独具岭南特色的工艺品。《明诗综》有载："石湾瓦，甲天下"，概括反映了当时石湾陶瓷生产的地位。清代，石湾各式日用陶瓷品的大量生产及风格独特的陶塑瓦脊、园林用品、艺术人物、花鸟虫鱼等美术陶瓷，其陶瓷产品不仅畅销岭南，而且还经"海上丝绸之路"远销至东南亚各国。历经千百年的传承和锤炼，石湾陶艺形成了独具特色的艺术风格，深受国内外人士的喜爱和赞赏。2006年"石湾公仔"被列入首批国家级"非物质文化遗产"。

石湾公仔历来都是由民窑生产，创作方式不受拘束，自成一格，且题材广泛，贴近民众生活，具有浓厚的乡土气息。一向以来，石湾公仔都被视为平民的艺术品，直到现在，石湾人的生活依然与陶瓷有着密切的关系。从日常所用各式器皿，到一般家居摆设，都离不开陶瓷。为了开创新路，有些陶艺家会创作一些新的题材，另外还会在传统石湾公仔的神髓中，加入一些新的元素，希望让陶艺发展有新的空间。这种传统民间艺术已经受到广泛的重视，而且在艺术舞台上的地位越来越高。

石湾公仔多以人物形象为主，人物雕塑是石湾陶艺中最常见、产量最大的品种。除各种

石湾陶瓷：吕洞宾

历史、神话传说和小说戏剧人物外,还有渔樵耕读等生活题材。这使得石湾陶成为人们乐于收藏的艺术品种。此外,鸟兽鱼虫也是石湾公仔中较常见的品种,题材分为现实和传说两大类,如,现实生活中的马、牛、羊等,传说里的龙、凤、饕餮、麒麟等,这些都极富传统文化气息。

塔尔寺的酥油花为何被誉为"神州一绝"

塔尔寺,又名塔儿寺,坐落在西宁市湟中县鲁沙尔镇莲花山中,占地达1000亩,是我国六大寺院之一,也是西北地区的佛教活动中心。该寺规模宏伟,历史悠久,文物储存丰富,尤以酥油花、壁画和堆绣著称于世,被誉为塔尔寺"艺术三绝"。

酥油花,在藏语中称为"觉安钦巴",意思是"十五供品"。它最早产生于西藏苯教,一开始作为施食供品上的小贴花而存在,后来,发展为以酥油(黄油)为原料,塑造佛像、人物、山水、花卉树木、亭台楼阁、飞禽走兽等工艺品的油塑技艺。在塔尔寺,油酥艺术和十五花灯节距今已有几百年的历史了。

作为一种油塑工艺品,塔尔寺酥油花的题材起初较为单一,以莲花为主,制作水准也显得粗糙。后来,这里建立了酥油花院,专门研究油塑技艺,使得酥油花技艺更加精湛、内容更加丰富。塔尔寺酥油花集雕塑艺术之大成,不仅规模宏大壮观,艺术风格独特,而且内容丰富多彩,雕塑群体千姿百态,可概括为精、繁、巧等特点,堪称"神州一绝"。

酥油花这种立体艺术取材广泛、内容丰富,既有神佛祖师、文臣武将,也有花鸟鱼虫、飞禽走兽,还有山林树木、花卉盆景、亭台楼阁等,可以说应有尽有。该艺术品布局完整、情态逼真、栩栩如生,主要通过巧妙地利用三度空间的立体感,组成各种故事情节,形成完整的立体画面。由于不受时空限制,酥油花可在一个空间里将多个故事情节展现于同一个画面上,看起来非常壮观,如大型酥油花《释迦牟尼生平故事》、《文成公主》等。

酥油花的制作过程较为复杂,首先,要根据题材内容精心制作各种"骨架"作为基本模型,其次是在骨架上像面塑或泥塑那样塑造不同形体,然后再整体进行修改即成。塑造完好的酥油花,可以固定在大木板上或者置于特制的盆内,再将其向前呈约20度

塔尔寺酥油花雕像

的斜度悬空,让人一眼便能观其全貌。一般情况下,酥油花会受气温的影响而变形,所以每隔一两年就要重塑一次。

塔尔寺酥油花制作工艺,有一套完整的、科学的程序。寺里专门设有"上花院"、"下花院"两个酥油花制作机构。每院有艺僧约 20 人。他们从十五六岁入院后,便终生在此从艺。两个花院分别设有主事的总监。每一年的酥油花题材、构图、制作分工等事项,均有总监来管理。

自古以来,酥油花的设计、制作都是师徒口手相传,而且在封闭的环境里制作,因而工艺很保密。酥油花制作工序复杂,周期长,一般会历时 3 个月之久。油塑之前,参加制作的艺僧先要进行沐浴发愿,参加宗教仪式,然后选议题材,设计腹稿,再经过构思、策划、布局之后便分配任务,最后分头在阴凉房间内工作。现在,塔尔寺酥油花的主要传人有扎西尼玛、罗藏龙珠、尕藏加措等。

黄平泥哨有何特色

黄平泥哨,当地人叫"泥叫叫",是流行于苗、侗等少数民族的一种民间玩具,是平县苗族民间泥塑艺人吴国清在传统泥俑、陶俑基础上,创新发展起来的小型彩塑泥捏,至今已 70 余年的历史。

黄平泥哨

黄平泥哨为苗族老人吴国清首创,以黏土为原料摔打捐捏,制成鸟、兽、虫、鱼等多种动物形状,中空留孔可以吹响。泥坯入窑煅烧后涂色,形象夸张,色彩鲜明,深受儿童喜爱。

其制作方法,是以当地优质黄泥做基本原料,通过纯手工艺搓捏成型、木屑煅烧、上色涂油等多道工序制作而成。其题材广泛,有飞鸟走兽、蝶虫蛙鱼、家禽六畜等,"多以生肖、各种动物造型为主,大者如拳、小者似李。"与别的泥塑作品不同的是,泥哨造型注重动物头部特征,强调神似形略,形成夸张变形的艺术风格。其尾部下端有一个吹气孔和一个回气孔,两孔约成 35 度角,能吹出清脆悦耳的声音。黄平泥哨的另一个突出特征是丰富、艳丽的色彩,象征着苗族人民丰富多彩的生活。黄平泥哨制作题材广泛,除根据儿童喜好,取材于飞鸟走兽、蝶虫蛙鱼、家禽六畜之外,亦有部分神话人物。最负盛名的泥哨造型为中国民间传统的十二生肖。

趣味其他工艺品

QUWEI QITA GONGYIPIN

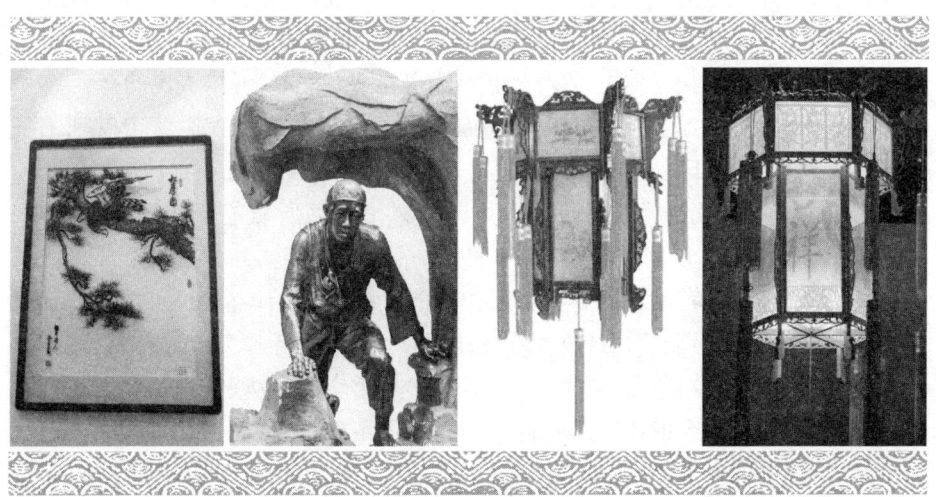

景泰蓝因何得名，有何传说

景泰蓝，又名珐琅，起源于元代，盛行于明代景泰年间（1450—1457 年），又因其釉料颜色主要为蓝色（孔雀蓝、宝石蓝），故而得名"景泰蓝"。景泰蓝作为我国的一种独特工艺品，距今已有 600 多年，但其最初是属于皇室的帝王级奢侈品，被誉为"一件景泰蓝，十件官窑器"。

景泰蓝

景泰蓝以金、银、铜贵重金属为原料，经过掐丝、烧焊、点蓝、烧蓝、磨光、镀金等 10 余道工艺精制而成。1904 年，在芝加哥世博会上，"宝鼎炉"景泰蓝荣获一等奖；1915 年的巴拿马万国博览会上，再获一等奖。现今，它已驰名世界，并受到各国人民的喜爱。

传说元朝初年，皇宫在一次大火中毁于一旦。后来人们在废墟中发现了一件宝瓶，色彩斑斓，工艺考究。群臣将宝瓶献给了皇帝，并说这是上天所赐。没想到皇帝对此物十分钟情，当即下达圣旨调集了京城所有能工巧匠仿造该物，并限期 3 个月完成，否则杀头。

皇帝圣旨一下，京城里许多家手工作坊的工匠们开始忙前忙后，但一时却难以参透宝瓶的工艺。最后，重任落在了京城第一名匠"巧手李"的身上。传说他是女娲后裔，因手艺精巧故名"巧手李"。某天，"巧手李"说女娲娘娘托梦云："宝瓶如花放光彩，全凭巧手把花栽，不得白芨花不开，不经八卦蝶难来，不受水浸石磨苦，哪能留得春常在。"其后他参透了此梦：原来皇宫大火时，金銮殿里的宝石、金银烧熔在一起形成了宝瓶。由此，宝瓶被制作了出来。这就是景泰蓝的由来。

云南斑铜为何被称为"南国金属工艺之冠"

早在战国及西汉时期，昆明地区就创造出具有鲜明民族特色和独特艺术风格的青铜文化。斑铜是云南特有的民间传统工艺品，至今已有近 200 年历史。因其褐红色的表面呈现出离奇的闪烁，有一种砚丽斑驳、变化微妙的斑花，成品具有浑厚古朴、典雅富丽、熠熠生辉的艺术效果而独树一帜，被称为"金属工艺之冠"。

斑铜工艺就是在吸收青铜、铜鼓制作技术基础上发展起来的一种工艺。其制作过程复杂且严格。它主要采用独特的工艺使铜和其他金属混而不合,既兼具其他金属的优点又不失自身的特色。其成品就像和着高原的阳光锻打出来的一样。即便是在微弱的光线下,斑铜也能让人深切地感受到高原阳光的色彩。那是一

云南斑铜

种耀眼的赤黄,犹如在其表面涂上了一层薄薄的金粉。再细看,光泽又似乎是从斑铜里面散发出来的,仿佛件件珍品中都蓄满了挥之不尽的璀璨。

云南斑铜工艺品在造型上不仅继承和发扬了传统特色,还吸取了云南青铜和中原青铜文化的精华,并结合现代雕塑手法和先进工艺,在充分显示斑花特点的前提下,搭配简洁洗练的装饰图案,使其达到艺术的完美统一。斑铜制品既有栩栩如生的人物、动物及仿古制品,又有造型优美的鼎、炉、瓶、罐、爵等生活用品,"孔雀冥王"、"五型薰炉"、"大犀牛"等均被列为国家珍品而永久收藏。

个旧锡制工艺品有何特点

个旧被誉为"锡都",锡产量约占全国的43%。这里的锡工艺品源于明末清初,距今已有300多年的历史。其实,我国使用锡制品的时间可追溯到公元前3700年,那时人们就已用锡板来净化水质。云南因为锡矿蕴藏丰富,锡矿开采历史悠久,成为我国锡制工艺品的杰出代表。

个旧锡矿工人雕塑

个旧锡制工艺品的典型特点,表现为耐酸、抗碱、无毒、无味、不锈等,外形特征体现为"色似银、亮如镜、光彩夺目、独具风格"。个旧锡制工艺品以个旧出产的精锡为主要原料,纯度高达99.75%以上,制作要经过熔化、压片、下料造型、抛光、装接、擦亮等多道工序。制成后,还要在上面精镂细雕一些富有民族特色的图案,如山水花草、翎毛鱼虫等。

·165·

个旧锡制工艺品具有极高的观赏、收藏价值,现已行销世界30多个国家和地区。目前,它有70多个品种,包括酒具、食具、笔架、笔筒、香炉、烛台、粉盒、花瓶、茶罐、化妆盒、莲花灯、佛像等。其中,银鸟牌锡制工艺品在国际同行业中遥遥领先;而生产于1986年的唐马、凤蜡台、牛顶罐、虎纹笔筒、小水烟筒、花耳香炉、龙耳香炉,被评为国家一级永久收藏珍品。

锡器的保养也比较简单,只需用清水或中性洗洁剂先将其清洗,然后用棉布或海绵顺纹擦干即可。但是,要避免强烈的碰撞,这样就能更好地保持它特有的韵味,延长其使用寿命。此外,锡器可存储咖啡豆、雪茄、香烟,而且效果也非常好。现在,一些食品如压缩饼干等的外部,都包装有一层锡纸,是以此来防止变质的。锡也常被用作食品保鲜纸,如,罐头内层的防腐膜、高级巧克力包装纸等,此外它还在制药和烟草生产中具有广泛的用途。

"夜光杯"在夜里是否会发光

甘肃酒泉因酒而得名,自然也就少不了盛酒的器皿。夜光杯,是一种玉制器皿,作为酒泉的特产之一,在我国久负盛名。当将其放在月光下,盛入美酒,杯中就会闪闪发亮,这就是夜光杯得名的由来。唐代诗人王翰在他的《凉州词》中写到:"葡萄美酒夜光杯,欲饮琵琶马上催。"

夜光杯用祁连山的酒泉玉石雕琢而成。其特色表现在很多方面:质地细腻,纹理天然;杯壁极薄,晶莹剔透;耐高温、抗严寒;盛酒后,色不变、味更浓。在兰州市张掖路有很多夜光杯专卖店,像城隍庙、陇萃堂特产店、三江源特产店、渭河源特产店等,游客可在这些地方买到正宗的夜光杯。根据品质的不同,夜光杯价格有高有低,贵的有上万元,便宜的有几十元或几百元的。

关于夜光杯,还有这样一个传说:相传公元前10世纪,周穆王当政时,西域的一个小国为求和平相处,派使者带着产自新疆的和田玉前往朝觐。周穆王盛情款待了西域使者。第二年,使者又献和田玉石,没想到周穆王的反应十分冷淡。为讨周穆王欢心,西域人提议把玉石做成酒杯模样。果不其然,到了第三年,周穆王看到西域进贡的用玉石做成的杯子时,显得十分开心。特别是当杯中盛满美酒时,将其放在夜光下便熠熠生辉,耀眼夺目。

酒泉夜光杯

就这样，世上有了夜光杯。

为何说芜湖铁画是"金属的国画"

铁画,原名"铁花",起源于宋代,是芜湖市特有的工艺美术品。清康熙年间(1662—1722年),芜湖当地铁工汤鹏从画家萧云的国画中受到启迪而创出铁画,自此芜湖铁画形成了自己独特的体系和风格,成为中国工艺美术百花园中的一朵奇葩。2006年,芜湖铁画被列为国家级非物质文化遗产。

芜湖铁画以低碳钢为原料,以锤为笔,经多道工序锻铁为画,包括出稿、剪、砸、烧打、上漆蜡、上框及打活、钻活等工艺,融各种民间艺术技法于一体,像剪纸、雕刻、镶嵌等;主要采用国画中的黑白对比、虚实结合章法。它取材广泛,内容包括人物、山水、花卉、虫鱼、飞禽、走兽等。其品种包括座屏、壁画、书法、装饰陈设和文化礼品五大系列,共计200多种,既有传统的尺幅小景、画灯、屏风,也有立体铁画、盆景铁画、瓷板铁画、镀金铁画等。

芜湖铁画:马

芜湖铁画源于国画,鬼斧神工、气韵天成,其特色既有国画、水墨画的意境之美,又有黑白分明、苍劲凝重的雕塑艺术的立体感,所以被誉为"金属的国画"、"巧夺万代所未有"。它历史悠久,至今已有340多年。其工艺精湛、技艺高超,以铁为墨、以砧为纸,风格独特、遐迩闻名。

芜湖铁画是纯手工锻技艺术,基本艺术特征为线条瘦劲简洁,风格冷峭奇崛,是一种独具艺术风格和魅力的工艺品,在艺坛中与众不同,独树一帜。该特产曾参加过多个世界级艺术展,在全世界20多个国家和地区展出过。其中,1959—1960年制的《迎客松》、《梅山水库》大型铁画和《沁园春·雪》铁书法等作品被挂在了人民大会堂。作为芜湖地区特产,芜湖铁画

芜湖铁画:松鹰图

是中国民间工艺品的代表作之一,很值得游客购买和收藏。

蜡染和扎染有何不同

蜡染 古称"蜡缬",是我国传统民间印染工艺之一,与扎染(绞缬)、镂空、印花(夹缬)并称为"中国古代三大印花技艺"。"蜡染"一词最早出现于唐代慧琳些的《一切经音义》里,其中这样描述道:"今谓西国有淡靉汁,点之成缬,如此方蜡点缬也。"

我国是世界蜡染的发源地之一。它主要流行于云南、贵州的苗族、布依族等民族地区。据陈维稷主编的《中国纺织科学技术史》认为,蜡染起源于西南少数民族,时间可追溯到秦汉之际。美国《中国印刷术的发明及西传》一书指出:"现存中国的早期蜡染实物,比埃及、日本、秘鲁、爪哇所发现的实物要早得多,特别是在敦煌石窟和新疆吐鲁番出土的蜡染实物足以证明。"

蜡染,是指用蜡刀蘸熔蜡绘花于布,然后以蓝靛浸染,使布面呈现出蓝底白花或白底蓝花的多种图案。同时,作为防染剂的蜡因为在浸染中自然龟裂,导致布面呈现特殊的"冰纹",独具特色。蜡染具有丰富的图案、素雅的色调和独特的风格,常用于制作服饰及生活实用品,体现出了朴实大方、清新悦目的民族特色。至今,蜡染仍在苗、瑶、布依、仡佬等族中十分流行,例如,他们的衣裙、被毯、包单等多用蜡染作装饰。

蜡染基于人们美化服饰的需要,是在多种染织工艺的基础上产生并成熟的。从原料上看,蜡染没有特殊的面料要求,像棉、麻、丝、毛织物等,都能被它采用;防染材料不拘于特定品种,动、植物蜡均会使用,一般用树脂和蜂蜡;染色只采取冷染工艺,一般用植物染色,以靛蓝为主。从范围上看,世界上很多地方存在蜡染,但其风格和使用方式多种多样。由于地理、气候等因素的影响,蜡染主要分布于热带、亚热带地区。

苗族蜡染

扎染 古称扎缬、染缬、绞缬、夹缬,亦为中国传统的民间染色工艺之一,是指将部分织物结扎起来进行染色,使之不能着色的一种染色方法。我国扎染历史悠久,最早起源于黄河流域。据记载,东晋时期(317—420年),已经开始大批生产扎结防染的绞缬绸,表明扎染工艺走向成熟。

当时，扎染产品也出现了简单的花样，如，蝴蝶、蜡梅、海棠等，以及整幅图案花样如"鱼子缬"、"玛瑙缬"、"鹿胎缬"等。我国现存最早的扎染制品，出自新疆地区。

扎染的载体是布匹，而布匹源于纺织。从现存史料看，我国的纺织历史至少可追溯到商代或西周。春秋战国时期，丝织工艺得到了快速发展，当时的丝织

大理白族扎染

品不仅种类繁多，而且图案精美。到了汉代，丝织品和染织技术都有了长足的进步，并分出了10多个类别，如，绵、绫、绮、罗、纱、练、纨绢、绨、缎等。汉时，云南的纺织工艺也已经相当发达。其中有白族、彝族先民们的纺织品。当时，叶榆、永昌作为南方陆上丝绸之路的中心，其民间纺织业已达到相当高的工艺水平和产量。它为大理白族先民的扎染染织奠定了物质基础。

总体来说，扎染可分为大理扎染、白族扎染、彝族扎染及现代扎染4种。

大理扎染 用手工针缝扎，以植物染料反复染制而成。产品色泽鲜艳且永不褪色，并对皮肤有消炎保健作用，据说像板蓝根一类的染料，还有一定的消炎清凉作用。广泛运用于制作衣裤、被子、枕巾、桌布等生活用品中。

白族扎染 是白族人民传统的民间工艺品，图案规则、布局严谨、朴素自然、贴近生活。它分为扎花、浸染两个环节。扎花，是一种手工扎花方法，以缝为主、缝扎结合；浸染采用手工反复浸染工艺，古朴雅致。产品有上百个品种，如，桌巾、门帘、服装、帽子、围巾、枕巾、床单等。

彝族扎染 采用天然植物染料，做工精致、图案新颖多变，艺术价值较高，实用性较强。分为蓝染、彩染、贴花等系列产品。成品包括台布、壁挂、门帘、衣服、裙、帽、包、地毯等。

陕西扎染的由来

扎染是陕西一种古老的民间工艺，距今已有2000多年的历史，享有"东方明珠"的美誉。

据史料记载，扎染源于秦汉两代时期。东晋南北朝时，扎染技艺便被广泛用于妇女的衣着。到了唐朝，扎染在古都长安风靡一时。许多皇亲贵族、妃嫔

陕西扎染唐宫仕女装

女眷都争相购买，还出现了鹿胎缬、青碧缬、蜀缬等花纹及梅花、水仙、蝴蝶、鱼等多种纹样。扎染技术日趋成熟，达到了相当高的水平。后来还随着"丝绸之路"一度远销至西亚地区。到宋代，扎染又有了进一步的发展，相继出现了"鹿胎"、"玛瑙"等较为复杂的纹样，并逐渐在民间流传。五代及元明时期的染缬方法更是多达9种。扎染成为当时一个重要的流行元素。可惜到了清末民初时，扎染逐渐被外国机制印花所取代，几乎濒临灭绝。到新中国成立时，才开始恢复生产。20世纪80年代，陕西的扎染技术在取其民间传统扎染工艺精华的基础上，进一步吸收国外先进经验，创造了多种缝、叠、扎、捆的方法，并利用多种染料和染色手法，使扎染这一古老的民间工艺焕发出新的生命力。

洛阳宫灯的来历及特色

洛阳宫灯，是产自于洛阳的一种灯具类型，具有浓厚的地方特色。它品种繁多，常见的有白帽方灯、红纱圆灯、六色龙头灯、走马灯等。那么，洛阳宫灯有什么来历及特色呢？

洛阳宫灯历史悠久，始创于东汉，兴盛于隋唐，久传不衰。相传汉光武帝刘秀建都洛阳之后，为了粉饰太平，就在元宵佳节之时在宫廷里张灯结彩、大摆宴席。只见皇宫之中，屋檐下分布着盏盏宫灯，衬托着宫廷的喜庆与祥和。后来，宫灯的制作技术逐渐传出了宫廷，流向民间，但是"宫灯"之名却一直沿用。

隋炀帝大业三年（607年），是隋朝迁都洛阳之后的第一个元宵夜。当时的洛阳新宫内外和天津街上陈设百戏、遍饰宫灯，饮宴畅游之人不绝如缕。就这样一直到唐代，每逢元宵佳节，洛阳城中家家户户都要宫灯高挂，

洛阳宫灯（一）

处处明灯璀璨。后来,这种风俗传播到了全国,甚至波及了海外。宋代以后,洛阳屡遭战乱,元宵节逐渐失去了旧时的风采,但是宫灯的制作技术却保存了下来,一直流传至今。

到了清代,洛阳宫灯仍然很盛行。1894年,慈禧与光绪帝回京时途经洛阳,见到洛阳宫灯张合自如,很是喜爱。随行的官员回京后就将这件事告诉了相关衙门,并且还专门派人到洛阳来采购这种宫灯,由此引发了当时洛阳宫灯制造业的兴旺。

洛阳宫灯(二)

洛阳宫灯在品种上可以分为张合架纱绸宫灯、拼装架方型彩绘宫灯、拼装架多角彩绘宫灯和玩灯、花灯、纸灯四大类。这四大类中又可以分为多个小类,它们共同构成了绚丽多彩的洛阳宫灯家族。

张合架纱绸宫灯　　张合架纱绸宫灯的最大特点,就是可以在用时撑开,不用的时候又可以合上,伸缩自若、收放方便。这类宫灯可以分为三种,分别是圆样宫灯、老样宫灯(蛋圆形)和清化样宫灯(长圆形)。其中,圆样宫灯也叫门灯,主要是用于大门的装饰。古代的富贵人家在逢年过节时,都要在大门外的门檐下挂两个灯笼,庄严中透着肃穆,喜庆中映着富贵。老样宫灯,即蛋圆形宫灯,这是一种传统式样,主要是作为商店的字号灯,灯上写有店铺的字号和经营内容,其灯型美观、字型讲究,借此来引起路人注意。清化样宫灯,即长圆形宫灯,它是从清化县(今焦作博爱县)流传过来的,多作为"官衔灯"和"还愿灯",灯上会写有官衔名或者心里的愿望。

拼装架方型彩绘宫灯　　这类宫灯一般都呈方形,有"方白绢"、"方罗汉"、"粗方灯"等几个品种。这类灯的骨架是用木头做成的,有胡桃木、椴木、杨木等,富贵人家还会用红木、紫檀木等,而且能拆能卸,收藏十分方便。方形宫灯的灯架四边,都有透雕花边,灯面还有书法、国画等做装饰,一般都是由当地名人动笔,书写一些古今诗词,描绘一些山水花鸟。

拼装架多角彩绘宫灯　　多角宫灯也是采用木架结构,既有能拆能装的活动架,也有不能拆装的固定架,其木质与方形宫灯相同。这类灯的品种有六角龙头宫灯、扇面宫灯、桌灯、盒灯及各种壁灯等,而且灯架周围也有透雕花边,有的还有浮雕,非常精美。

玩灯、花灯、纸灯　　这类灯多是元宵节时儿童提灯游玩用的,灯型很多,有固定型、活动型、操纵变换型等,常见的品种有猴灯、羊抵头灯、走马灯、玉兔灯、仙鹤灯等。因为是小孩的玩物,所以这类灯的做工一般比较粗糙,很少有做工细致的。灯面有纱、绢等做的,也有用纸糊的。

  与现代人的印象不同,古代的洛阳宫灯并非与现在所见灯笼一样都是红色,那时的洛阳宫灯用红色的其实很少,除一些有特定用途的灯,如还愿灯、玩灯等之外,多是用白绢或者白纱做面,因为这样灯可以更亮,照得更远,灯面的题字也会看得很清楚。新中国成立后洛阳宫灯取得了很大的发展,可谓是名师高徒、人才辈出,其产品也是远销国内外。现在中南海怀仁堂挂的就是洛阳宫灯。如今,洛阳宫灯有数百个品种,制作技术也更加完善,为我国人民增添了很多节日的喜庆色彩。

趣味刀·剑·剪

QUWEI DAO JIAN JIAN

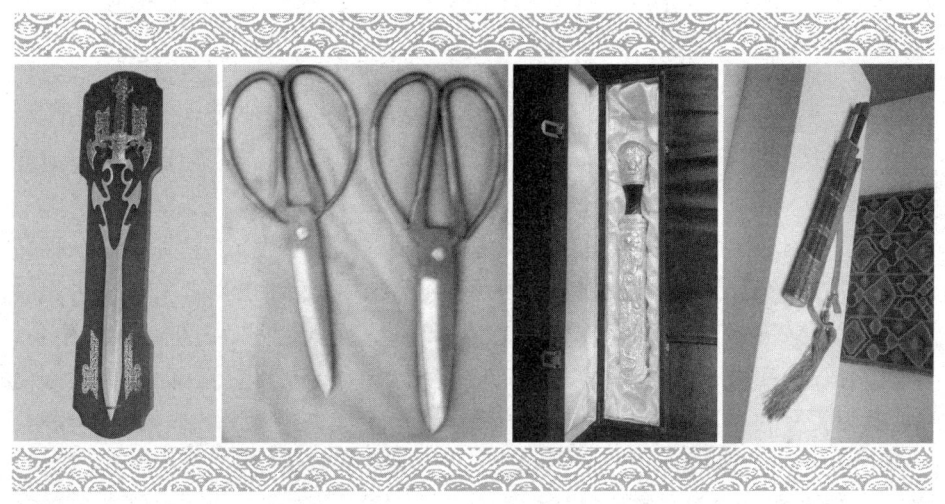

藏刀的来历及特色

藏刀,是藏族的传统手工艺品,对于以游牧为生的藏民来说,藏刀既可以用来自卫、装饰,还可以宰杀牛羊,又能做食肉用的餐具。许多藏民终生都佩带藏刀,对于他们来说,藏刀能够给予他们内心一种安全感。威风凛凛的藏刀表现出游牧民族彪悍的民族气质。

藏刀的正式名字是"折刀",据说这是为了纪念英雄折勒干布。传说在过去,牧主和头人为了保住自己的地位与统治,不允许牧民带刀,甚至威逼牧民上交

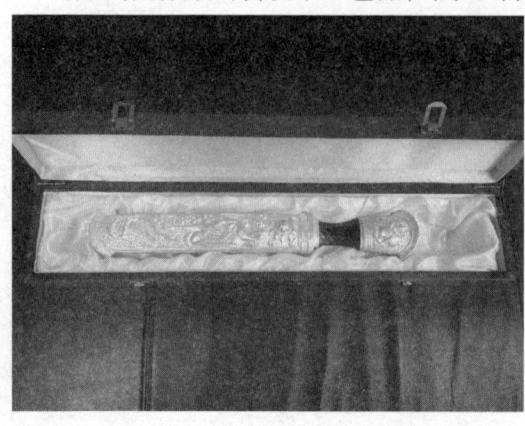

藏刀

自家的宝刀,如若不从便抓起关进大牢。消息传到了折勒干布的耳中,他为了拯救自己的同胞,于是跃马提刀冲进牧主、头人的帐篷。但最终仍因寡不敌众被杀。牧民为了纪念折勒干布的义举,便将藏刀改名为"折勒干布刀",简称"折刀"。

藏刀不仅实用性很强,同时其精美的造型、独特的制作工艺等都具有很高的艺术欣赏价值。藏刀分长剑与腰刀两种:长剑,藏语称"巴当末",长度可超过1米;腰刀,藏语叫做"结刺",长度一般在10~45厘米之间。刀把一般用牛角、木材制成,两端再用铜皮或铁皮加箍,并镶嵌银饰。刀身以上好的钢材锻制而成,其刀刃锋利、刀面光滑。藏刀的刀鞘也十分漂亮,一般为木制、铁制或铜制,也有使用银皮包镶的,一般会雕刻龙、凤、虎、花卉等精美图案,尤显华贵。

一般现在市面上流通的都是假藏刀,真藏刀价格都不菲。一般真藏刀时间都比较久远,刀刃有一种暗色,像镜子一样光亮的肯定是假的。可以对着铁皮来砍削,真藏刀都刚韧而不会出现缺口。

蒙古刀有何特色

蒙古刀,是马背民族深爱的饰品。它不仅实用而且美观,是牧民生活中不可缺少的用具。据蒙古族老者讲,蒙古族男儿不光要有"三艺",而且还必须要有一把好刀。这象征着男儿像钢一样坚强,性格像刀刃那样犀利。

蒙古刀的用途很广泛,在平时,用来屠宰牛羊;餐桌上,用来吃肉;出外后,用来防身。高档的蒙古刀既是实用品,又是装饰品。蒙古刀的刀身用优质钢打制而成,刀刃锋利,明光锃亮。刀柄和刀鞘有钢制、银制、木制、牛角制、骨头制等。刀鞘的两端和腰身多用不锈钢、铜或银制作出精美的花纹装饰,高档的填烧珐琅、镶嵌宝石,还带有象牙筷子和红缨穗。有时还会作为最珍贵的礼品赠给远方尊贵的客人和朋友。精美绝伦的蒙古刀延续并记载着蒙古人的勇敢,智慧和辉煌的历史。

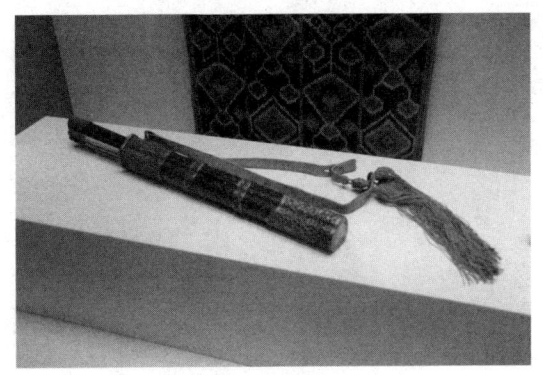

清朝蒙古刀具

"户撒刀"的来历及特色

户撒刀,也叫阿昌刀。其锻制技艺流传于德宏州陇川县户撒乡,因户撒乡主要是阿昌族聚居区而得名。户撒乡盛产刀具,集中在潘乐、户早、隆光、相姐、明社、曼炳6个村。据载,明洪武年间(1368—1399年),沐英西征时曾留守部分军队在户撒屯垦。他们将制刀技术传给了阿昌族。此后,阿昌族打制出了极富民族特色的户撒刀,距今已有600多年的历史。

户撒刀的特色表现为质地精良、锋利耐用,享有"柔可绕指,削铁如泥"的盛名。其种类繁多,分为背刀、砍刀、腰刀、藏刀、匕首、宝剑等,以背刀和藏刀的工艺最为精巧和典型。其中,户撒背刀外形优美而古朴,刀装大部分采用名贵木材楠木、红木等纯手工雕成,因而极具收藏价值。总体上看,户撒背刀又分为户撒平头刀、户撒苗刀、户撒宅刀和户撒马刀。

花钢背刀用红、白铁皮和青钢混合打制而成,刀体美观、刀口锋利,既是装饰品,也是伐木工具和防身武器。藏刀,宽而厚,也是一种装饰品,工艺精巧、长短不一,刀把上刻有"猛虎长啸"、"飞燕迎春"等花纹。

户撒刀的制作工艺十分讲究,制作过程,分为10道工序,包括下料、制坯、打样、修磨、饰叶、淬火、刨光、做柄、制带、组装。制刀时采用的工具有火炉、锤、钳、铁枕等,火炉是用木制风箱、铁、泥、石混合做成的。

制刀选用的钢材出产于保山、腾冲一带,需要将其放到炉火中反复加热、锻打、刮磨,直至成为刀坯,然后再蘸水淬火。淬火技艺尤为突出,技术要求很高,

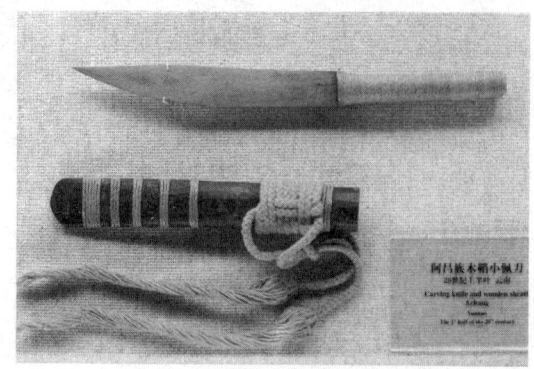

阿昌族佩刀

要通过热处理使刀叶的硬度和韧性达到最佳状态。淬火技术的高低,往往决定刀剑质量的好坏。有一种薄韧可弯的背刀,就是蘸水后经过香油回火、反复加工制成的。刀鞘用木、皮、银等材料配制而成,极为精美。

户撒刀有数十个品种,包括生产用刀、生活用刀、狩猎者护身用的长刀、宰牲畜用的匕首等。

现在,阿昌人的冶铸和锻造技术已十分精湛,因而生产出的刀具也越来越精良。就连制作刀具的村寨之间,也形成了较细的分工。各寨都有自己的名牌产品,如,来福寨的黑长刀、花钢刀;芒东寨的腰刀、小尖刀;腊姐寨的锯齿镰刀;新寨的背刀;李芒寨的加工银刀等。

阿昌人不仅擅制刀具,也非常爱刀。他们每家至少都有一把长刀,甚至,男青年结婚时也要身背长刀,主要是为了表现得英姿勃勃。该风俗至今仍在传承。

武当剑的特色及传说

在中国的武侠世界中,武当派是与少林齐名的两大派别。武当剑、少林棍、形意枪、八卦刀并称武林四大兵器。所以对不少到道教圣地武当山旅游的人们来说,武当剑也就成了他们一圆武侠梦的好机会。

武当剑是用优质钛合金铸成,剑身两边刻龙凤图案,剑鞘用木质镶嵌铜花纹图案,刻有"武当"二字,剑的护手用黄铜缕花镶嵌,手柄用优质冬青木制成。武当剑剑鞘造型美观,硬剑寒气逼人,软剑剑身柔软如绢。好的家剑需剑鞘与剑身相符,剑鞘与护手之间要不松不紧,剑柄光滑顺手。剑刃厚薄一致,顺直流畅,剑脊一线拉直,剑纹图案清晰。

说到武当,就不得不提及张三丰。在众多的历史武侠题材影视文艺作品中,这位道教名家的

武当剑

名字虽不是主角,但却对武林各派都有着极大的影响。

在武侠世界中,武当派的太极拳与太极剑就是由张三丰创立的。他为人洒脱磊落,不按常理出牌,因此创出的武当剑因敌变幻、虚实互用、端倪莫测,故武当剑"剑无成法",讲究太极腰、八卦步、形意劲、武当神。曾有赞武当剑诗云:"翻天兮惊飞鸟,滚地兮不沾尘,一击之间,恍若轻风不见剑,万变之中,但见剑光不见人。"

龙泉宝剑有何特点

龙泉,位于浙江省西南部,因剑而得名,素来被誉为宝剑之邦、青瓷之都、"中华灵芝第一乡"、"处州十县好龙泉"、"瓯婺入闽通衢"及"驿马要道,商旅咽喉"。龙泉宝剑,简称龙泉剑,创始于春秋战国时期,以传统工艺铸造而成。2006年,龙泉宝剑被列为国家级非物质文化遗产。

龙泉剑闻名天下,堪称"剑中之魁"。它主要有四大特色:坚韧锋利、刚柔并寓、寒光逼人、纹饰巧致。"刚柔并寓",指的是龙泉剑具备弹簧钢的特性,既能挺直又能弯曲,如果将其卷成圆圈可像腰带一样束在腰中;而将其解开后,又能挺直如初。"纹饰巧致",是龙泉剑的一项绝技,指的是龙泉剑剑身上的七星标志和飞龙图案。这些纹饰纹理秀美、生动自然、古色古香。

龙泉剑一般要经过20多道工序制成,包括原料、炼、锻、铲、锉、刻花、嵌铜、冷锻、淬火、磨光、装饰等。龙泉剑的材料为优质钢材,具有弹簧钢的柔韧度;磨光技术用的是当地特有的亮石,包括粗磨、细磨、精磨,属于传统手工活儿;装饰一般为七星、龙凤图案,有的还会刻上主人姓名以作纪念;剑鞘、剑柄用的原料是当地梨木,显得古朴、庄重。

唐朝时,宰相、名将郭元振(656—713年)曾作《宝剑篇》一诗赞美过龙泉宝剑,此诗生动地写出了龙泉剑独特、高贵的艺术特色,所以也成了诗人流传至今的名篇。全诗如下:

"君不见昆吾铁冶飞炎烟,红光紫气俱赫然。良工咨嗟叹奇绝。琉璃玉匣吐莲光,错镂金环映日月。正逢天下无风尘,幸得周防君子身。精光黯黯青蛇色,文章片片绿龟鳞。非直结交游侠子,亦曾亲近英雄人。何言中路遭弃捐,零落漂沦古狱边。虽复尘埋无所用,犹能夜夜气冲天。"

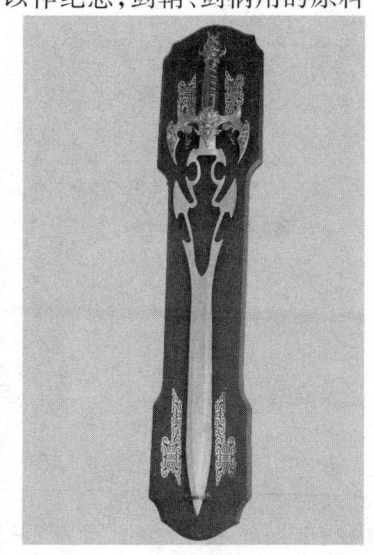

龙泉剑

王麻子刀剪为何有名

自明代以来，中国刀剪业逐渐形成了一家最著名的中华老字号，那就是历经300余年沧桑变化的"王麻子"。自古就有"南有张小泉，中有曹正兴，北有王麻子"的传说。

老北京的王麻子刀剪铺原本是宣武门外菜市口附近的一家卖火镰、剪刀的杂货铺，铺名"刀顺号"；始创于清顺治八年（1651年）。其之所以有名，还得从一个故事说起：

明朝末年，山东青州有个铁匠叫田老万，祖传9代以打铁为生。他早年丧妻，膝下无子，有一女儿名田青。其自幼冰雪聪明、可爱机灵，被视为掌上明珠。他还带有两个徒弟，一个名叫李顺，一个名叫张兴。

田老万手艺高超，把打铁的全部绝活都毫无保留地传授给了女儿，而对两个徒弟却各授一半。师徒4人也算是安居乐业。

清顺治五年，山东大旱，齐鲁大地寸草不生，又加上瘟疫流行，田老万一病不起。临终前，他把女儿叫到床前问道："爹教你的手艺都记住了吗？它可是咱田家的命根子，日后能靠它活命。"他16岁的女儿含泪点点头。田老万事隔几日后便离开了人世。

田老万撒手而去后，青儿和两个师兄来到了举目无亲的北京城，几经周折后找到了一个外号叫汪驼子开的"喜客来"客店，靠给店主打工度日。一段时间后，师兄妹三人决定要重操旧业，用自己的手艺，干一番事业。后来，他们在汪驼子的帮助下开了一个"山东铁匠铺"。他们把个小铁匠铺干得红红火火。多年后，青儿长大成人。由汪驼子为媒，大师兄做主，青儿嫁与一常来京城拉运货物的山西王姓商人为妻。

王掌柜虽其貌不扬，满脸麻子，但他为人厚道、精明能干，颇善经营。小两口决定开一个经营刀剪等的杂货铺。王掌柜得到妻子的真传后，开始自制刀剪，独家经营。为保征质量，掌柜的亲自下去选货，坚持"三看"、"两试"进行验收。"三看"是指：看外观、看刃口、看剪轴；"两试"是指：试剪刃、试手感。凡经不起三看、两试的一律

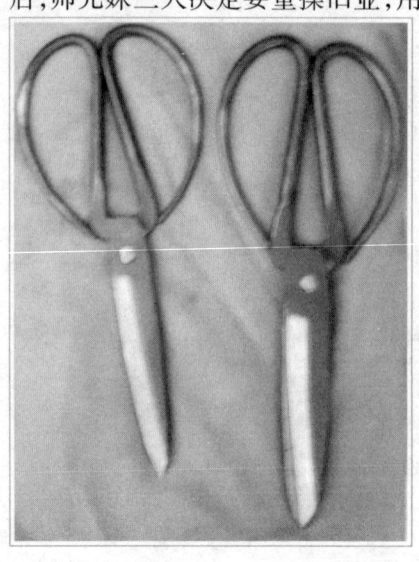
北京东四王麻子剪刀

不收。只有一流的上品才能拿到门市柜台上去卖。因此，生意兴隆，名声大作。当时大家不知道掌柜真名，只知老板姓王，面带麻子，日子长了，人们便习惯地称该店为"王麻子"。

嘉庆二十一年(1816年)，王麻子后代接办杂货铺，并挂出"三代王麻子"的招牌，以经营剪刀为主，并在所销售的剪刀上镌上"王麻子"三字以作标志。王麻子剪刀铺不仅在门市上售货，还会走街串巷、赴庙会、下农村，以扩大销路。

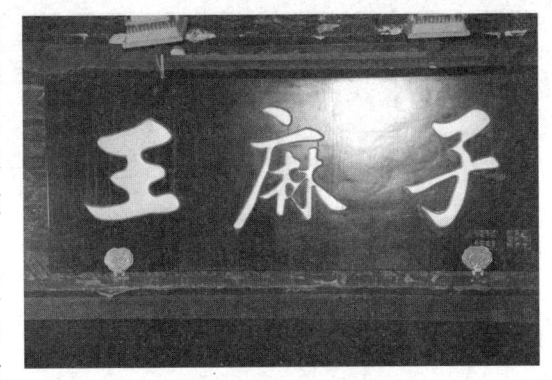

王麻子刀剪店铺匾额

王麻子剪刀表面乌黑油亮，刀口锋利，以头长把宽、剪头灵活、槽口耐磨、不崩不卷、经久耐用，被群众誉为"黑老虎"。1959年，北京市人民政府正式命名成立王麻子刀剪厂。1979年，王麻子刀剪厂的产品被轻工部评为优质产品；1980年荣获国家银质奖；1984年，经全国评比，王麻子"黑老虎"剪刀名列全国第一。2007年，北京昌平区"王麻子"剪刀制作工艺申报北京市非物质文化遗产名录，通过国家级和市级专家论证。

张小泉剪刀的特色及传说

"张小泉"剪刀，是我国手工业的传统名牌，已有300多年历史，是中华老字号。它与孔凤春"杭粉"、王星记"杭扇"、都锦生"杭锦"、宓大昌"杭烟"，并称为"五杭"，蜚声海内外。乾隆年间张小泉剪刀列入朝廷贡品。近代，张小泉剪刀又在南洋劝业会、巴拿马万国博览会等国际赛会上屡获殊荣。

关于张小泉剪刀，还有一段美丽的传说。据说清朝乾隆皇帝第二次下江南到杭州时，乔装打扮，混入香客之中，信步上山游览。正当游兴正浓，天公却不作美，突然下起雨来，只好下山寻屋避雨，匆忙中走进一间挂着写有"祖传张小泉剪刀"字样招牌的作坊。乾隆好奇，顺手拿起一把剪刀一看，只见寒光闪

张小泉刀具

上海张小泉刀剪总店北京分店

烁，锋利无比，便买了一把带回宫去。他很喜欢这把剪刀，作为宫内用剪。从此，张小泉剪刀名声大作，打出"张小泉"牌号做剪刀的，最多时曾达到86家，出现了"青山映碧湖，小泉满街巷"的盛况。

张小泉剪刀，以嵌钢均匀、钢铁分明、磨工精细、刃口锋利、锁轴牢固、镀层光亮、开合和顺、刻花精巧、式样美观、经久耐用而著称。现在其产品包括家庭用剪、工农业园林剪、服装剪、美容美发剪、旅游礼品剪、刀具等共100多个品种，400多个规格。在国内的市场覆盖率和占有率一直居同行之首，产品还远销东南亚、欧美等地区。

1966年田汉写下了一首赞扬张小泉剪刀的诗："快似疾走润如油，钢铁分明品种稠，裁剪江山成锦绣，杭州何止如并州。"

阳江刀具为何被称为"十八子"

中国刀剪之都——阳江的传统手工业产品久负盛名，小刀、漆器、豆豉合称阳江三宝。其中，阳江的刀排第一。它以其锋利、美观、耐用等特点而行销全国各地，远销到亚、非、拉、欧等六十多个国家和地区，是阳江传统名牌产品中最具代表性的产品。

阳江的刀具一直很有名，但到近代真正使其誉满全球的是一位姓李的师傅。这位被誉为"中国第一刀"创始人的李良辉有"中国刀王"之称。李良辉生于广东阳江，10岁到打铁铺学艺，12岁时在私塾黑板上写下令老师大为恼火的理想："我是刀王，我要看遍全世界！"新中国成立后，他进入阳江国营小刀厂做技术员；1983年，他在阳江的一片荒地上建起了一间不足100平方米的制刀作坊，

阳江刀具

因其姓李,所以这间作坊名字就定为十八子。这就是"十八子"刀具最初的雏形。当时作坊里只有刀机2台、淬火机1台,不足2万元的家当和8名工人。李良辉跟跟跄跄地踏上了自己的创业路,不过他一直没有忘记自己的"刀王"梦。没过多久,他就开发出比一般菜刀更锋利,使用起来更得心应手的木柄勾尾菜刀。此刀物美价廉、款式新颖,很快便在市场上走俏。1986年,李良辉继老字号"张小泉"之后,开发出了不锈钢菜刀,使十八子作坊成为阳江第一家生产不锈钢菜刀的企业。各地的经销商闻讯而来,产品一装箱,马上就被拉走。

1988年,李良辉注册成立了"江城向阳家用刀具厂",他从作坊主变成了厂长。至1997年成立"阳江十八子厨业有限公司",员工增加到了上百人,年产销值达到200多万元。2002年,随着企业的飞速发展,他成立了"阳江十八子集团有限公司",属下拥有6家子公司,拥有国内、国外、自制机械设备500多台(套),员工超过1000人,成为阳江刀具的大型企业,奠定了阳江十八子集团有限公司这个"中国菜刀中心"的龙头地位。他们企业的产品畅销至全国各地及日、美、加、韩、东南亚、港澳台等60多个国家和地区。

在人们眼里,"十八子"已成为阳江刀的代名词,甚至很多游客是通过了解"十八子"了解阳江,知道"十八子"才知道阳江的,"十八子"有时亦变成阳江的代名词了。外地游客来到阳江,第一要购买的当地产品和旅游纪念品就是十八子刀具。

 捞刀河刀剪有何特色

捞刀河刀剪,是享誉全国的著名手工艺品,产自长沙县捞刀河镇。早在明朝时,这一带的刀剪生产就已经十分发达了,所生产的剪刀与北京的王麻子、杭州的张小泉齐名,一直以来都深受欢迎。

捞刀河刀剪采用"镶钢锻打"工艺,其生产技艺超凡,巧夺天工。生产的刀剪在全国质量评比中,抛光剪位列第一,电镀剪位列第二,发兰剪获优质产品称号。

捞刀河的菜刀刃口锋利,不卷不崩,造型美观;剪刀开合和顺,经久耐用且松紧适宜。

相传三国名将关公过此,坠刀河中逆漂数里,捞而复得故名。其集刀剪锻造之精华,产品造型

捞刀河刀剪

独特,技艺超凡,巧夺天工,炉火纯青。

捞刀河从东往西流入湘江,这条河的名字据说与当年关羽战长沙有关。传说关公领兵攻打长沙时,乘小船在捞刀河一带巡查,当船行到小河入口时,一个大浪过来,关公一个趔趄不慎将手中的青龙偃月刀落入河中。身边的周仓见状后一头栽入水中,一口气追了7里水路才将宝刀捞了上来。据说是宝刀上镶嵌的青龙入水而活,宝刀因此会逆水而上。

后来人们把关公落刀的地方就称为落刀嘴,捞刀的这条河就叫捞刀河。

趣味特色物产

QUWEI TESE WUCHAN

东北三宝之一人参的特色及传说

人参,是东北"三宝"中的第一宝。其药用历史非常悠久,被誉为"百草之王"。据《神农本草经》载:"人参久服可轻身延年。"李时珍在《本草纲目》中对人参也极为推崇,认为它能"治男妇一切虚症"。几千年来,人们都将它奉为包治百病的神药。

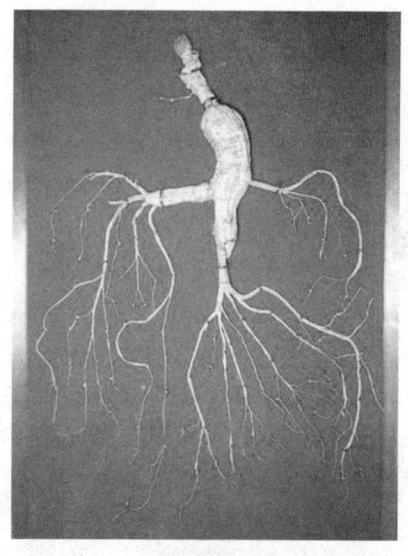

长白人参

长白山人参是驰名中外、妇孺皆知的名贵药材,以品质地道、质量上乘、产量大而著称于世,被誉为"中国人参的正宗"。吉林的众多药品企业均以"长白山人参"为品牌,并在市场上有着一定知名度和影响力。

长白山人参质地紧密,根形挺直,体态玲珑,颜色为黄褐色。辨别人参的真伪,要看它的"五形",即须、芦、皮、纹、体。其一,人参有老而韧的长条须,并且点缀有小米粒状的小疙瘩;其二,人参芦较长;其三,人参具有黄褐色的老皮,且质地紧密有光泽;其四,人参有细密而深的螺丝状横纹;其五,人参根形挺直,样子好看。

关于人参,在长白山镜泊湖一带民间流传着很多说法:

有人说,"人参是一个穿着红兜肚的胖娃娃";

也有人说,"人参是一个头簪红花、身穿绿袄的小姑娘";

还有人说,"人参化成了一位银须飘洒的老翁"……

总之,当地人们认为人参是善良和正义的化身,可帮助穷人解脱苦海、远离苦难。而对人参的药物作用,人们也给它披上了一层神奇的色彩,说吃了它就能长生不老、返老还童、起死回生等。

东北三宝之一鹿茸的特色及传说

鹿茸,为"东北三宝"之一,是一种名贵的中药,主产于长白山区。因其营养丰富,药效显著,《神农本草经》曾将其列为中品。它有生精补髓、养血宜阳、强筋健骨之功效,是价值较高的滋补品,也是传统出口商品。吉林省盛产梅花鹿茸和带血马鹿茸,其中以梅花鹿茸品质最优,现在以鹿茸片为代表的各种鹿茸制品在国际市场上畅销不衰。

鹿茸特色鲜明,主要表现为茸体饱满、挺圆、质嫩、毛细、体轻,皮色红棕,底部无棱角。鉴赏鹿茸的技巧有三方面:第一,从色泽上看,真鹿茸颜色呈红棕色且有光泽;而假货往往外皮呈灰褐色。第二,从质地上看,真鹿茸体轻,质硬而脆;假鹿茸多是用动物的毛皮包裹动物骨胶等仿造的,体重、质坚韧。第三,从气味上看,真鹿茸气味微腥,味咸;而假鹿茸则气味较淡,能溶于水且液体呈混浊状。

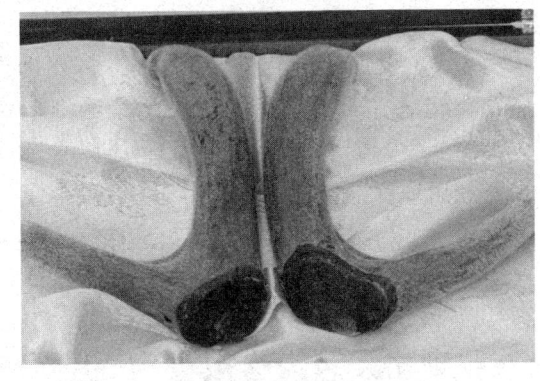

长白鹿茸

关于鹿茸角,有这样一个有趣的寓言故事:

相传古时候,鹿和鹤都是神仙的宠物,而它们一来二去也跟玉帝混得很熟。鹿想要长生不老,就带着礼物来找玉帝。玉帝说:"看在你跟着我的属下这么多年,他们都很喜欢你的分上,我就延长你的寿命。"于是,玉帝将一对龙角赏给了鹿,鹿从此头上多了一对龙角。因为龙角的"龙"在古代犯了皇帝的忌讳,所以就改成了"茸"字,即现在的鹿茸。

孝感麻糖的传说

孝感麻糖,是湖北孝感的传统特产小吃,以精制糯米、优质芝麻和上等白糖为主料,配以桂花、金钱橘饼等,用传统配方精心制作而成。孝感麻糖形似玉梳、色白如霜、薄如蝉翼、甜如蜜糖、香而不厌、甜而不腻。

其富含蛋白质、葡萄糖、维生素,有暖肺、养胃、滋肝、补肾等多重功效,老少皆宜。关于孝感麻糖,还有一段有趣的传说。

元末,红巾军起义四起。起义军领袖之一的徐寿辉被拥立为帝。1351年,他手下大将明玉珍攻取孝感县城,最初进展十分顺利,但到后期,元军统帅忽而赤龙率军转打孝感城,使得明玉珍腹背受敌,而且由于已经行军十多

孝感麻糖

天，又得不到支援，军中粮草早已不足，将士们眼看就只能空腹作战了，明玉珍十分着急。当时军中有一名叫滕金生的当地青年，家中是专做孝感麻糖的。他将自家储存的60余担麻糖贡献出来给将士们补充营养。靠着这些麻糖，明玉珍的军队坚持到了援军的到来，顺利打败元军。后来为感念滕家的恩情，明玉珍在四川称夏王与朱元璋的明朝鼎足而立后，仍每年派人到孝感八埠口滕家买麻糖以慰乡情，甚至在他死后留下的遗嘱里有一条就是，只要孝感麻糖的供应线不断，就不要与明朝开战。

章丘大葱为何被誉为"世界葱王"

章丘大葱，有特殊的香味和辛辣味。常食大葱，不但能增进食欲，并有一定医疗效果。章丘大葱葱白肥大、细嫩，于淡辣中略带清甜，耐久藏。生吃、凉拌最佳，炒食、调味、配锅亦好，堪称葱中珍品。其也是山东人最喜爱的常备蔬菜之一，因此人们常说，"如言山东菜，菜菜不离葱"。

章丘大葱是章丘市的名产之一。高大脆甜味道鲜美，营养丰富，既可生吃，也可熟食，还能做药用。据中国医学科学院营养研究所分析，大葱中含有较多的蛋白质、多种维生素、氨基酸和矿物质，特别是含有维生素A、维生素C和具有强大杀菌能力的蒜素。用它作药用，可以预防治疗十几种病，如，杀灭痢杆菌，治疗心血管病等。

章丘大葱属耐寒性蔬菜，在－20℃上下都能生长，对土壤的适应性较强。但要获得优质高产，理想土壤是富含有机质的黏性土壤。因此要常与小麦或非鲜茎类蔬菜轮作。1999年7月，"章丘大葱"商标注册成功，成为中国蔬菜类第一个原产地证明商标。根据大葱的产地特点、种植情况和产品特色，不同的生产者、经营者分别注册了"万新"、"绣惠"、"绿蕾"等商标。枣园镇万新村的盒装"富硒"大葱，在北京、上海等各大市场每公斤价格卖到了5元以上，是普通大葱的2～3倍。不仅如此，章丘大葱还打入了国际市场，如今，年产量达到1亿公斤以上，主产区为枣园、乡惠、宁家埠及三乡镇接壤地区。

正因有以上的种种特点，章丘大葱被誉为"世界葱王"。

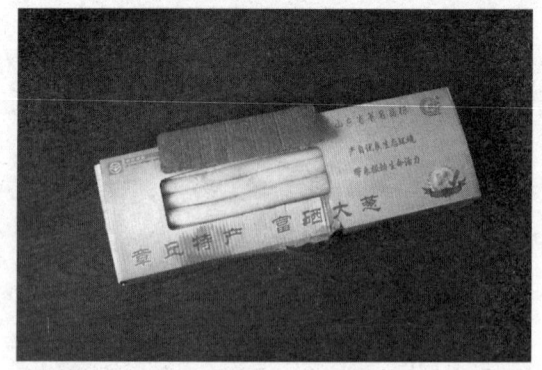

章丘大葱

龙口粉丝为何以地取名

龙口粉丝，是家喻户晓的菜品，其原产地是招远。招远是誉满中外的"银丝之乡"，是龙口粉丝的发源地和主要产地。这里生产的龙口粉丝丝条细匀、光洁透明、质地柔韧，在水中浸泡48小时不变色、不发涨，食用爽口、味道纯正，先后获省优、部优、国优和国家质量金奖、中国农业博览会金奖、国优产品复核金奖。其中，"塔牌"龙口粉丝还荣获国际美食及旅游协会授予的"金桂叶"奖，在世界上被誉为"粉丝之王"。如今，招远全市专业粉丝生产厂家近200个，年产龙口粉丝10万余吨。2004年9月19日，招远市被中国农学会命名为"中国粉丝之都"。

龙口粉丝

招远粉丝生产已有300多年的历史。那明明产自招远的粉丝，为何要起名为"龙口粉丝"呢？

1860年，为区别粉质杂乱的外地粉丝，招远粉丝由烟台外销改为由龙口包装外运，并统一称作"龙口粉丝"。1934年《中国实业志》载："粉丝业为鲁省特产，招远所产，尤为著称……唯招远所产，原料最纯，为商贩所信任。"

由于龙口粉丝久负盛名，新中国成立后山东外贸部门一直沿用此品名出口。这一举措使龙口粉丝成为山东粉丝出口共有的品名，但招远作为龙口粉丝的发源地，一直是龙口粉丝最大的生产基地。

 ## 郯城为何被称银杏之乡

郯城，素有"中国银杏之乡"的美誉，是全国著名的银杏集中产区，也是我国栽培银杏最早的地区之一。其银杏栽培历史悠久，至今已达3000多年，现存百年以上树龄的银杏3万余株。

郯城银杏俗名白果，落叶乔木，素有"活化石"之称，为我国特有的珍稀树种。银杏全身是宝：种子为干果，既是高级食品又是珍贵的中药材，含淀粉、粗蛋白、粗脂肪、蔗糖、还原糖、核蛋白、粗纤维、矿物质等，具有温肺、益气、定喘、

郯城银杏

降痰、消毒等功效；银杏外种皮含白果酸、白果醇等成分；银杏叶含黄酮类成分，被广泛应用于临床。

银杏树生长缓慢，传统的栽培方法需要40年才进入盛果期，故又有"公孙树"的别名，意为爷爷栽树，孙子得益。

在郯城全县百年以上的大树有2800余株。新村乡官竹寺旁现存一株古银杏树，高达35米，直径2米有余，相传为唐时所栽，距今已有千余年。清乾隆《郯城县志》将其列为重要特产，载入"果之属"。

如今，郯城银杏产区几乎家家栽银杏，户户有白果。近年来，全县育苗200亩，新栽银杏10万株，新造银杏林2000亩，形成万亩银杏园，成为一大景观；年产银杏几百万斤，建成了银杏果、叶、苗、盆景及系列产品五大专业市场；还先后开发生产了银杏叶茶、银杏饮料、银杏食品等10多个系列100多种加工产品。银杏产业年综合产值达45亿元，年出口创汇超过100万美元。

南丰蜜橘的来历及特色

南丰县，是我国柑橘的主要产地。这里生产栽种橘树的历史已有1300多年。其生产的南丰蜜橘是我国柑橘的名贵优良品种之一。

南丰的柑橘早在唐朝时就有生产了，但当时主要栽种的是实生繁殖的红橘和火橘。唐宋八大家之一的曾巩曾写下"鲜明百数见秋实，错缀众叶倾霜柯。翠羽流苏出天仗，黄金戏球相荡摩。入苞岂数橘柚贱，宅鼎始足盐梅和。江湖苦遭俗眼慢，禁御尚觉凡木多。谁能出口献天子，一致大树凌沧波"的诗句赞美家乡的蜜橘，所以在南丰县，蜜橘也称为"贡橘"。到宋元以后，蜜橘以其甘甜味美逐渐在南丰兴起。明正德年间的《建昌府志》正式把蜜橘的名称载入史册。

根据日本高桥郁郎的描述，

南丰蜜橘

日本济州蜜橘原产于我国长江沿岸，约在700年前南宋时期引种进日本，成为江户至明治时代日本柑橘的主要品种。这说明，早在700年前南丰蜜橘就已经驰名海外。

南丰蜜橘果色金黄、皮薄肉嫩、食不存渣、风味浓甜、芳香扑鼻。其表皮自然，近闻有橘香却不刺鼻，剥开薄皮、脉不粘瓣、汁多无渣、味甜而不酸，而且有股橘香味，这是南丰蜜橘特有的，少核（正宗蜜橘、贡橘10只有2只有核）。南丰蜜橘又以独有的特点——蜜橘橘皮挤压后喷出的雾状气体遇火即燃。

增城挂绿为何被称为"荔枝之王"

荔枝是中国岭南佳果，号称"果王"，而"挂绿"则是荔枝中的佳品。"挂绿"主产于广东增城，其外壳红中带绿，四分微绿六分红，果肉洁白晶莹、清甜爽口、挂齿留香、风味独特，因果身中间有一道绿痕而得名。

增城"挂绿"是荔枝中的珍稀品种，清代为宫廷贡品供皇帝品尝。明末清初屈大均《荔枝诗》咏道："端阳是处子离离，火齐如山入市时。一树增城名挂绿，冰融雪沃少人知。"清诗人李凤修咏道："南州荔枝无处无，增城挂绿贵如珠。兼金欲购不易得，五月尚未登盘盂。"清代文学家朱彝尊慕名入粤观赏，赞之："南粤荔枝，向无定论，以予论之，粤中所产挂绿，斯其最矣。"足见其珍贵程度，被称为"荔枝之王"。

增城"挂绿"至今已有400多年的历史。据乾隆年间县志记载，"挂绿"原产于增城新塘四望岗，后至嘉庆年间因官吏侵扰，百姓不堪负重而砍光"挂绿"荔枝。万幸只存县城西郊西园寺（现荔城挂绿广场）一棵至今，"西园挂绿"弥为珍贵。"挂绿"荔枝果实扁圆，不太大。果蒂带有一绿豆般的小果粒，蒂两侧果肩隆起，带小果粒的那侧稍高，谓之龙头，另一边谓之凤尾。果实成熟时红紫相间，一绿线直贯到底，"挂绿"一名因此而得。"挂绿"的果肉细嫩、爽脆、清甜、幽香，特别之处是凝脂而不溢浆，用纱包裹，隔夜纸张仍干爽如故。屈大均在《广东新语》所说："挂绿爽脆如梨，浆液不见，去壳怀之，三日不变。"

关于挂绿，很久以来民间流传着这样一个动人的传说。相传八仙中的何仙姑是增城小楼桂村人。她15岁时得仙人点化，食凤

增城挂绿

凰山云母片学会飞身法术。18岁时父母将何仙姑许婚给别人,她不同意,在婚礼前夕乘人不觉,飞身至罗浮山得道成仙。后来何仙姑因不忘家乡令人陶醉的荔枝佳果,常常回乡漫步荔枝园中。一天,何仙姑留恋西园荔枝美景,坐在树枝上编织腰带,离开时把一条绿色丝线遗留树上,绿丝飘绕在荔枝果上,于是荔枝果上都有一道绿线,人们就给它取名"挂绿"。可见"挂绿"之神奇和名贵,带有不凡的"仙气"。

21世纪初,"挂绿"曾出现单颗天价拍卖的情形,打破吉尼斯世界纪录,成为全球最昂贵的水果。足见其品质极优、珍贵非凡。

云南松茸为何名贵

云南山多林茂,适合松茸的生长,因而松茸资源丰富,特别以滇西北和滇中地区出产较多。每年的出产旺季为7~9月份。在我国的主要产茸区中,云南有香格里拉产茸区和楚雄产茸区。其中香格里拉产茸区占全国松茸总产量的70%,并且是连续30年的松茸出口冠军。

松茸,学名松口蘑,别名松蕈、合菌、台菌,是我国的二级濒危保护物种。因其营养价值颇高,所以十分名贵。它的主要营养成分有很多类,包括糖类、醇类、多肽类、氨基酸类、菌蛋白类、矿物质类、微量元素类等。其多种营养成分已被广泛应用于药品、保健品和化妆品领域,是世界上最珍贵的天然药用菌类。

松茸的实体中含有活性营养物质49种、氨基酸18种、人体必需微量元素14种、维生素8种、不饱和脂肪酸5种、糖蛋白2种,以及丰富的膳食纤维和多种活性酶;另外还有3种珍贵的活性物质,分别为双链松茸多糖、松茸多肽和松茸醇。其中,松茸醇是全世界所有植物中独一无二的抗癌物质,被广泛应用于预防癌症和癌症术后的康复。

松茸的主要营养特点有4个:其一,均衡。松茸中含有人体所需的绝大部分基础营养成分,且营养结构的整体配比合理而均衡,尤其是18种氨基酸的含量最接近于世界卫生组织和联合国粮农组织提出的标准。其二,营养含量充足。研究表明,松茸的营养含量在菌类中名列前茅,如,松茸中的氨基酸是很好的营养补充元素。其三,吸收性好。活性营养物质是松茸的主要营养元素,其分子小、极易吸收,因而被大手术患者和体虚者广泛采用。其四,安全性高。松茸的生长环境

迪庆松茸

无污染,且受到人工干预,所以是安全食品,适用于任何体质的人做营养补充。

松茸的名贵,具体体现在它的功效上,主要表现在以下方面:

抗癌抗肿瘤 松茸体内含有松茸醇(RNA)。这是一种其他任何植物都没有的特殊双链生物活性物质,具有超强的抗基因突变能力和强抗癌作用。它所具有的抗癌作用主要表现在两方面:一是直接杀死癌细胞;二是诱导癌细胞凋亡。松茸的抗癌功效,主要应用于作为癌症术后的康复食品,以及作为癌症术后辅助治疗的药品。

丽江松茸

提高免疫力 松茸具有综合提高免疫力的功效,特别是其富含的双链松茸多糖,能够激活人体的T细胞,对身体虚弱、术后、产后人群具有一定快速提高免疫力的功效。

抗衰老养颜 松茸多糖能提高人体的免疫功能,因而具有抗衰老作用。另外,松茸中的松茸粗多糖,可通过干预黑色素的沉积而达到美白肌肤的目的。

治疗糖尿病 松茸具有治疗糖尿病的作用,主要方式表现为:其一,提高体内胰岛素含量;其二,减少饭后血糖含量;其三,直接降糖。

治疗心血管疾病 松茸的不饱和脂肪酸含量高,其中,油酸、亚油酸等可有效降低胆固醇含量和血液黏稠度,对预防高血压、动脉粥样硬化和脑血栓等心脑血管疾病具有疗效。

促进肠胃功能 松茸有益肠胃功效,能加强胃肠蠕动,还能抑制胃肠功能亢进和脾虚所致的泄泻,使脾虚者体征显著改善。

保护肝脏 松茸能够清除自由基,抑制或阻断自由基引发的脂质过氧化反应,能够提高机体的抗氧化能力,所以具有保肝功效。

抗辐射、抗突变 松茸有强大的抗辐射性和抗突变性,能保护细胞不产生突变,同时消除细胞所受到的各种辐射伤害。

广西"天然罐头"——沙田柚名称的来历

广西容县沙田村的土壤肥沃、土质优良,盛产广西名牌水果之一,被称作"天然罐头"的沙田柚。那么,其名称有何来历呢?

据说沙田柚原名杨核子。旧时容县村的夏纪纲在外地做官,回乡时带回去

沙田柚

两株杨核子苗,种在塘边比较肥沃的土壤里。最先杨核子结的果实是酸涩的。后经过优良选种,终于培育出了果肉鲜嫩、味道香甜可口的果子。后来夏纪纲将这香甜的果子献给出巡的乾隆皇帝。皇帝吃后,赞不绝口,甚是喜欢,并召见了夏纪纲,问他这是什么果子。乾隆知道后,认为如此香甜之果,不能叫"杨核子"这种不雅的名字,于是就命在场大臣为此果再取佳名。当时一位大臣出了个主意:认为果子是夏纪纲不远万里邮送至此献给圣上的,不如叫柚,再加上它生长于夏纪纲的家乡沙田村,就取名"沙田柚"。皇帝听后,觉得不错,遂叫开来。沙田柚因为得到皇帝的称赞,便很快在村里被大量种植。很多外地人也纷纷前来引种。由于沙田的土壤特别适合此物生长,所以这里的沙田柚是品质最好的,乃果中上品。沙田也被称为"柚子之乡"。

沙田柚成熟以后,颜色鲜黄,果实底部可见"金钱印"。果实上短小、下圆大,每个重1~2斤,大的也有重到3斤左右的。果肉香甜,多汁可口,果皮很厚,能长时间保存果肉不变质,便于长途运输、携带。果皮还可用来制作蜜饯,有止咳化痰的功效。

现在,沙田柚已经扩种到其他省份。但是广西仍然是中国最大的沙田柚产区。其作为广西出口水果之一,在国内外市场上享有盛誉,深受消费者的喜爱。

宁夏枸杞的来历及特色

宁夏栽培枸杞已有四五百年的历史。相传战国时,在秦国境内有一青年农夫,乳名狗子,娶妻杞氏。后狗子被召戍边,待其归家,发现家乡正闹饥荒,心中惶恐。狗子回到家,看到他的老母亲和妻子面色红润,不像其他乡邻面露饥饿之状,很是惊讶,遂问其妻。妻子告诉他是因为在山间采了红果食之,才没有被饿死。乡邻听说了,争相采食。这便是枸杞的由来。

宁夏枸杞

宁夏昼夜温差大，土壤肥沃，适合枸杞的生长。这里出产的枸杞粒大、皮薄、肉厚、籽小、味正、质优。宁夏是枸杞的原产地，品质高于其他地区所产，尤其是对人体具有医疗保健作用的多糖含量和有益于人体智力开发的有机锗含量远远高于其他地区。宁夏枸杞有"红宝"之称，位于宁夏五宝之首。其中又以中宁县所产的枸杞为最佳。中宁县被国务院命名为"中国枸杞之乡"。

哈密瓜为何有"瓜中之王"的美称

一说起哈密，人们就会想到香甜可口、名扬天下的哈密瓜。哈密地区光照充足、热量丰富，为哈密瓜的生长提供了得天独厚的自然条件。哈密瓜又名雪瓜、贡瓜，维吾尔语中称"库洪"（源于突厥语"卡波"，意为"甜瓜"）。它的果型为圆形或椭圆形，果实大，味甘如蜜，是一种非常优良的甜瓜，被誉为"瓜中之王"。

哈密瓜形态各异、风味独特、品种多样，达180多种，以"黄金龙"、"红心脆"品质最佳。有的哈密瓜带奶油味，有的哈密瓜含柠檬香，口碑饮誉国内外。此外，它还有早熟夏瓜和晚熟冬瓜之分。这种甜瓜含糖量在15%左右，不但好吃，而且营养丰富，具有很高的药用价值。

哈密瓜味甘如蜜、香味袭人、肉质细嫩、松脆爽口、入口即化。鉴赏技巧包括以下几点：其一，哈密瓜多呈椭圆形或橄榄形。其二，瓜的颜色有果绿色带网纹的、金黄色的、花青色的等。其三，哈密瓜一般有香味，且成熟度适中。无香味或香味淡薄的则成熟度较差，可放些时间后食用。其四，如果瓜身坚实微软，成熟度就比较适中。如果太硬则不太熟，太软就是成熟过度。其五，哈密瓜在瓜果超市都有卖，价格平均3元多/500克，但不同地区间有差异。

据清代《新疆回部志》记载："自康熙初，哈密投诚，此瓜始入贡，谓之哈密瓜。"这是哈密瓜得名的由来。光绪年间（1821—1850年），翰林院编修宋伯鲁写了一首《食哈密瓜》诗，生动地记述了哈密瓜入贡得名的史实："龙碛漠漠风抟沙，胡驼万里朝京华，金箔丝绳慎包瓯，使臣入献伊州瓜，上林珍果靡不有，得之绝域何其遐，金盘进御天颜喜，龙章凤藻为褒嘉。"

哈密瓜

吐鲁番葡萄干为何有名

吐鲁番的葡萄享誉天下,极受当地居民和外地游客的欢迎。由于光热条件优越,天气干燥少雨,这里生长的葡萄含糖量十分高。葡萄品种也多达数百种,产量很高,完全可以当做当地的主食来看待。这里还有各种果酒厂生产多种葡萄食品,如,葡萄干、葡萄酒、葡萄水、葡萄罐头、木赛来斯等。其中,吐鲁番葡萄干以色泽纯白、口味独特、香甜入味等特色遐迩闻名。

吐鲁番葡萄干历史悠久、源远流长。据《太平广记》记载,在南朝梁国大同年间(535—546年),高昌国(今吐鲁番县)曾派使者向梁武帝贡献葡萄干。在吐鲁番唐代墓葬中,考古工作者也发现了吐鲁番葡萄干。

吐鲁番葡萄干以新疆无核白葡萄加工而成。这种无核白葡萄具有质软、含糖量高、无籽等优点。制作时只需将其置于阳光下直接暴晒,然后制成褐色葡萄干,最后还要在荫房中进行晾制。全疆只在吐鲁番盆地、和田地区可如此制作,因为这里气候干燥,秋季气温高,常刮干热风,宜于制作葡萄干。

吐鲁番红葡萄干

吐鲁番葡萄干以粒大、壮实、柔糯为上品;嫩小、瘪子为次品。将葡萄干成把地攥后放开,颗粒迅速散开的为干,相互粘连的为潮,攥紧后破裂的则太潮,表面泛糖油的次之。味以甜蜜鲜醇、不酸不涩为佳,有发酵气味的则已变质。对于爱吃葡萄干的朋友来说,这样的美味不可不品尝一番。

吐鲁番市新站葡萄干市场,乌鲁木齐市北园春果品批发市场(沙依巴克区克拉玛依西街185号)是购买葡萄干的好去处。其价格13~15元/公斤不等。现在,吐鲁番所生产的葡萄干除销往国内各省市外,还出口日本、东南亚等世界各地。走在吐鲁番、吃在吐鲁番,葡萄干是必

吐鲁番黑玫瑰葡萄干

需的主题。

雪莲花有何特色

雪莲花,是生长在西藏东北部海拔 3500～5000 米高山地区的一类菊科植物,藏语称之为"恰果苏巴",学名雪兔子,又叫雪莲、雪荷花、大木花、大拇花等,是举世闻名的珍贵藏药。藏族老百姓又将雪莲花分为雌、雄两种:雌花,可以直接生吃,甜脆爽口;而雄花,则略带苦味。在植物学分类上,仅西藏产的雪莲种类就有 30 种。

雪莲花全草可入药,可抗菌、降压、震惊、祛风、消炎止痛等,而最近的医学研究报告称,雪莲花还具有强心

雪莲花

作用,而且还能清热解毒、通经活络,对多种病症都有一定的疗效。

野生雪莲和人工种植的雪莲差别较大,因为只有高山严寒才是适合雪莲生长的环境,所以野生雪莲花头大,人工种植的雪莲花头小。野生的雪莲由于长期生长在寒冷的高山之上,叶子具有淡淡的白亮光泽,就算是干制雪莲叶子也比较新鲜具有一定光泽;人工养殖的雪莲培育期一般只需 2～3 年就可以用药,叶子无光泽。野生雪莲根为深褐色,人工种植雪莲根的颜色要浅得多。

雪莲品质高雅,唐代边塞诗人曾这样吟唱:"耻与众草之为伍,何亭亭而独芳!何不为人之所赏兮,深山穷谷委严霜?"

临潼石榴的特色及传说

临潼石榴,是陕西最具特色的水果之一。其品种优良、繁多,主要分为酸、甜两种。酸石榴果皮较厚,味道较酸,适于长期存放,以"鲁峪蛋"和"临潼酸"为佳品。甜石榴中最具代表性的品种有"三百甜"、"大红甜"和"净皮甜"。其中,"三百甜"因其果皮、花瓣、籽粒均为白色而得名,皮薄粒大、甘甜味美,有"冰糖石榴"之称,是果中珍品。

临潼石榴是上好的中药材,有延缓衰老、生津消食、益脾健胃之功效,故在大饱口福的同时不必担心腹胀、不消化等问题。

关于临潼石榴的来历,还有一段传说。

临潼石榴

石榴,学名安石榴,在西汉时期由张骞从西域引入我国,最早种植于长安上林苑和骊山温泉宫。相传女娲炼石补天时,将一块红色宝石遗落在骊山脚下。有一年,安石国王子在打猎时救了一只快要冻死的金翅鸟。金翅鸟为报答王子,不远万里将骊山脚下的红宝石衔来安石国的御花园,不久,红宝石生根发芽,长成一棵枝繁叶茂的大树,并结出果实。安石国国王为此果取名为"安石榴"。张骞出使西域,正逢安石国大旱。张骞将汉朝兴修水利的经验告诉安石国国王,帮助他们缓解旱情。离开之时,张骞拒绝了国王赠送的金银珠宝,而是带了安石榴的种子回到长安。他将种子撒在骊山脚下,从此,山脚下的"红宝石"变成了安石榴,经过长期的繁衍,成为今天的临潼石榴。

商洛为何被誉为"核桃之乡"

"商洛核桃甲天下"。这里是我国产核桃最多的地方,被称为"核桃之乡"。目前,商洛市核桃种植面积达140万亩,年产量为2万吨。如果以地区作比较的话,商洛的核桃产量居全国第一,因而商洛是全国最大的核桃生产基地。

商洛地区气候温和、四季分明,冬无严寒、夏无酷热,光照充足、雨量适中、土地肥沃。此地有亚热带和暖温带气候相兼并存,南北方植物可同生共济。这里的气候、雨水、土壤最适宜于核桃的生长,自然条件可谓得天独厚。再加上该地的山民勤劳淳朴,靠山养山,植树为乐,视核桃为宝,故而此地核桃分布十分广泛。无论深山、峡谷,还是丘陵、平川,核桃无所不在。正如当地的一首民谣所唱:"核桃坡、核桃沟、核桃砭、核桃路,漫山遍野核桃树。"

商洛核桃富含蛋白质、维生素、矿物质等,对人体有较高的保

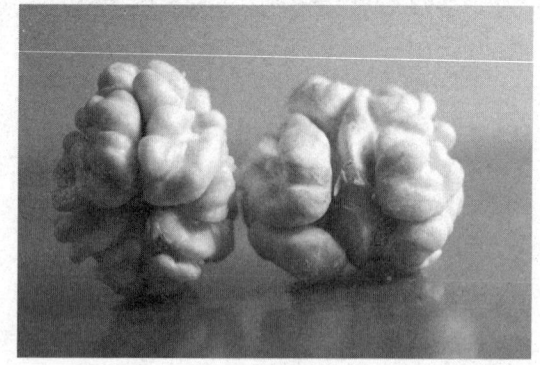

商洛核桃仁

健作用。商洛核桃仁、有口感油香味浓、色泽白黄如玉、营养价值高的特色,因而受到欧美市场的青睐,使得商洛的核桃仁出口量占全国核桃仁出口量的1/3。

该地的核桃品种优良,如,洛南的薄皮核桃、山阳的鸡蛋皮核桃、镇安的大绵核桃、商州的马牙核桃等,都具有个大形整、皮薄光亮、仁肥易取、出仁率高、味甜而香、含脂肪在70%以上等优点。商洛核桃虽然历史悠久,但直到新中国成立后,才得到真正的发展。

核桃的药用价值很高,在中医里应用广泛。传统医学认为核桃性温、味甘、无毒,有健胃、补血、润肺、养神等功效。现代医学研究表明,核桃中的磷脂对脑神经有良好的保健作用。核桃油含有不饱和脂肪酸,有防治动脉硬化的功效。核桃仁中含有锌、锰、铬等人体不可缺少的微量元素,在人体衰老过程中,这些微量元素具有促进葡萄糖利用、胆固醇代谢和保护心血管的功能。另外,核桃仁的镇咳平喘作用也是十分明显的。

米脂小米有何美誉

米脂小米,因其优良的品质而享誉全国,被赞誉为我国"四大著名小米"之一(山东"龙山小米"、山西"沁州黄小米"、山东"金乡金谷米"、陕西"米脂小米"),曾是上缴封建朝廷的贡品。

米脂县,位于陕西省榆林市东部,无定河之滨,土质较肥沃,属中温带。这里的气候和土壤均适宜于旱作农业,因盛产优质小米而久负盛名,并因此而得县名。据《米脂县志》载:"沃壤宜粟,米汁如脂,故名米脂。"

米脂小米历史悠久,在该县武隋渠、麻土坪新石器时代的"龙山文化"遗址中,曾发现"碳化粟粒"及贮藏粮食的窖穴。这说明了此地谷子的种植,至少已有4000~5000年的历史。米脂小米所以著名,正是得益于丰厚的黄土和先民们的长期生产实践。

米脂小米是位于陕北高原米脂县的一种特产,也被人们普遍称为"延安小米"。此米不仅色泽金黄、颗粒浑圆、晶莹,质黏味香,而且米质优良,可长久保存。如果焖成干饭,香甜松软,让人回味无穷。如果煮成稀饭,则黏糯爽口,清香四溢,饭汤表面还会形成一层明亮的米脂油。

米脂小米

米脂小米营养丰富,所含蛋白质、脂肪均高于大米、面粉。它富含人体所需的 8 种氨基酸且比例协调。其中也蕴含有大量维生素,并且纤维的含量又是几种主要粮食作物中最低的。所以,米脂小米也是产妇、幼儿及老人的滋补佳品。

牛皮糖为何号称"扬州一绝"

牛皮糖,号称"扬州一绝",是扬州特产,在海内外享有盛誉。

扬州牛皮糖

牛皮糖是扬州休闲文化的缩影,是清康乾年间扬州经济发展的一个写照。那时,扬州已成为中国盐运和漕运的中心,达官贵人、风流才子云聚扬州。其中牛皮糖在众多小吃中因越嚼越有劲而备受人们喜爱,被称为"扬州一绝"。后因战争频繁而失传于世。据较早生产牛皮糖的"绿叶"公司负责人杜大顺说,自 20 世纪 70 年代起,经过科技人员和制糖技师对前人的制糖工艺进行挖掘整理,终于使传统产品得以重新问世,使口感达到了弹性、韧性、柔软性三位一体的最佳状态。

如今生产的扬州牛皮糖不仅口味多样,而且甜度低、色泽美、香甜味美、老少皆宜。

湘潭槟榔的来历

槟榔有"绿色口香糖"之称,深受消费者喜爱。湖南民歌《采槟榔》里唱道:"高高的树上结槟榔,谁先摘了谁先尝。"它道出了湖南人与槟榔之间奇妙的联系。

湖南人对于槟榔的喜爱与迷恋甚至可以用"未入湖南境,先闻槟榔香"来形容。在湖南许多地方,都有饭后嚼槟榔的习惯,而在湘潭还有着"槟榔越嚼越有劲,这口出来那口进,交朋结友打圆台,避瘟开胃解油性"的歌谣,足见湘潭人及湘潭饮食文化与槟榔的不解之缘。

湖南人嚼槟榔起源于湘潭。湘潭人嚼槟榔已有 300 余年的历史。据《湘潭市志》介绍,顺治六年(1650 年)正月,清兵屠城湘潭 9 天,县城里数万人口,所剩不到二三十户，人口不足百。当时有一位程姓徽商，得到一老和尚嚼槟榔避疫的方法收尸净域，从此嚼槟榔习惯也就陆续延续下来。

乾隆四十四年（1779年）湘潭发生瘟疫，城内居民集体患上臌胀病，时任县令白景从李时珍《本草纲目》中得到了启示，将药用槟榔分给病患者咀嚼，臌胀病竟然得以治愈，解除了瘟疫之害。

湘潭槟榔

于是，嚼槟榔的习惯就在湘潭传开，最后传遍全省。

湖南不产槟榔原果，但槟榔加工业创造的价值远远超过海南和台湾。这无疑是整个食品加工的奇迹。

据《本草纲目》记载，槟榔性温、味苦，可解油、驱虫、除胀，还可治水肿、脚气等症。适当嚼食，有利于面部神经的运动，可起到美容的功效。它又是一种果品，特别是在湘潭人的生活中，有着特殊的地位。湘潭人在待客时可以不用烟、不用茶，只要奉上一口槟榔，就足以表示主人的热情和诚意了。

新郑大枣的特色

新郑大枣，又名鸡心大枣，是河南省郑州市新郑的地方特产，素有"灵宝苹果潼关梨，新郑大枣甜似蜜"的盛赞。那么，新郑大枣有什么特色呢？

新郑大枣历史悠久。其种植历史最早可追溯到8000多年前的裴李岗文化时期。当时，在新郑一带的先民们就已经开始种植大枣了。到了春秋时期，郑国名相子产执政时，将都城内外的街道两旁都种上了枣树。在汉代，人们已经认识到了大枣的药用价值，在新郑民间发现的汉代铜镜上就刻有"上有仙人不知老，渴饮礼泉饥食枣"的诗句。到了明代，新郑枣树种植已经有了相当的规模。

新郑大枣的种植规模很大，品种很多。目前，新郑大枣的种植面积已经发展到了15万亩，品种达30多个，主要有灰枣、鸡心枣、六月鲜、九月青、结不俗、酥枣等优良品种，年产红枣达3000万公斤。

灰枣 是新郑枣区的主栽品种，约占新郑大枣总产量的60%。这种枣的果实为长椭圆形，一头大一头小；果皮中等厚度，呈棕红色；果肉厚实，呈绿白色，

新郑大枣

质地致密、细脆；汁液较多、味甜，品质上等。灰枣既可以鲜吃，也可以制干、加工，是中果型枣中的最佳品种。

鸡心枣 因形似鸡心而得名。这种枣的果形有鸡心形、长圆形、倒卵形，果顶微凹，果个较小；皮为深红色，有光泽；果肉厚实，呈绿白色，汁水多，质地致密，味很甜；核小质密。这种枣有很高的药用价值，被誉为"百药之引"。该枣树干长势直立，树株呈圆锥形，发枝力强，适应性好、高产稳定。

冬枣 是无刺枣树的一个晚熟鲜食优良品种。它结果早，嫁接当年就能结果。其果实近似圆形，果面平整光洁，呈赭红色，果形酷似小苹果；枣形较大，皮薄、核小、汁多，肉质细嫩酥脆，甜中略酸。

新郑大枣有皮薄、肉厚、核小、味甜等特点，营养物质十分丰富。它含有人体必需的18种氨基酸，并含有蛋白质、脂肪、糖类、有机酸和磷、钙、铁及维生素B、C、P等物质，是一种天然的维生素果实，营养价值极高。不仅如此，大枣还有很高的药用价值，甚至枣树的叶、花、皮、根、刺都可以入药。常吃大枣可以缓解身体虚弱、神经衰弱、脾胃不和、消化不良、劳伤咳嗽、贫血消瘦等症状，而且还可养肝防癌、美容养颜。

桂林的荔浦芋头为何被称为"金芋头"

在20世纪90年代，电视连续剧《宰相刘罗锅》一时热播，给了广西桂林的荔浦芋头一次扬名的机会。没多久，整个北京城都在热议荔浦芋头。其价格逐渐上涨。荔浦芋头不仅在整个中国都很受欢迎，而且还出口到东南亚等国家。

荔浦芋头因产自荔浦县而得名，又叫魁芋、槟榔芋。据《荔浦县志》记载，古时种在城外关帝庙脚下那片土地上的芋头最佳，

荔浦芋头

剖开后,会看到似槟榔的纹络,故称槟榔芋。清朝时期荔浦芋头就作为贡品,在皇宫中食用,一般人则难以吃到。

电视剧《宰相刘罗锅》中有一集中讲述了关于荔浦芋头的传说。当时被贬为广西巡抚的刘罗锅体恤民情,为免去广西每年进贡荔浦芋头的任务,就将貌似芋头的山薯送进皇宫,给乾隆食用。由于山薯的口味与芋头差距太大,皇帝吃后,觉得食欲全无,立刻下令不再要广西进贡荔浦芋头了。但是没多久朝中与刘罗锅作对的大臣找来真正的荔浦芋头。乾隆食后知道被宰相刘罗锅愚弄,一怒之下,将他再贬到浙江做织政。

刘罗锅

荔浦芋头的芋肉细腻,煮熟后又香又软,味道独特,略有甜味。它营养丰富,富含淀粉、粗蛋白、多种维生素、钙和无机盐等营养成分,具有补气养肾、健脾胃、强身健体的功效,不但可以制作出美味的点心,作为菜肴的原料,还是滋补身体的营养品。

将片状的荔浦芋头油炸后夹在一块块扣肉的中间,再加上多种配料,就是著名的中国菜"荔浦芋扣肉"。别具风味、肉香而不腻的荔浦芋扣肉是广西人逢年过节、宴会聚餐的一道美肴。也可做成奶芋,味道甘甜香软。若是与鱼、肉、鸡、冬笋、香菇等用油清炸,香酥爽口。还可放入火锅或做香芋红烧肉、芋头排骨、爆炒芋头片等。就连港澳地区和东南亚一带的居民也都常做这些菜来招待宾客。据说,白崇禧曾用这道名产菜肴——荔浦芋扣肉,招待过来广西巡视的蒋介石。当时牙齿不好的蒋介石,对这道菜甚是喜欢,食后赞不绝口。如今广西外贸部门加工出口的荔浦扣肉罐头在国际市场上很有竞争力,深受国外消费者的欢迎。

如此历史悠久、营养丰富且自古以来就受到人们喜爱的荔浦芋头,当然是可以为当地居民带来财富的。当地人民也因为荔浦芋头提高了生活水平。因此,荔浦芋头就成了各家各户的"金芋头"。

梧州龟苓膏产生的有趣传说

龟苓膏,作为梧州著名的名优特产和传统药膳,由来已久。明末清初时,就已驰名全国。据说在清朝时还曾是皇帝专食的名贵药物。关于它的产生,民间还有许多有趣的传说。

梧州龟苓膏

一说龟苓膏的诞生与梧州的地理环境紧密相关。这一年,梧州天气异常湿热,有个叫李三的人患上了热毒、湿毒,但因为家境贫困,无钱治病,无奈之下,就将家里的龟板和土茯苓拿来熬汤喝。龟苓膏就这样在不经意之间产生了。

二说公元前221年,秦始皇统一六国后为寻得长生不老的药方,于是广招江湖人士炼制丹药。且说这江湖术士哪懂炼制长生不老的丹药,为了蒙混过关,就多用金钱龟(长寿的象征),配以灵芝、人参等珍稀中药材一同炼制。在炼制的过程中,龟胶冷却形成膏状,吃起来极为清凉爽口,于是此类做法便在宫中沿袭了下来。这就是龟苓膏最早的雏形。

三说诸葛亮带兵南征时曾驻军在苍梧郡(今梧州)。当时将士大多是北方人,初来南方都出现了水土不服症状,严重影响了军队的战斗力。诸葛亮看在眼里,急在心头,立刻找来当地人一问究竟。这才知,原来都是梧州的湿热气候所致。诸葛亮便按照当地人所说方法,让伙夫用乌龟、土茯苓熬汤给将士们饮用。不出几天,大部分将士均痊愈了。

 ## 中国的"芒果之乡"在哪里

广西田阳县盛产芒果,闻名中外,是中国第一个获得"芒果之乡"称号的地方。田阳县隶属百色市,是亚热带季风气候区。这里的气候适宜生长多种亚热带水果、蔬菜、粮食,是天然的"大温室"。田阳县生产的芒果,外型美、气味香、肉质滑嫩,且营养价值高,深受消费者的喜爱。

田阳县充分利用自己的农业资源优势,积极引进新的种植技术,大力推广新的芒果品种。经过不断优良选种、改良换种,芒果

田东芒果

的品质一再提高,稳居水果市场的前茅。现如今,田阳县栽培的芒果品种繁多,有田阳香芒、金煌芒、红象牙芒、台农1号芒、爱文芒和凯特芒等30多个品种。其中优质品种"田阳香芒"两次荣获中国农业博览会最高奖。1995年,田阳县荣获"中国芒果之乡"称号。

田东县,也是中国特产正宗优质芒果的出产地,于1996年获得国家农业部认证"中国芒果之乡"的荣誉称号,与田阳县比邻而居。田东芒果历史悠久,早在宋元时期就作为地方贡品奉献给朝廷。

走进田东县,就会见到大片大片的"芒果海"。无论是在民居的房前屋后,还是在学校、机关的大院,都生长着许多芒果树。田东人开门就见芒果树。目前,这里的芒果品种有红象牙、桂七芒、紫花芒、台农、金煌芒、凯特芒等37个品种。"天赋田东美,地道芒果香","田东芒果,天生好果",田东香芒不仅外形美观、色泽诱人,其香味也独特、果肉甜美、营养丰富,受到国内外消费者的赞美和青睐。

哪里被誉为"中国八角之乡"

八角,也叫大料,与花椒一起作为烹饪菜肴时的作料,是常用的调味品。八角还是中药的一种,也叫大茴香,加入中药具有散寒、理气、止痛的功效。其果实形状特别,像个小齿轮。每个齿轮有八九个"齿",但大多数为八个,故称"八角"。八角果实香气浓郁,是著名的香料。我们日常用的香水、香皂、牙膏、化妆品中也常有八角的提取物。据说当地居民还用八角来抗风湿。看来八角在食品、医药、化工上都有广泛的用途。

八角适宜在亚热带的湿热气候中生长。广西多山谷,雨量充沛,为八角的生长提供了良好的自然环境。中国的八角王就在广西德保县荣乡百农村陇汤屯。八角王树,树高体宽,树冠大、分枝多,枝繁叶茂,生长力旺盛,每年可产八角六七百斤。

八角一年成熟两次,新鲜的果实是粉绿色的,烘干的果实是棕红色的。大红八角于每年秋季采收,秋季产量高,成熟的果实硕大,果品好。市场上我们用的八

那坡八角

角就是秋果。广西最好的八角可不会随便出售，而是整齐地排放在盒子里包装好，颗颗饱满如小花绽放，颜色褐红，香味淳厚。无论是回家炖肉还是烧卤味，其口感都非常好。

中国的八角之乡是广西那坡县。该县是广西壮族自治区八角重点生产基地县，被国家林业局授予"中国八角之乡"荣誉称号。整个那坡县的八角产量可达10万吨以上，种植面积几十万亩。八角作为化工产品的重要原料，发展前景十分广阔。

肇庆裹蒸的来历及特色

裹蒸，是肇庆特产，人称"茶点王"，也叫裹蒸粽。肇庆裹蒸是用本地特有的冬叶包裹、水草包扎，呈枕头状或埃及金字塔形。它的馅料很特别，由糯米、绿豆等素料制成，内藏的肥肉更肥美适中，调和味道，深受大众的喜爱。"肇庆裹蒸"香气横溢，入口松化、爽滑、甘香、肥而不腻、甘香可口、风味独特，是当地居民欢度春节的传统食品。

据说肇庆人制裹蒸始于秦代。秦始皇当政时，苛捐特重、劳役繁多，农民悲苦难言。当时农民为方便田间劳作，便用竹叶或者芒叶裹以大米，煮熟后随身携带以作干粮，就是最早的裹蒸。至汉代，肇庆的城乡居民已有在春节、端午节包裹蒸和粽子的习俗。乡间传闻，北宋包拯在古端州（今肇庆）因政绩突出被调往京城，赴任之际，端州百姓用家中的糯米、绿豆，加上猪肉，制作成一种形状像铁拳的食物，让包拯带着路上吃。因此，肇庆裹蒸更像包公铁拳的形状。裹蒸还曾奉为贡品，据《南齐书》记载，在皇帝御食中，有"裹蒸"这道菜。皇帝十分喜爱："食此不尽，可四片破之，剩余权当晚食。"清代诗人王仕祯有诗赞肇庆城乡除夕熬煮裹蒸的盛况："除夕浓烟笼紫陌，家家尘甑裹蒸香。"如今，肇庆裹蒸已经成为家喻户晓的传统食品。它作为春节探亲拜年的必备礼品，寓意着丰衣足食和来年好运。

近代以来，除传统的糯米、绿豆、猪肉馅裹蒸外，还发展出更具营养的黑糯米等新品种，而内馅方面更是五花八门，种类繁多，填入冬菇、白果、栗子、腊肠、腊鸭、蛋黄、腊肉，则被誉为"七星裹蒸王"。有食客认为"肇庆裹蒸"个头太大，馅料历来都没有过多的

肇庆裹蒸粽

变化，略嫌肥腻。殊不知，传统裹蒸个头大是因为用很多整大块的冬叶来包裹的，从而尽量吸收到冬叶的清香及保鲜效果，由于肥瘦花肉是必须要整一大块的，这样蒸出来的肉气才更厚，与具有一定分量的糯米和绿豆去互相融合，才能蒸出由冬叶、糯米、绿豆、肥瘦花肉4种基本材料融合而成的裹蒸的特有风味，所以体积较大。

肇庆裹蒸粽摊位

肇庆裹蒸的吃法也颇具特色。当地人通常是将热气腾腾的裹蒸从锅里取出之后，拆开冬叶，加入切得细碎的芫荽、葱和炒香的芝麻粉，再加上几滴土榨花生油和酱油，随吃随蘸，确有风味。而另一种吃法，是将冬叶打开后，裹蒸蘸上蛋浆后用猪油煎至金黄，表皮香脆，再加上述配料食用，同样味道不俗。民间最喜欢吃的还是新鲜出炉的"开炉裹蒸"，不加任何调料，直接食用。新鲜出炉的裹蒸，久经煲煮的冬叶已变为深绿色，糯米表层吸收了冬叶的叶绿素，呈现一层通透的浅绿，冬叶与糯米、绿豆混合的清香令人垂涎欲滴，其味甘香，口感软滑，吃后齿颊留香。据说颇具补中益气及止夜尿和增加热能的作用。在春天这乍暖还寒的时节，裹蒸成为人们欢度春节的传统食品，确实有其不俗的效用和目的。

居住在肇庆的回民也有包裹蒸的习俗，他们则以牛肉作馅，称作"清真裹蒸"。佛教信徒则以花生、白果、冬菇为馅料，称作"上素裹蒸"。

策　　划:丁海秀　李荣强
责任编辑:张　毅
部分图片提供:微图网

图书在版编目(CIP)数据

趣味导游特产知识/《趣味导游知识》编辑部主编. ——北京:旅游教育出版社,2014.8
(趣味导游知识丛书)
ISBN 978-7-5637-2981-4

Ⅰ.①趣…　Ⅱ.①趣…　Ⅲ.①土特产品—介绍—中国　Ⅳ.①F762.7

中国版本图书馆 CIP 数据核字(2014)第 156019 号

趣味导游知识丛书

趣味导游特产知识

《趣味导游知识》编辑部　主编

出版单位	旅游教育出版社
地　　址	北京市朝阳区定福庄南里 1 号
邮　　编	100024
发行电话	(010)65778403　65728372　65767462(传真)
E - mail	teptx@163.com
印刷单位	北京嘉业印刷厂
经销单位	新华书店
开　　本	710 毫米×1000 毫米　1/16
印　　张	13.5
字　　数	196 千字
版　　次	2014 年 8 月第 1 版
印　　次	2014 年 8 月第 1 次印刷
定　　价	35.00 元

(图书如有装订差错请与发行部联系)